As nove vidas de Dewey

Vicki Myron
com Bret Witter

As nove vidas de Dewey

Mais histórias do gato que viveu entre livros e emocionou o mundo

tradução:
Beatriz Bastos

EDITORA GLOBO

Texto fixado conforme as regras do Novo Acordo Ortográfico da Língua Portuguesa (Decreto Legislativo nº 54, DE 1995).

Título original: Dewey's nine lives
Preparação de texto: Marleine Cohen
Revisão: Adriana Bernardino e Carmen T. S. Costa
Paginação: Ana Dobón
Projeto de capa: epizzo
Foto de capa: Rick Krebsbach
Foto de orelha: Tim Hynds
Demais fotos cedidas por: Vicki Myron

1ª edição, 2011

Dados Internacionais de Catalogação na Publicação (CIP)
(Câmara Brasileira do Livro, SP, Brasil)

Myron, Vicki
As nove vidas de Dewey : mais histórias do gato que viveu entre livros e emocionou o mundo / Vicki Myron com Bret Witter ; tradução Beatriz Bastos. -- São Paulo : Globo, 2011.

Título original: Dewey's nine lives.
ISBN 978-85-250-4955-1

1. Dewey (Gatos) 2. Gatos de biblioteca -Spencer, Iowa - Biografia 3. Relação homem-animal I. Witter, Bret. II. Título.

10-13751 CDD-638.8

Índices para catálogo sistemático:
1. Dewey : Gatos de biblioteca : Biografia 638.8

Direitos de edição em língua portuguesa para o Brasil adquiridos por Editora Globo S.A.
Av. Jaguaré, 1485 – 05346-902 – São Paulo – SP
www.globolivros.com.br

Para Glenn,
por seu apoio e amor incríveis

Sumário

Prólogo

"Obrigada, Vicki, e obrigada, Dewey...
Eu não acredito em anjos, mas Dewey chega perto."

Christine B., Tampa, Flórida

Eu discordo da pessoa que escreveu essa carta, porque acredito que existem anjos andando entre nós, que nos ajudam a crescer. Acredito em "momentos de aprendizagem", quando podemos aprender algo valioso sobre a vida se nossos olhos estiverem abertos ao mundo que nos cerca. Esses anjos da oportunidade, como eu gosto de chamá-los, possuem diversas formas. Eles aparecem graças às pessoas importantes em nossas vidas, mas também por meio de encontros casuais ou de pessoas estranhas. Acredito que Dewey Readmore Books,[1] o famoso gato da biblioteca de Spencer, em Iowa, era um desses anjos. Ele me ensinou

1. "Dewey Readmore Books" quer dizer, literalmente, "Dewey Leiamais Livros". (N. T.)

tantas lições e afetou tantas vidas, que não acredito que tenha sido uma mera questão de sorte. E não acredito em coincidências.

Mas sei o que essa jovem quer dizer. Ela está dizendo que Dewey, através de suas ações e de seu exemplo, transformou sua vida. Ela não tem palavras para descrever esse poder, mas sabe que é algo especial.

Bom, eu tenho uma expressão para isso: a Magia de Dewey. É a expressão que usava toda vez que via a habilidade de Dewey para mudar o modo como as pessoas pensavam a si mesmas. Ninguém viu essas mágicas mais do que eu, porque, de todas as pessoas do mundo, eu era a que melhor conhecia Dewey, e a mais afetada por ele. Sou apenas uma garota comum do estado de Iowa, e há muito tempo trabalho como diretora da biblioteca de uma cidade pequena, a menos de vinte quilômetros da fazenda onde nasci e fui criada. Porém, por dezenove anos, tive o privilégio de dividir minha vida com Dewey. E o Dewey... bem, ele era especial. Transformou muitas vidas. Inspirou uma cidade. Ficou famoso no mundo inteiro, foi manchete de revistas e jornais, e foi tema do livro de memória que ficou em primeiro lugar na lista de mais vendidos do *The New York Times*, que eu, sendo a "mãe de Dewey", tive o privilégio de escrever. Foi a Magia de Dewey. Ele era apenas um gato, mas tinha um modo especial de aflorar o que há de melhor em nós. Ele fazia todo mundo se apaixonar por ele. Comoveu o mundo. Quem um dia conheceu Dewey Readmore Books nunca mais o esqueceu.

Sua história começou sem estardalhaço, durante um final de semana estupidamente frio, em janeiro de 1988. A temperatura era de menos quinze graus, o tipo de frio que queima o pulmão e descasca a pele do rosto (ao menos esta é a sensação). Esse tipo de frio, frequentemente acompanhado por ventos ferozes, é a pior coisa de morar nas grandes planícies do Norte. A gente aprende a tolerar o frio, mas não se acostuma com ele. Algumas vezes, no norte de Iowa, não é aconselhável sair de casa.

Apesar do frio gelado, alguém passou pelo centro de Spencer, porque, em algum momento daquele domingo, um gatinho pequenininho e sem casa foi colocado no buraco de devolução de livros nos fundos da Biblioteca Pública de Spencer. Eu espero que tenha sido um ato de bondade. Alguém viu um gatinho de oito semanas, pesando menos de um quilo, tremendo na neve, e quis protegê-lo. Se foi isso, a pessoa se enganou. O lugar por onde se fazia a devolução de livros da biblioteca era um tubo de metal que descia pouco mais de um metro e levava a uma caixa de metal fechada. Na verdade, era como uma geladeira. Não havia cobertores, almofadas – nada macio –, apenas um metal frio. E livros. Por pelo menos dez horas (talvez 24 horas), o pequeno Dewey ficou sentado num ambiente terrivelmente frio e escuro, com nada mais para confortá-lo além de livros.

Eu entro na história na segunda-feira bem cedo pela manhã, quando abri a caixa de devolução de livros e encontrei um gato minúsculo lá dentro. Quando ele olhou ansiosamente para mim, meu coração parou. Ele era tão fofo... e tão carente. Eu o envolvi com as mãos até que parasse de tremer, depois lhe dei um banho quente na pia da livraria, e o sequei com o secador usado normalmente para o artesanato das crianças. Depois Dewey assumiu o controle, cambaleando, com seus pés congelados, em direção a todos que trabalhavam na biblioteca, fazendo carinhos com o nariz.

Eu decidi, naquele momento, que a biblioteca deveria adotá-lo. Não só porque me apaixonei quando ele me olhou com aqueles radiantes olhos dourados. Eu sabia, por causa daqueles olhos, e por causa de sua determinação em agradecer a cada membro da equipe por tê-lo salvado, que ele se encaixaria perfeitamente no meu plano de aquecer o ambiente institucional e frio da Biblioteca Pública de Spencer. Ele tinha uma personalidade amável e extrovertida, uma presença acalentadora, e fazia todo mundo se sentir bem.

Naquele momento, era *exatamente* isso que Spencer, Iowa, precisava. A cidade agonizava por conta de uma crise agrícola, com 70% das lojas do centro vazias e as fazendas do campo indo à falência. Precisávamos de alguma história acalentadora. Alguma coisa boa sobre a qual conversar, uma lição de persistência, esperança e amor. Se era possível que um pequeno gatinho tivesse sido posto numa caixa de metal fria e escura, e que tivesse saído de lá com sua confiança e compaixão inabaladas, então nós também podíamos aguentar nossos sofrimentos.

Mas Dewey não era um mascote. Era um companheiro de carne e osso, um animal sempre receptivo e amável com todos que adentravam a biblioteca. Ele aquecia os corações indo de um colo para o outro. E o que talvez seja ainda mais importante, ele sempre sabia quem precisava mais dele.

Lembro dos aposentados que nos visitavam todas as manhãs. Depois que Dewey apareceu, muitos passaram a ficar mais tempo na biblioteca, conversando mais com o pessoal que trabalhava lá.

Lembro de Crystal, uma aluna do ensino secundário com graves incapacidades físicas, que não fazia nada, só olhava para o chão, até que Dewey a encontrou e começou a pular na cadeira de rodas assim que ela entrava pela porta. Então, Crystal passou a olhar o mundo à sua volta. Toda semana, quando entrava na biblioteca, fazia barulhos, e quando Dewey vinha correndo e saltava sobre ela, um sorriso explodia de seu coração.

Lembro da nova assistente da seção de livros infantis, que havia se mudado recentemente para Spencer para cuidar da mãe doente. Ela e Dewey sentavam juntos toda tarde. Um dia eu a descobri com uma lágrima no rosto. Percebi o quanto ela andara sofrendo, e que apenas Dewey estivera ali para ela.

Lembro da mulher tímida que tinha dificuldade para fazer amigos. Lembro do jovem frustrado, incapaz de encontrar trabalho. Lembro do sem-teto que nunca falava com ninguém, mas sempre que encontrava Dewey o colocava no ombro (o ombro esquerdo, é claro; Dewey só ficava no ombro esquerdo) e andava com ele por quinze minutos. O homem cochichava, Dewey ouvia. Sei que ouvia. E por escutar, por estar presente, Dewey ajudava a todos.

Mas, acima de tudo, lembro das crianças. Dewey tinha uma relação especial com as crianças de Spencer. Ele amava os bebês. Deslizava para dentro dos seus carrinhos e se aninhava ao lado deles com uma expressão de completo contentamento no rosto, mesmo que lhe puxassem as orelhas. As crianças um pouco maiores faziam carinho, cutucavam e soltavam gritos de alegria diante de Dewey. Ele ficou amigo de um menino muito alérgico e inconsolável por não poder ter seu próprio bichinho de estimação. Dewey passava a tarde com os alunos do ensino secundário que ficavam na biblioteca enquanto os pais trabalhavam, brincando com seus lápis e se escondendo nas mangas dos casacos. E na "Hora da história", a cada semana, ele se roçava lentamente em todas as crianças antes de escolher o colo no qual iria sentar – aliás, um colo diferente a cada semana. Sim, Dewey tinha hábitos típicos de gatos. Dormia muito. Era fresco com essa coisa de carinho na barriga. Comia elásticos. Atacava as teclas da máquina de escrever (naquela época, ainda havia máquinas de escrever) e teclados de computador. Descansava em cima da máquina de xerox, que soprava um ar quente. Subia nas luminárias. Era impossível abrir uma caixa em qualquer lugar da biblioteca sem que Dewey pulasse dentro dela. Mas o que ele realmente fez foi algo não menos felino, mas muito mais profundo: um por um, ele abriu o coração dos habitantes de Spencer uns para os outros e para a beleza e o amor em nossa pequena cidade situada no meio das grandes planícies do Iowa.

Era esta a verdadeira Magia de Dewey, sua capacidade de contagiar todas as pessoas que conhecia com seu jeito alegre, amigável e relaxado de encarar a vida.

Por que ele ficou famoso? Foi por puro carisma. Eu queria, é claro, que ele fosse bem conhecido em Spencer. Dei duro para que ele ajudasse a mudar a imagem da biblioteca, para torná-la um ponto de encontro e não apenas um lugar no qual livros eram armazenados. Surpreendeu-me que alguém fora do noroeste de Iowa se importasse com isso. Começou lentamente, mas depois uma enxurrada de pessoas passou a aparecer, atraídas pela história do gato especial que inspirava uma cidade. Primeiro vieram os jornalistas – de Des Moines, da Inglaterra, de Boston e do Japão. Depois, os visitantes. Um casal de idosos de Nova York que atravessava o país de carro, depois de conhecer Dewey, todos os anos mandava dinheiro no seu aniversário e no Natal. Veio uma família de Rhode Island, que estava em Minneapolis para um casamento, a cinco horas de distância de Spencer. Veio uma pequena menina doente do Texas que, certamente, havia pedido essa visita como um presente aos pais. Era incrível observar esse florescer acidental da fama. As pessoas conheciam Dewey, passavam um tempo com ele e se apaixonavam. Então, iam para casa e falavam dele para outras pessoas, aí vinham essas outras pessoas, que saíam daqui impressionadas, e, logo depois, quando nos demos conta, estávamos recebendo telefonemas de um jornal de Los Angeles ou de um repórter da Austrália.

Portanto, quando, aos dezenove anos, Dewey morreu – depois de servir à comunidade de Spencer e à biblioteca pública, todos os dias, com sua graça e entusiasmo –, não me surpreendeu que seu obituário, publicado inicialmente em Sioux City, aparecesse em mais de 275 jornais. Também não foi uma surpresa a biblioteca receber milhares de cartas de todo o mundo. Tampouco o fato de centenas de fãs assinarem seu livro de condolências e comparecerem a uma homenagem improvisada. Durante dois meses, fomos cercados por repórteres e admiradores que pediam para que falássemos sobre Dewey. Depois, lentamente, o alvoroço diminuiu. As câmeras foram desligadas e Spencer voltou a ser a cidade pacata que sempre foi. Aqueles que amavam Dewey, finalmente, ficaram sozinhos com seus lutos particulares. A celebridade de Dewey acabara, mas as lembranças do nosso amigo ficaram guardadas em nossos corações. Quando finalmente enterrei as cinzas de Dewey do lado de fora da janela da seção infantil da biblioteca, que ele tanto amava, foi na aurora de um dia gelado de dezembro, e apenas a diretora-assistente da biblioteca estava ao meu lado. E era assim que ele teria gostado.

Eu sabia que ele deixara um legado, pois Dewey havia me transformado. Ele havia mudado a todos que trabalhavam na biblioteca. Ele havia mudado Crystal, a garota com deficiência, e o homem sem-teto, e as crianças que vinham toda semana para a "Hora da história", muitas das quais, depois, trouxeram seus próprios filhos para conhecer o Dewey mais velho. Eu sabia o quanto ele era importante, porque as pessoas continuavam me contando suas histórias com Dewey, confiando em mim, de certa forma. No final, ele tocou mais do que a cidade de Spencer. Mas quem tinha conhecido Dewey, quem amava Dewey e conhecia sua história, foi transformado por ele. O seu legado sobreviveria dentro de nós.

Eu achei que seria assim. Eu realmente achei.

Então, algo incrível aconteceu. Escrevi um livro sobre Dewey, e recebi mensagens de pessoas do mundo todo. O livro deveria ser um tributo ao meu amigo, um obrigado por seus serviços a Spencer e pelo impacto que teve sobre a minha vida. Eu sabia que ele tinha fãs, e achei que eles iam gostar de saber a história toda. Mas eu não esperava uma resposta tão intensa. Muitas pessoas que iam aos eventos que eu promovia com o livro não *gostavam* apenas de Dewey ou de ler o livro, elas *amavam* os dois. Sentiam-se tocadas pela história. E sentiam que haviam mudado. Lembro de uma mulher de Sioux City que desabou em lágrimas quando me contou que a mãe dela, uma professora de piano de Spencer que tocava o órgão da igreja, a levava todos os sábados para comer pãezinhos doces de canela e para um passeio até a biblioteca para ver Dewey. Depois, a mãe teve Alzheimer e, aos poucos, esqueceu o marido, os filhos e a própria identidade. Então, ela dirigia duas horas de Sioux City, todas as semanas, para visitá-la e sempre trazia seu gato. O gato era preto e branco, nada parecido com a cor de cobre de Dewey, mas sua mãe sempre sorria e dizia: "Oh, é o Dewey. Obrigada por trazer o Dewey". A filha mal conseguiu falar essas últimas palavras, de tanto que chorava.

"Depois que te conheci, fui para o estacionamento", ela me contou algum tempo depois, "sentei no meu carro e chorei durante uns quinze minutos. As lágrimas não paravam. Minha mãe está morta há doze anos, mas foi a primeira vez que eu realmente chorei por ela. Quando pensei em Dewey, lembrando o quanto minha mãe o amava, foi o final do meu processo de luto."

O que foi mais estranho? Eu não conhecia essa mulher, Margo Chesebro, ou a mãe dela, Grace Barlow-Chesebro (mas, pela descrição que a filha fazia dela, de uma mulher esperta, forte, independente, que acreditava na magia dos animais, eu sei que teria gostado dela). Ainda assim, elas haviam conhecido e amado Dewey. Ele foi uma parte constante e importante de suas vidas, suficientemente importante para que Grace não se esquecesse dele, mesmo estando com a cabeça ruim, mesmo depois de se esquecer para sempre do nome dos seus próprios filhos e de estar convencida de que o marido era o seu irmão que morrera havia muito tempo. Foi então que percebi que eu não poderia nunca, realmente, saber quantas vidas foram tocadas por Dewey.

E havia também as pessoas que nunca chegaram a conhecer Dewey, os estranhos que ficavam tão comovidos com sua história que se sentiam compelidos a me escrever. Isso começou quase imediatamente depois da publicação do livro. "Eu nunca escrevi para um autor antes, mas fiquei muito comovido com a história de Dewey...". Ou: "Dewey era um anjo, obrigado por dividi-lo com o mundo".

Conforme os meses passavam, e o livro alcançava o topo das listas de mais vendidos do país, as cartas se tornaram mais frequentes, até que comecei a receber dúzias de cartas todos os dias. Depois de um ano, eu já tinha recebido mais de 3 mil cartas, e-mails e pacotes, quase sempre de pessoas que nem sequer haviam ouvido falar de Dewey antes de ler o livro. Recebi um travesseiro com um bordado do rosto de Dewey, como aparece na capa do livro. Recebi diversas pinturas dele. Uma pessoa que morou em Spencer se mudou, mas nunca se esqueceu de Dewey, encomendou uma escultura dele para a biblioteca. (Eu sabia que a Magia de Dewey estava funcionando quando vi onde era o ateliê do artista que trabalhava na escultura: Dewey, Arizona.) Não dá nem para contar quantos desenhos, enfeites e esculturas de gatos eu recebi de fãs. Tenho uma estante em casa só para essas coisas e ela está transbordando.

Uma pessoa me mandou vinte dólares para comprar rosas para Dewey. Outra mandou cinco dólares para comprar erva-gato e colocar no seu túmulo. Uma mulher de um centro de telefonia de Idaho me disse que toda vez que alguém liga de Iowa, ela pergunta por Dewey, esperando encontrar alguém que o conheça. Um outro homem me mandou a foto de uma jarra onde guarda moedas, e na jarra tem uma foto de Dewey. Desde então, o homem passou a doar esse dinheiro para o socorro de animais.

Eu leio todos os cartões, cartas e e-mails. Queria responder a todos, mas era impossível, tamanha a demanda. Ainda mais porque com frequência eu estava viajando, encontrando fãs de Dewey. (Mas podem ficar seguros, escritores de cartas, que eu levei as tais rosas e a erva-gato para o túmulo de Dewey.) Os sentimentos expressos nas cartas, e o modo como Dewey continuava a transformar a vida das pessoas, me tocaram mais do que os fãs podem imaginar.

Um jovem que passara por um divórcio devastador e por problemas em sua profissão – coisas que o deixaram amargo e raivoso – escreveu para dizer que a vida de Dewey "abriu meu coração".

Uma mulher com esclerose múltipla grave me contou que, depois de ler *Dewey*, curvou-se até o chão para beijar a cabeça do cachorro da casa de saúde onde morava. Precisou de ajuda para se levantar, mas não se arrependeu do que fez, visto que o cão faleceu uma semana depois.

Um homem da Inglaterra escreveu para dizer que havia perdido sua esposa muitos anos antes. Foi apenas depois de ler *Dewey* que percebeu que os dois gatos que ela deixara – dois animais que o incomodavam – tinham, na verdade, o amparado.

Se não precisasse cuidar daqueles gatos, escreveu, estaria numa "depressão negra" que poderia ser insuportável.

A carta de uma mulher jovem da Flórida era típica. Logo antes de ler *Dewey*, escreveu, ela terminara uma relação conturbada de dois anos com um perigoso alcoólatra, que destruíra sua autoestima e a levara a criar dívidas e a ter seus bens hipotecados. "Eu me senti boba", ela disse, "e mais que tudo, me senti um fracasso. Mas aí li seu livro."

"Agora, fico feliz de dizer que", ela continuava depois, "na segunda-feira volto a estudar. Estou me esforçando para reconstruir a minha vida. Isso não aconteceu por causa do seu livro, mas o seu livro me deu força, me fez ter determinação. Acima de tudo, a leitura me fez ver que eu não tinha chegado ao fim."

"Por isso, obrigada, Vicki, e obrigada, Dewey... Eu não acredito em anjos, mas Dewey chega perto. Mesmo morto, ele tocou vidas, como a minha, através de você. Você foi realmente abençoada por ter convivido com alguém tão especial, mas nem preciso te dizer isso. Eu sei que fui abençoada por ter Dewey na minha vida, mesmo sem nunca tê-lo conhecido."

Se eu fiquei emocionada quando li essa carta? Claro que sim. Comover alguém tão profundamente, e ajudar esse alguém a ver perspectivas em sua vida, é um presente que vou cultivar para sempre. Fico orgulhosa. E esse presente me foi dado por Dewey.

Desde a publicação do livro, não recebi notícias apenas de estranhos. Velhos amigos e pessoas da família, que estavam distantes da minha vida, me procuraram também. Conheci pessoas, como o meu coautor, os meus editores e o meu agente, que se tornaram verdadeiros amigos. (O ilustrador dos livros infantis de Dewey chama-se Steven James, o mesmo nome do meu irmão que morreu de câncer aos 23 anos – de novo, a Magia de Dewey!)

Até meu ex-marido me procurou. Ele era um homem doce, inteligente, mas também sofria de um alcoolismo grave, e prejudicou a minha vida – e a sua própria – mais do que qualquer outra pessoa. Nós tivemos uma filha, mas eu não tinha notícias dele havia onze anos. Até que, depois de ler o livro, ele me escreveu uma carta. Fazia uma década que estava sóbrio. Casou-se com sua primeira namoradinha e eles viviam felizes no Arizona. Ele mandou fotos e parecia bem. Sempre foi um homem bonito. Parecia feliz, e sua mulher também. Ele me enviou uma camiseta que dizia "Cuidado, senão coloco você no meu livro" – outra de suas piadas. Ele não ficou chateado com nada do livro, pois era tudo verdade. "Me desculpe", ele disse simplesmente. E terminava a carta: "Estou orgulhoso de você". Eu também fiquei muito orgulhosa dele.

Também me procuraram colegas bibliotecários, pessoas que cresceram no campo, mães solteiras, nativos de Iowa, pessoas que haviam perdido entes queridos que se suicidaram (no meu caso, um irmão) e mulheres que sobreviveram ao câncer de mama. Soube de outras mulheres que, assim como eu, passaram pela experiência terrível de uma histerectomia desnecessária nos anos 1970. Incluindo uma mulher de Fort Lodge, em Iowa, cuja cirurgia foi feita pelo mesmo médico e na mesma época que eu. "A cirurgia quase me matou", ela me disse em uma noite de autógrafos. "Fiquei em coma por uma semana. Minha saúde, como a sua, nunca foi a mesma." Nos abraçamos. Ela chorou. Às vezes, eu acho, é bom saber que não estamos sós.

Comunidade, é esse o nome. *Comunidade*. Eu acredito, fortemente, no poder da comunidade, seja ela uma cidade real, uma religião ou o amor pelos gatos. Acredito que *Dewey* seja um livro sobre pessoas comuns que mostra o que é bom e possível na vida normal, e por esse motivo ele comoveu tantos corações. As pessoas gostam de Spencer, Iowa. Gostam dos nossos milharais e da nossa arquitetura, e também gostam do que representamos: simplicidade, muito trabalho (como antigamente), mas também criatividade, comprometimento e amor. (O médico que me ajudou com minha mastectomia dupla, dr. Kohlgraf, me disse que, depois de vinte anos, ele afinal havia conseguido convencer uma das melhores cirurgiãs da Califórnia a vir trabalhar na sua clínica. Ela leu o livro, amou e quis morar em um lugar como Spencer.) A honestidade e os valores expressos no livro – "Encontre o seu lugar. Seja feliz com o que tem. Trate bem a todos. Viva uma vida boa. Não é o material que importa, é o amor. E é impossível prever o amor" – transcendem fronteiras. A história de Dewey foi um *best-seller* na Inglaterra, no Brasil, em Portugal, na China e na Coreia. Eu já fui convidada para ir à Turquia. Um homem de Milão, na Itália, veio a Spencer só para ver a cidade onde Dewey vivia. Pessoas do mundo inteiro me disseram que vêm visitar a famosa cidade de Spencer, Iowa. E, mais importante: as pessoas guardam o livro e passam para as gerações seguintes como um tesouro de família. Vocês acham que é porque elas se importam tanto assim com a história? Não, claro que não. Elas querem dividir o poder do amor que está tecido naquelas páginas.

Em outras palavras, o que essas pessoas buscam é a Magia de um animal especial chamado Dewey Readmore Books, um gato que conseguiu, dentro das paredes de uma pequena biblioteca do estado de Iowa, comover o mundo. Como eu disse no começo, tudo isso é para e por causa de Dewey. Não haveria um livro sem ele. Como escreveu a jovem mulher da Flórida, todos os leitores experimentaram a Magia de Dewey nas suas vidas, mesmo sem nunca o terem conhecido pessoalmente.

Dewey está vivo! Mesmo não estando mais aqui, ele vive na memória, como uma lembrança, um exemplo do que é correto no mundo. Mais importante, eu percebi, conforme lia cartas e mais cartas, Dewey vivia em todos os outros animais que compartilhavam sua ternura, sua vontade de brincar, sua atenção e devoção. O que eu mais gostava nas cartas era que 30% eram escritas por homens (incluindo dois xerifes amantes de gatos), mas todos começavam dizendo: "Eu sei que você nunca recebeu cartas de homens...". Não se preocupem, homens de verdade amam gatos também! Mas o mais importante, que eu li repetidas vezes, era isto: Dewey me emocionou, *porque ele me lembrava do meu próprio bicho de estimação.*

Aos poucos, percebi que Dewey havia tocado no amor profundo que pessoas ao redor do mundo sentem por animais. E aquele *Dewey*, o livro, deu a essas pessoas algo igualmente importante: um modo de compartilhar seu amor. Acredito que de algum modo o livro fez com que fosse aceitável dizer a um estranho, mesmo que esse estranho fosse eu: "Eu amo meus gatos. Eles são importantes. São meus amigos. Eles mudaram a minha vida. Quando morrerem, vou sentir muitas saudades". Como um homem me escreveu, após relatar o quão mal se sentiu ao passar por um divórcio difícil, e como os seus gatos foram a sua única luz durante esse triste período:

> Primeiro pensei, meu Deus, como posso amar tanto dois animais? Deve haver algo errado comigo. Minha vida deve estar muito vazia. Eu tinha vergonha de admitir para mim mesmo o quão importante eram os gatos na minha vida. Então li seu livro e entendi que não havia nada de errado em amar um animal tão profundamente. De algum modo, seu livro me mostrou ser normal amar os meus gatos dessa maneira, e mostrou ser normal eu querer explorar ainda mais este amor, aprofundando a nossa amizade e entrelaçando as nossas vidas ainda mais.
>
> Obrigado.

Por muito tempo, a palavra que vinha à mente das pessoas quando ouviam falar de uma relação profunda entre um gato e uma pessoa era: *triste*. Mas eu era apaixonada pelo meu gato. E não era a única, de modo algum. Eu acho que Dewey, através de sua generosidade de espírito e de sua personalidade cativante – através da Magia de sua vida na biblioteca de uma pequena cidade –, tornou-se símbolo da conexão vital que tantos seres humanos têm com os animais da sua vida.

Em *As nove vidas de Dewey*, você vai ler nove histórias sobre gatos extraordinários e sobre as pessoas que os amavam. Três dos capítulos se passam em Spencer, Iowa, ou por perto, e contam histórias de Dewey que não entraram no primeiro livro – porque eu desconhecia essas histórias na época. As outras seis histórias são sobre pessoas que me escreveram depois de ler *Dewey*. São os colaboradores mais puros: fãs que escreveram apenas para expressar admiração e amor por Dewey e por seus próprios animais, sem esperar nada em troca.

Serão estas as melhores histórias que poderiam sair daquelas 3 mil cartas? Não sei. Afinal, em boa parte dos casos, uma ou duas frases bastavam para me impressionar.

"Fizemos de nossa casa um abrigo para gatos abandonados ou maltratados..."

"Ele sobreviveu ao ataque de um coiote e a uma patada de urso, e andou quase cinquenta quilômetros para voltar para mim, depois que uma mulher vingativa o levou para longe apenas para me fazer sofrer."

"Eu nunca fui amada por ninguém, nem mesmo pela minha filha nem pelos meus pais, tanto quanto fui amada pela minha Biscoito."

Quando eu e meu coautor, por meio de telefonemas, investigávamos as cartas, ouvíamos histórias completamente inesperadas sobre pessoas e gatos. Algumas melhores, outras piores.

Todas genuínas, histórias comoventes sobre pessoas de verdade e seus animais. Depois de Dewey, as pessoas me aconselharam a escrever sobre o gato achado no sofá doado a Goodwill, sobre o gato queimado que viram no noticiário local, sobre o gato de um olho só, ou sobre o gato sem orelha que passou a vida num bar de Chicago. Mas pensei: por quê? Qual é a conexão com Dewey? São histórias fofas, mas onde está o amor? Se eu for contar essas histórias, quero que tenham o mesmo fundamento de *Dewey*: a ligação especial entre um gato e uma pessoa. Eu queria escrever histórias sobre pessoas cujas vidas tivessem sido transformadas por causa de seu amor por um gato.

As pessoas neste livro não se veem como heróis. Como costumo dizer, elas não fizeram nada que pudesse aparecer no programa *Today* ou no telejornal da manhã. São pessoas comuns, que levam uma vida normal e têm animais normais. Não sei dizer se são as melhores histórias entre todas as cartas, mas posso assegurar uma coisa: eu gosto de todas as pessoas deste livro. São como as pessoas com as quais cresci em Spencer, o tipo de gente que quero como amiga. Com os seus gatos, elas encarnam tudo que Dewey significava: bondade, perseverança, moralidade, trabalho duro e força inesgotável, não importam quais as circunstâncias, são fiéis aos seus valores e a si próprias. Se a ressonância das histórias de Dewey ocorre, em parte, pelos valores que representa, então eu queria que essas pessoas também refletissem esses valores. E acho que elas conseguem. Fico orgulhosa de ter conhecido cada uma delas.

Eu não sei se você vai gostar de todas as atitudes tomadas pelos personagens deste livro. Você não vai, porque eu mesma não concordo com algumas. Por mais que tente, por exemplo, não consigo aceitar o fato de Mary Nan Evans não ter castrado suas gatas antes. Simplesmente não aceito. Outros deixam seus animais passear fora de casa, mesmo que todo mundo saiba que isso diminui a expectativa de vida deles. Alguns gatos parecem muito mimados, ou sufocados, ou antropomorfizados. Sei que vão discordar. Afinal, eu mesma recebi e-mails raivosos porque deixei Dewey comer sanduíches de rosbife do Arby durante seu último ano de vida. Eu amava aquele gato com todo o meu coração; eu dava a ele tudo que podia; ele viveu dezenove anos maravilhosos – dezenove! – e, mesmo assim, pessoas me maltrataram ou me chamaram de assassina porque, no final da vida dele, por um ato de misericórdia que rasgou o meu coração, eu o botei para "dormir".

Se você se sentir tentado a criticar, pare e pense no seguinte: todas as pessoas neste livro amavam seus animais, intensa e profundamente. Todas elas fizeram o melhor que podiam, do modo como sabiam, pelos seus animais. Se tomaram decisões com as quais você discorda, isso não é motivo para julgar seu caráter. Elas simplesmente são diferentes de você. Ou viveram em um tempo diferente, com um entendimento diferente de como animais e pessoas se desenvolvem juntos. Ou, em muitos casos, as duas coisas. Não mudamos nada nas histórias deste livro. Nada foi enfeitado. Este não é *O Feiticeiro de Gatos* ou um guia sobre como cuidar de gatinhos. Esta é uma coleção de histórias sobre como vivem gatos reais e pessoas reais.

Este livro não é um *Dewey: a sequência*, nem deseja ser isso. Há apenas um *Dewey* (o livro), assim como há apenas um Dewey (meu incrível gato). Mas há milhares de histórias. Há milhões de gatos que poderiam, se tivessem uma chance, mudar uma vida. Eles estão por aí, morando com as pessoas que aparecem neste livro e com milhões de outras como elas. Eles também estão por aí vivendo em condições bem piores: em abrigos, com grupos de gatos selvagens, ou lutando para sobreviver sozinhos em ruas frias, esperando uma chance.

De todas as lições que aprendi nos últimos vinte anos, talvez a mais importante seja esta: anjos existem em todas as formas. O amor pode chegar de qualquer lugar. Pode mudar uma cidade. De um modo pequeno, pode mudar o mundo.

Assim como você.

1
Dewey e Tobi

"Ela era uma gata calma, gentil e nunca se metia em encrenca com ninguém. Só queria viver e deixar viver, entende o que eu quero dizer?"

Para quase todo o mundo, a minha amada Spencer, em Iowa, com uma população de mais ou menos 10 mil pessoas, é uma cidade pequena. As ruas, em sua maioria numeradas numa malha quadrangular que se estende 29 quadras de norte a sul (com um rio no meio) e 25 quadras de leste a oeste, são fáceis de entender. As lojas, que basicamente ficam ao longo da Grand Avenue, nossa rua principal, são suficientes sem serem opressivas. A biblioteca de um único pavimento, próxima à esquina da Grand Avenue com a Third Street, no coração do centro da cidade, é familiar e acolhedora.

Mas tamanho é relativo, sobretudo num lugar como Iowa, um estado com um sexto da população da Flórida, mas quase o dobro de cidades incorporadas.[2] Muitos de nós somos de cidades ainda menores do que Spencer, como Moneta, o lugar que considero minha cidade natal, ainda que eu tenha crescido numa fazenda a três quilômetros de distância. Moneta tinha seis quarteirões e cinco edifícios comerciais, se você incluir o bar e o salão de baile. No seu auge, a população era de pouco mais de duzentas pessoas. Isto é menos gente do que as que atravessam a porta da Biblioteca Pública de Spencer todo dia.

Assim, por aqui, na área rural de Iowa, Spencer é grande. É o tipo de cidade para a qual as pessoas se dirigem, e não simplesmente passam por ela. É o tipo de cidade onde você reconhece a maioria das pessoas, mas não necessariamente sabe seus nomes. Uma cidade onde todos ficam sabendo do fechamento de um negócio, e têm uma opinião sobre isso, embora nem todos sejam diretamente afetados pelo fato. Quando uma fazenda vai mal em Clay County, onde Spencer se localiza, talvez a gente não se lembre do fazendeiro, mas lembramos de alguém como ele, e nos interessamos e entendemos do assunto. Não importa se somos de uma velha linhagem de agricultores, ou um dos recentes imigrantes hispânicos que ocupam várias funções na enorme economia agrícola industrial, pois compartilhamos mais do que um pedaço de terra de linhas retas e cuidadosamente demarcado chamado Spencer, Iowa. Compartilhamos uma atitude, uma ética de trabalho, uma visão de mundo, e um futuro.

Mas nem todo mundo se conhece. Como diretora da Biblioteca Pública de Spencer, isso sempre foi claro para mim. Eu

2. Nos Estados Unidos, cidades incorporadas são, basicamente, cidades que elegem seus próprios dirigentes, ao contrário de outras comunidades que não têm representantes em nível municipal. (N. T.)

podia andar pela biblioteca a qualquer momento, em qualquer dia, e reconhecer os visitantes costumeiros. Eu sabia o nome de muitos deles. Cresci com muitos deles, e geralmente conhecia suas famílias também. Lembro-me de um frequentador costumeiro, mais de uma década atrás, que durante alguns meses ficou caído em completo esquecimento. Eu o conhecia desde a escola, e conhecia seu passado. Ele se envolvera pesadamente com drogas, largou o vício, mas ficou claro que enfrentava problemas de novo. Então, liguei para seu irmão, um velho amigo que veio dirigindo de fora do estado para providenciar ajuda. Esta é a bênção de uma cidade como Spencer: as ligações são profundas. Socorro e amizade estão frequentemente a um telefonema de distância.

Mas a biblioteca atraía visitantes de nove municípios – quando eu me aposentei, nós tínhamos 18 mil membros associados, quase o dobro da população de Spencer –, então não havia jeito de conhecer todo mundo. Um dos muitos visitantes costumeiros que eu reconhecia (mas não conhecia) era uma mulher chamada Yvonne Barry. Era quinze anos mais jovem do que eu, ou seja, eu não a conhecia da escola. Ela não era originalmente de Clay County, então eu não conhecia a família dela. O pessoal ficava de olho no homem desabrigado que vinha toda manhã ver Dewey, pois queríamos ter certeza de que ele se portava bem, mas Yvonne estava sempre bem-vestida e arrumada, então nunca pareceu haver motivo para nos preocuparmos. E ela era muito quieta. Nunca puxava conversa. Se você dissesse, "Bom dia, Yvonne", o máximo que recebia era um sussurrado "Oi". Ela gostava de revistas, e sempre levava livros. Além disso, eu só sabia uma coisa sobre ela: ela amava Dewey. Eu podia ver pelo sorriso em seu rosto sempre que ele se aproximava.

Todo mundo achava que ela tinha uma relação única com Dewey. Eu não sei quantas vezes alguém cochichou para mim, em estrita confidência: "Não diga a ninguém, pois vão ficar com ciúmes, mas Dewey e eu temos algo especial". Eu sorria e concordava e esperava pelo próximo que me diria exatamente o mesmo. Dewey era tão generoso em seu afeto, veja você, que todo mundo sentia a ligação. Para eles, Dewey era único. Mas, para Dewey, eles eram um entre trezentos... quinhentos... mil amigos costumeiros. Eu pensava que ele não podia guardar todos no coração.

Então, presumi que Yvonne fosse mais uma companhia ocasional. Ela passava seu tempo com Dewey, mas eles não corriam um para o outro. Não me lembro de Dewey esperando por ela. Mas, de algum modo, durante as visitas de Yvonne, eles pareciam sempre terminar juntos, zanzando pela biblioteca numa busca secreta e silenciosa, contentes e quietos como peixes no fundo do mar.

Foi apenas quando Dewey morreu que Yvonne começou a falar. Um pouco. Durante dezenove anos eu acompanhei o invariável fluxo das conversas de Dewey com muitos dos frequentadores da biblioteca. Depois de sua morte, parecia que só podíamos conversar sobre isso. No entanto, foi somente quando o nervosismo inicial passou, quando a marcha pesada e fria do inverno assentou, e quando a percepção de que Dewey morrera já havia penetrado fundo nos nossos ossos, que Yvonne me abordou, quieta e nervosamente, e falou sobre Dewey. Disse-me o quanto ela esperava para vê-lo. O quanto ele a havia entendido. O quão gentil e bravo ele era. Contou-me, mais de uma vez, do dia em que Dewey dormiu em seu colo por uma hora, e como isto a fez se sentir especial.

"É lindo isso", eu lhe disse. "Obrigado."

Eu apreciei sua consideração, tanto mais por saber o quão difícil era para ela iniciar uma conversa. Mas eu estava ocupada, e nunca perguntei mais nada a ela. Por que deveria? Dewey sentava no colo de todo mundo. Claro que era especial.

Após algumas poucas conversas, Yvonne parou de falar. Ela voltou para os bastidores e seu momento especial com Dewey tornou-se apenas outra pincelada no gigantesco retrato da vida dele. Foi somente dois anos depois, após saber como ela havia ficado alegre por seu nome ter aparecido em *Dewey*, que voltei a conversar com ela. Até então eu tinha colecionado tantas histórias doces, porém ingênuas, de frequentadores da biblioteca a respeito de Dewey – histórias que diziam pouco mais do que "Eu não sei explicar, ele apenas me fazia feliz" – que duvidei de que nesta história haveria algo especial.

Mas a história de Yvonne era diferente. Havia algo na ligação dela com Dewey que me fez lembrar por que eu sempre amei bibliotecas. E cidades pequenas. E gatos. Yvonne era tão fechada, tenho de admitir, que não descobri muito a seu respeito. Na época eu achava que sabia, mas quando li essa história, percebi que ela permanecia, e sempre permanecerá, um tanto misteriosa.

Em lugar disso, aprendi como vidas podem ser diferentes, mesmo quando vividas lado a lado. E como é fácil se perder, mesmo numa cidade pequena e simples como Spencer, Iowa. Aprendi como é difícil conhecer alguém, e como isso pouco importa, se o seu coração estiver aberto às necessidades dessa pessoa. Não temos que entender, temos apenas que nos importar.

Mais uma vez, isto é algo que eu aprendi com Dewey. Esta era a sua Magia. Afinal, suponho, esta é mais uma história sobre ele.

***

Yvonne cresceu em Sutherland, Iowa, uma cidade de mais ou menos oitocentas pessoas, a cinquenta quilômetros a sudoeste de Spencer. Seu pai era o que poderíamos chamar de um faz-tudo. Ele trabalhou numa pequena fazenda alugada, próximo à estrada municipal M12, serviu numa série de cargos administrativos de baixo escalão do município e tinha um velho caminhão de água que ele enchia no poço da sua propriedade e distribuía entre os currais da região. Eu conheci muitos homens como ele: calado e de andar meio arrastado, quase sempre despercebido, mas sempre lá; um bom rapaz esperando um empurrão que nunca chega. Finalmente, depois de terem decidido afastá-lo do escritório, a família deixou a fazenda alugada e se mudou para uma casa na cidade. O pai dela começou a trabalhar na fábrica. Yvonne, com cinco anos e a mais nova entre cinco crianças, passou a cuidar dos gatos que perambulavam pela nova propriedade.

Eu mesma me lembro destes dias de infância no campo: as longas e lentas estações, as horas gastas brincando com meus irmãos no quintal, enquanto meus pais trabalhavam para fazer a fazenda produzir. Eu ainda lembro, como se fosse ontem, da tarde em que meu pai apareceu em casa com Bola de Neve, o primeiro animal que amei na vida. Era um dia quente de começo de verão, e eu estava no quintal vendo-o se aproximar cada vez mais, saindo do milharal que batia na altura dos seus joelhos. Papai transpirava horrores sob o chapéu, o que quase pareciam lágrimas, e, como eu segui o seu rastro para dentro de casa, pude ver que ele tinha alguma coisa nas mãos, ainda que não soubesse o quê.

"Deve ter nascido no campo", ele disse à minha mãe, "porque havia um bando deles escondidos por lá. A mãe e os outros bebês foram mortos pelo arado. Esta aqui", ele disse, levantando a gatinha coberta de sangue, "teve as patas de trás cortadas."

A maioria dos fazendeiros teria deixado o animal gravemente ferido morrer, deixando a natureza tomar seu próprio curso, mas, quando meu pai viu que a gatinha ainda estava viva, ele a apanhou e correu para casa. Minha mãe, que amava animais tanto quanto meu pai, assumiu o comando a partir dali e cuidou da gatinha, dando-lhe leite de garrafa durante um mês. À noite, dava-lhe cobertores quentes e, durante o dia, deixava-a ficar em sua cozinha abafada. Eu monitorava minha mãe cuidando dela, maravilhada com a recuperação da gatinha. Pelo meio do verão, os cotos de Bola de Neve tinham cicatrizado. Muitas pessoas acham que os gatos são preguiçosos, mas o esforço que Bola de Neve fez! A determinação! Num piscar de olhos, desenvolveu a habilidade de se equilibrar sobre as duas patas dianteiras, com as costas suspensas na vertical. Então ela aprendeu a pular com as duas patas, com o traseiro balançando no ar como uma dama pomposa e com o rabo apontando para o céu. Eu adorava isso. Naquele verão, eu e Bola de Neve brincávamos juntas todos os dias. Eu corria ao redor do terreno, sorrindo e gritando, e ela saltitava atrás de mim, com as costas tremulando. No outono, ao fim de cada dia de aula, eu saltava do ônibus, jogava a mochila no chão e corria para o quintal gritando por ela. Ela não viveu muito, e quando morreu fiquei inconsolável por um tempo, mas jamais vou esquecer o modo como Bola de Neve dançava pelo quintal, em câmera lenta, como se estivesse fazendo um passo de dança acrobático de suingue. A determinação dela, e a lição dos meus pais de respeitar e amar cada ser vivo, foram os duradouros legados do meu verão com Bola de Neve.

O quão diferente foi a experiência de Yvonne aos cinco anos? Não sei. Não sei se ela brincava com seus irmãos mais velhos, ou se ficava sozinha no quintal. Não sei se ela escolheu a companhia dos gatos devido à solidão ou a um amor natural. Eu sei que seus pais, assim como muita gente da fazenda, não pensavam muito em gatos e tampouco a ajudavam a cuidar daqueles que apareciam no seu quintal. "Os gatos sempre morriam ou sumiam", Yvonne me contou. "Isso partia meu coração. Mas os meus pais nunca compravam comida para eles, não importava o quanto eu pedisse. Diziam que não podiam bancar."

Minha lembrança de infância mais clara é a de meu pai, com aquele gato machucado nas mãos, falando com minha mãe. A lembrança mais clara de Yvonne é a de uma fotografia. Ela tinha seis anos. Sua mãe queria uma foto dos filhos com os seus gatos favoritos. Yvonne não conseguiu encontrar o seu, um gatinho preto e branco conhecido como Preto e Branco. Sua mãe lhe disse para parar de procurá-lo e que ficasse com seu irmão e sua irmã, que mostravam gatos agitados para a câmera.

"Vamos, agora, sorriam", sua mãe ordenou.

"Eu não achei meu gatinho."

"Não importa. Sorria."

Depois, Yvonne ficou olhando para os campos vizinhos, mordendo os lábios. Existem espaços vazios e planos em Iowa, mesmo nas cidades, onde você pode ver o mundo expandindo-se a partir de você. Dá para olhar sempre lá fora se você continuar procurando, mas, afinal, Yvonne se virou, caminhou até a mãe e perguntou se ela tiraria uma foto dela com algum dos outros gatos.

"Não", disse a mãe. "Não tenho mais filme."

"Eu queria chorar", me disse Yvonne, "mas não chorei. Eu sabia que eles iam rir de mim."

Dez anos depois, quando Yvonne tinha dezesseis anos, seu pai arrumou um trabalho na fábrica Witco e a família mudou para Spencer. Lembro de me aventurar em Spencer quando ainda era uma adolescente vivendo na cidade próxima de Hartley. Foi assustador. As meninas da Escola Secundária de Spencer pareciam tão mundanas, tão preocupadas em estar na moda e a falar com garotos, e se agrupavam nas esquinas como se fossem as Garotas Rosas do filme *Grease – Nos tempos da brilhantina*. Lembro-me de achar que elas eram fisicamente maiores do que nós, crianças do campo, e que, se quisessem, poderiam nos esmagar. Isto era Spencer para mim, mas eu tinha contrapartidas. Minha avó morava na cidade, então eu conhecia as ruas e lojas; eu fui para a Escola Secundária de Hartley, uma das maiores escolas da região; eu era uma garota extrovertida e popular que quase nunca se sentiu fora do lugar ou subjugada. Então, posso imaginar como deve ter sido para Yvonne, uma garota tímida que nunca estivera em Spencer, que nunca fora bem na escola e que nunca se sentira confortável em situações sociais, mesmo em Sutherland. Eu entendi o que ela queria dizer quando me disse que o seu ano e meio no ensino médio de Spencer fora uma tortura.

Seus pais lhe deram algo para atenuar a solidão: um gato. Pouco antes de se mudar para Spencer, o gato de sua tia May dera à luz uma ninhada de gatinhos meio siameses. Quando chegou para a adoção, a ruidosa ninhada correu em disparada pelo quintal, deitando e rolando e lançando sujeira na cara uns dos outros. Yvonne ficou pasma. Olhou para eles e pensou: *Como vou conseguir escolher meu gato?*

Então uma gatinha, que devia estar se escondendo, engatinhou e encarou seus grandes olhos tímidos, como se estivesse sussurrando na voz mais doce e calma imaginável: "Oi".

"Está certo, fico com você", Yvonne sussurrou de volta.

Chamou a gatinha de Tobi. Ela era mais marrom e redonda do que uma típica siamesa, mas tinha a suave exuberância e os vistosos olhos azuis tão típicos da raça. E doce não era apenas uma descrição do seu pelo. Tobi era uma gata doce. De fala macia. Suave nas maneiras. Também não era valente. Corria quando qualquer um entrava em um aposento; corria ao ouvir alguma porta abrir em qualquer lugar na casa; disparava até a segura cama de Yvonne só de ouvir pegadas nas escadas. Ela saiu de casa apenas uma vez, passando por Yvonne que estava na soleira da porta. Yvonne foi até a varanda de concreto e viu Tobi desaparecer ao redor da casa de seus pais em Spencer. Ela percorreu o caminho inverso e encontrou-a nos fundos da casa. Tobi veio lacrimejante em direção a ela e saltou direto em seus braços, com um olhar de terror no rosto pequeno e doce.

"Oh, não faça mais isso, gatinha", Yvonne suplicou. "Por favor, não faça mais isso." Era impossível dizer quem estava mais assustado.

"Tobi adorava um colo." Foi como Yvonne a descreveu. "Ela sempre queria ficar em cima de mim. Dormia na minha cama todas as noites."

"Eu aposto que isso fazia você se sentir bem", eu respondi.

"Sim, fazia", ela disse. Então, sentava olhando para mim, esperando pela minha próxima pergunta.

Concluída a escola, Yvonne juntou-se ao seu pai na Witco. A fábrica produzia ferramentas hidráulicas, conhecidas como "pistolas de lubrificação", que esguichavam graxa dentro de pequenos espaços em motores de carros e outras máquinas. Depois de suas dificuldades na escola de Spencer, a linha de produção era um alívio. O trabalho era acelerado, além de exigir grande esforço físico, mas Yvonne era jovem e forte. Ela podia apertar parafusos tão velozmente quanto qualquer um na linha, e isso não lhe exigia conversar com seus colegas.

"Não era o melhor emprego do mundo", me disse, como se se sentisse desconfortável pelo seu orgulho óbvio por uma tarefa bem-feita. "Mas era trabalho." E não há nada melhor, como eu bem sei, que um trabalho em que você se saia bem.

Yvonne não tinha muita vida social fora da fábrica, mas sempre que finalizava um turno, ela podia contar com uma coisa: Tobi estaria esperando. A gatinha gostava de lugares altos, longe de pés que pudessem chutá-la e de braços balançantes, e frequentemente olhava Yvonne de cima da estante de livros. Outras vezes, Tobi ficava observando do alto das escadas quando Yvonne abria a porta de entrada. Se não havia mais ninguém, Tobi a seguia de perto: até a cozinha ou o gabinete. Mas quando alguém mais aparecia, ambas iam para o quarto de Yvonne e fechavam a porta. Tobi, Yvonne logo percebeu, passava a maior parte do dia em sua cama, sob suas cobertas, esperando que a única pessoa com quem ela se sentia confortável retornasse. E mesmo que a ideia nunca tenha atravessado sua mente conscientemente, isto era exatamente o que Yvonne queria: um amigo que sempre estivesse lá para ela.

Depois dos vinte anos, Yvonne se mudou da casa dos pais para um prédio de quatro andares com sua irmã mais velha. Tobi adorou a quietude. Yvonne adorava ficar sozinha. Ela progrediu na linha de montagem, fixando pequenos pinos em pistolas de lubrificação. Durante anos, a teia de ruas numeradas de Spencer a intimidou, e todo mundo que cruzava o seu caminho lhe parecia um estranho. Mas lentamente ela desenvolveu um apreço pelos padrões e começou a reconhecer os rostos ao seu redor. Ela fazia compras nas lojas ao longo da Grand Avenue ou no novo centro comercial no lado sul da cidade. Comprava roupas na Fashion Bug e a comida favorita de Tobi num pequeno pet shop local. Para um Halloween, ela comprou uma máscara assustadora. Vestiu-a e subiu a escada fazendo barulho. Cruzou a porta do quarto com um gemido baixo – "Ahhhhhhh" – e os belos olhos siameses de Tobi espocaram para fora da cabeça. Ela começou a andar para trás, seu pelo arrepiou-se de medo e Yvonne se sentiu tão mal que logo arrancou a máscara.

"Ah, Tobi", disse. "Sou eu."

Tobi encarou-a por alguns segundos mais, então se virou e olhou para longe, como se dissesse, *eu já sabia*.

No dia seguinte, Yvonne decidiu assustar Tobi novamente. Colocou a máscara e caminhou pesadamente até o quarto. Tobi deu uma olhada e se afastou, enfadada, como se dissesse, *Por favor. Eu sei que é você*.

Yvonne riu – "Você é uma espertinha, não é, Tobi?" – e lhe deu um abraço. A vida era simples, mas era boa. Yvonne Barry tinha achado sua zona de conforto; ela encontrou uma companhia e estava feliz. Sua vida era vivida através de detalhes repetidos, pequenos momentos no tempo. No Natal, Yvonne construiu um pequeno túnel com os presentes e Tobi sentou naquele túnel durante dias. "Eu achava que ela era única. Tobi adorava a árvore de Natal. Mas então eu descobri que muitos gatos faziam o mesmo."

À noite, em seu quarto, Yvonne fazia Tobi girar numa cadeira giratória; e a pequena gata dava o bote em suas mãos a cada giro. Mesmo décadas depois, Yvonne sorria com a lembrança. Tobi adorava aquela cadeira giratória. E se Tobi amava isso, então Yvonne amava também.

Quando, em meados dos anos 1980, a economia local piorou e Yvonne perdeu muitos turnos semanais, ela voltou para a casa dos pais. Eu não sei como Yvonne realmente se sentiu em relação a isso porque ela não falava nada, mas acho que a mudança não foi grande. "Meu aluguel era alto", foi tudo o que me disse. "Perguntei aos meus pais se poderia voltar, e eles disseram que tudo bem."

"Às vezes, meu pai balançava o dedo embaixo do jornal", ela continuou. "Tobi pulava em cima e papai ria. Mas, de modo geral, com os meus pais, Tobi ficava no fundo da cadeira, olhando pela janela, enquanto meu pai lia o jornal."

Eu não sei o que pensar de uma história assim. Será que havia mais diversão e risos na casa do que eu imaginava? Será que Tobi conseguiu quebrar o gelo com aquele homem calado? Ou será que o jogo com o jornal era apenas um breve momento de leveza em um universo quase sempre monótono e empoeirado? Eu quero ouvir a risada, mas só consigo pensar nas horas e dias e semanas – e até dos meses, se entendi bem as inflexões de Yvonne – que se passavam entre uma brincadeira e outra com o jornal. Só posso imaginar um homem de idade sentado silenciosamente em sua cadeira, um jornal cobrindo seu rosto, um pequeno gato olhando pela janela. Os irmãos de Yvonne haviam se mudado, e não acredito que nada mais do que um vazio preenchesse as longas horas na casa quieta. A mãe lia romances no quarto. O pai assistia beisebol na televisão. Yvonne e Tobi ficavam lá em cima, quietas feito ratos, brincando de dar voltas na cadeira giratória.

Mas então, a apenas poucos quarteirões de distância, estava Dewey.

***

Uma biblioteca é mais do que um lugar de armazenamento de livros. Na verdade, a maioria dos bibliotecários inteligentes que eu conheço acredita que uma das funções principais de uma biblioteca não envolve sequer livros. Essa função é a abertura e a disponibilidade. Em um mundo em que muitas pessoas se sentem deslocadas pela sociedade, uma biblioteca é um lugar livre. Quantas vezes você não ouviu um adulto – hoje bem-sucedido, mas outrora uma criança pobre – dizer que a biblioteca salvou sua vida? Sim, o conhecimento armazenado nos livros, e agora nos computadores, expandiu o universo para além dos limites estreitos do pedaço de mundo em que essa criança vivia. Mas a biblioteca também oferece outra coisa: espaço. Se houvesse uma briga em casa, a criança poderia refugiar-se no silêncio. Se a criança se sentisse negligenciada, poderia encontrar interação humana. Não é sequer necessário, em uma biblioteca, falar com alguém. É maravilhoso como as pessoas estão ligadas. Às vezes, basta estar junto a alguém, mesmo que não se diga nada.

Quando me tornei diretora da Biblioteca Pública de Spencer, minha primeira prioridade foi torná-la mais aberta, acessível e amigável. Livros e materiais novos faziam parte do meu plano, mas eu também queria mudar a atitude do lugar. Queria que as pessoas se sentissem confortáveis naquele ambiente, que se sentissem parte de uma comunidade, e não meros visitantes de um prédio público municipal. Fiz com que as paredes fossem pintadas de cores mais fortes e troquei os imponentes móveis pretos por mesas e cadeiras mais confortáveis. Criei fundos para comprar obras de arte para as paredes e esculturas para colocar sobre as estantes. Instruí os funcionários que sorrissem e cumprimentassem todos que chegassem. Menos de seis meses depois, quando Dewey apareceu na caixa de devolução de livros, percebi imediatamente que ele caberia com perfeição dentro do meu plano. Eu sabia que ele era um gatinho calmo e que nunca criaria problemas. Mas achei que ele seria apenas um figurante, como uma obra de arte qualquer, fazendo com que a biblioteca parecesse uma casa.

Mas Dewey não tinha intenção alguma de ficar nos bastidores. Assim que suas patas sararam (ele ficou com feridas por causa do frio na caixa de devolução de livros) e pôde caminhar pela biblioteca sem desconforto, Dewey insistiu em ser o centro das atenções. Para um bibliotecário, porém, um paradoxo se coloca:

é que, para uma biblioteca funcionar, não se pode ser demasiadamente amigável. Queremos que as pessoas se sintam bem-vindas, mas não invadidas. Uma biblioteca não é um ambiente social. Pode-se entrar na hora que se quer, mas não é preciso se envolver mais que o desejado. É uma escolha. Quem quiser conversar, pode bater papo o dia inteiro. Quem quiser ficar anônimo, a biblioteca assegura isso também. Muitas pessoas, especialmente os que são marginalizados, ou os que ficam nervosos em situações sociais, adoram o modo como a biblioteca mistura privacidade e espaço público – é uma oportunidade de estar cercado por pessoas sem a pressão de ter que interagir com elas.

Isso pode criar questões difíceis de serem resolvidas pelos bibliotecários, como, por exemplo, o caso de Bill Mullenberg. Durante décadas, Bill foi o diretor da Escola de Ensino Médio de Spencer, um trabalho não apenas respeitado e importante, mas que também exigia que ele falasse com centenas de pessoas todas as semanas. Eu sei que a aposentadoria foi difícil para Bill, porque sempre é difícil deixar para trás o trabalho de uma vida. Mas a transição de Bill tornou-se ainda mais difícil devido à morte de sua esposa amada.

Depois que ela morreu, ele começou a vir todas as manhãs à biblioteca para ler os jornais – e eu sei que não era para economizar o custo com uma assinatura. Bill estava solitário em casa e queria um lugar para onde ir. O que o pessoal fazia? Nós dizíamos "olá", mas seria ir contra a praxe da biblioteca prolongar a conversa para além de banalidades. Além disso, estávamos ocupados. Spencer não nos pagava para fazer amigos ou terapia; todos os funcionários da biblioteca tinham, no mínimo, quarenta horas semanais de trabalho só para manter o lugar funcionando.

Foi então que Dewey entrou em cena. Sendo um gato, ele não tinha as limitações sociais de um bibliotecário. E como nosso diretor social e recepcionista oficial, não tinha nenhuma outra tarefa que o mantivesse ocupado nos escritórios dos fundos. Dewey achava normal andar até estranhos e pular no colo deles. Se o empurrassem, ele insistia umas duas ou três vezes, até entender o recado de que não era desejado. Então, ele se afastava, sem fazer mal algum. Um gato atrevido, afinal, não é nem de perto tão chato quanto o bibliotecário que "ajuda demais". Um gato não dá aquela sensação de estar julgando, pressionando ou perguntando coisas sobre as nossas vidas que preferiríamos não responder.

Porém, quando o visitante aceitava a presença de Dewey, o efeito era profundo. Depois de um mês tendo aceitado Dewey como companheiro de colo, o comportamento de Bill mudou. Para começar, ele estava sorridente. Acho que a primeira vez que o vi sorrindo desde que sua esposa havia morrido foi na segunda ou terceira vez em que Dewey pulou no seu colo, empurrou o jornal e pediu afeto. Agora, ele sorria o tempo todo, como sorria no seu antigo trabalho. Ele interagia mais com o pessoal e todas as manhãs ficava mais tempo na biblioteca papeando. Observando Bill, eu notei pela primeira vez que Dewey era mais do que uma obra de arte peluda circulando por ali.

Depois da chegada de Dewey, as visitas à biblioteca aumentaram drasticamente. Não sei se ele levava as pessoas a entrarem na biblioteca pela primeira vez, mas acho que as convencia a voltar. Yvonne, por exemplo, só visitou a biblioteca quando Dewey tinha uns quatro ou cinco meses. Ela lera o artigo sobre ele no *Jornal Diário de Spencer*, logo depois de ele ter sido salvo, mas foi só quando chegou o verão que ela decidiu vir à biblioteca. Naquela época, Dewey já tinha metade do seu tamanho. Com seu rabo peludo, o pelo de cobre brilhante e sua magnífica gola natural, paparicado e patrulhando todos, ele parecia o Rei da Biblioteca.

E de fato era. Calmo e confiante, Dewey ficava completamente à vontade em seu ambiente. Da primeira vez que Yvonne o viu, ele desfilava como se fosse o dono do lugar.

Que gato bonito, ela pensou.

Não sei como se conheceram. Presumo que Dewey tenha abordado Yvonne, pois era o que ele sempre fazia, mas talvez ela tenha ido em direção a ele. Na falta de uma expressão melhor, posso dizer que era "fácil conversar com ele", já que não há pressão social quando se faz carinho num gato. Só depois de se relacionarem por algum tempo é que notei, de passagem, que Dewey ficava muito ao lado dela. Ele se esfregava em sua perna, cheirava a sua mão quando lhe fazia carinho, escutava seus cumprimentos sussurrados. Quando ela fazia uma bola com um pedaço de papel e jogava para ele, ele pulava nela, rolava com as costas no chão e chutava a bola no ar com as patas de trás. Então ela jogava de novo.

Yvonne comprava bobagens para ele no shopping, os mesmos brinquedos que comprava para Tobi. Ela gostava de segurar os brinquedos em diferentes alturas, fazendo Dewey pular para alcançá-los. Certa vez, ela segurou um brinquedo na altura da cabeça, mais ou menos um metro e meio acima do chão. "Vamos, Dewey", ela disse. "Você consegue."

Dewey levantou os olhos para o brinquedo, mas depois olhou para baixo. *Ele não consegue*, ela pensou. Depois Dewey virou e deu um salto – feito um foguete, como lembrou Yvonne, *igualzinho a um foguete* – e agarrou o brinquedo de sua mão. Ela ficou olhando para ele impressionada, depois começou a rir. "Você me enganou, Dewey", ela disse. "Você me enganou."

Em novembro, ela veio na primeira festa de aniversário de Dewey. Ela não está no vídeo, mas isso não me surpreende. Yvonne é dessas pessoas que fica ao seu lado por horas até que você repare e diga: "Ah, eu não tinha te visto". Ela é a trabalhadora quieta e diligente que parece nunca sair do escritório; a vizinha que não é vista nunca; a mulher no ônibus que nunca tira os olhos do livro. É errado pensar nisso como algo triste ou incompleto, porque quem somos nós para julgar a vida interior de alguém? Quem somos nós para saber como são os dias de uma pessoa? Os vizinhos de Emily Dickinson pensavam nela como uma solteirona triste vivendo tranquilamente na casa dos pais, quando, na verdade, ela era uma das maiores poetas na história da língua inglesa e frequentemente trocava cartas com os mais bem-sucedidos escritores de sua época. Timidez não é um problema, afinal; é apenas um tipo de personalidade.

Dewey, é claro, era o exato oposto. Vê-lo naquele vídeo de aniversário é ver um verdadeiro artista em ação. As crianças se aglomeravam ao redor dele, brigando por um lugar, mas Dewey nunca parecia assustado. Não importava o quanto fosse agarrado ou o quanto gritassem, ele gostava da atenção. Ele aceitava tudo quase com o mesmo fervor com que lambeu o seu bolo de aniversário, em forma de rato e com cobertura de queijo cremoso. Para Dewey, era tranquilo morder o bolo na frente daquela multidão de fãs. E eu aposto que, depois de desligarem a câmera, ele fez algo tão mágico quanto isso: foi andando até Yvonne – ou ao menos olhou para ela –, fazendo com que ela se sentisse especial por ter vindo.

Eu sei disso por um fato que aconteceu um ano depois, numa festa da biblioteca em 1989. Cerca de duzentas pessoas vieram comemorar a reabertura da biblioteca – que ficara fechada para reformas por um pequeno período – e eu estava ocupada fazendo visitas guiadas para mostrar as melhorias. Yvonne estava lá, à margem da multidão, provavelmente se sentindo como na época da escola, porque ficar anônima em uma biblioteca é uma coisa, ficar anônima em uma festa é estranho e desconfortável. Porém, seu desconforto terminou quando ela viu Dewey dando voltas no meio das pessoas. Ninguém lhe dava atenção, e isso o deixava claramente muito irritado. Até que ele viu Yvonne e foi dançando até ela. Ela o pegou. Segurou-o próximo ao coração. Dewey colocou sua cabeça no ombro dela e começou a ronronar.

"Alguém tirou uma foto da gente", Yvonne me disse muitas vezes durante nossas conversas. "Não sei quem foi, mas houve uma foto. Eram só as minhas costas. Era o rosto de Dewey. Mas teve, sim, uma foto de nós dois juntos."

***

Eu não quero fazer muito caso da relação de Dewey com Yvonne. Não quero deduzir que a vida dela girava em torno da biblioteca. Eu sei que ela tinha uma existência limitada e sei que não era nenhuma Emily Dickinson, mas também sei que Yvonne Barry escondia dos olhos alheios uma grande parte da sua alma. Sei que ela se correspondia com frequência com amigos. Sei que, como a maioria de nós, tinha uma relação de amor e ódio com o trabalho. Tinha orgulho do seu trabalho, mas estava cada vez mais frustrada por ser o tempo todo ultrapassada na corrida por posições mais bem remuneradas. Sei que ela amava a família e que por trás dos seus silêncios havia uma rede complexa e multifacetada de relações. Essas facetas eram... eram apenas dela, como ela escolheu, suas e de mais ninguém.

O que ela dividia comigo era Tobi. Eu acho que Dewey, talvez por ser tão diferente dela, era sua válvula de escape social. Tobi era sua melhor amiga. Ela amava *estar com* Dewey, mas ela *amava* Tobi. E Tobi a amava também. Mais do que qualquer outra coisa no mundo, Tobi se importava com Yvonne Barry, e ficava feliz sempre que ela atravessava a porta. Tobi e Yvonne não eram opostas, eram almas gêmeas. Quando Yvonne me disse: "Ela era uma gata calma, gentil e nunca se metia em encrenca com ninguém. Só queria viver e deixar viver, entende o que eu quero dizer?", meu primeiro pensamento foi *ela deve estar falando de si mesma.*

Elas também eram dedicadas uma à outra. "Eu nunca fiz passeios que demorassem mais de um dia", Yvonne me disse, "porque não conseguia deixar Tobi". Uma vez viajaram juntas, para visitar a irmã Dorothy, em Minneapolis. Durante os primeiros 25 quilômetros, Tobi esperneou e bateu o rosto contra a grade. Só quando chegou em Milford, Iowa, é que a gata se deu conta de que não estava indo para o consultório médico e finalmente se acalmou. Durante alguns quilômetros, ela ficou miando para Yvonne, como se esperasse uma explicação. Mas como pode um gato entender um conceito como "Minnesota"? Finalmente, ela se jogou no fundo da caixa de transporte, deitou... e assim permaneceu por cinco horas. Em Minneapolis, Tobi foi direto para o quarto de visitas. Ela usava sua caixinha de areia, comia sua comida Tender Vittles e se escondia debaixo das cobertas até Yvonne voltar todas as noites. Então Tobi subia e se aconchegava no pescoço de Yvonne, alegríssima de ter sua amiga de volta. "Eu te amo, Tobi", Yvonne dizia baixinho, abraçando sua gatinha. Exceto pela viagem de carro, foi como qualquer outro final de semana em suas vidas.

É tentador dizer que essa é a razão pela qual Yvonne ama tanto Tobi: a gata era a única coisa constante em sua vida. Mas, na verdade, acho que a vida de Yvonne era repleta de constâncias. O mesmo emprego na linha de montagem, cumprindo a mesma função. As mesmas tarefas. As mesmas refeições. As mesmas noites silenciosas em casa com os pais. Mesmo em sua relação com Dewey havia uma familiaridade confortável, ela sabia que ele sempre estaria lá. Elas podiam não ter muita animação, mas Tobi e Yvonne tinham uma rotina. Tinham uma à outra. E isso era suficiente.

Mas há algo sobre os gatos que precisamos encarar: em geral, vivemos mais do que eles. Treze anos de amor era uma pequena fatia da vida para Yvonne, mas era uma vida inteira para Tobi. Em 1990, a gata estava visivelmente definhando e sua artrite tornava difícil subir e descer as escadas. Seu pelo ficou mais ralo, e, cada vez mais, quando Yvonne chegava a casa, encontrava Tobi tão enroladinha em sua cama que preferia não acordá-la.

Nessa mesma época, Yvonne descobriu a Bíblia. Ela diz que o catalisador foi a Guerra do Golfo. A ameaça de violência a deixava ansiosa e incerta sobre o futuro, e ela sentia o peso da infelicidade. Não tenho motivos para duvidar disso, mas talvez houvesse dores mais complicadas para uma pessoa tão reservada quanto Yvonne discutir. Como sua frustração com a fábrica Witco, cuja administração lhe recusou uma posição melhor, mesmo que ela soubesse que daria conta do trabalho. E a dor nos seus joelhos, causadas pelas oito horas diárias em pé na linha de montagem. E a saúde de sua mãe, que se deteriorava. E também – por que não? – o abatimento de sua amada gata, que tanto significava para ela.

Conforme a guerra se aproximava e a saúde de Tobi fraquejava, as leituras religiosas de Yvonne aumentaram. Inicialmente ela se sentiu atraída por profecias bíblicas sobre guerra e destruição, mas foram o conforto e a esperança do Senhor que afinal a inspiraram. Seis meses depois de pegar a Bíblia pela primeira vez, enquanto aviões com tropas sobrevoavam as fronteiras do Iraque, e explosões escureciam os céus de Bagdá, Yvonne se ajoelhava ao lado da cama e pedia que Jesus entrasse no seu coração.

"Eu senti como se tivesse enfiado o dedo na tomada", disse a respeito daquele momento. "Eu me sentia tão diferente, e, depois, tive a noite de sono mais tranquila da minha vida. Eu sabia que algo havia mudado."

Yvonne começou a ler a Bíblia durante uma hora todos os dias. Começou a frequentar a Primeira Igreja Batista duas vezes aos domingos, e toda quinta-feira ia para grupos de oração. Frequentemente aconteciam atividades de grupo na igreja, e Yvonne se viu atraída por essa comunhão. Nas noites silenciosas em casa, ela buscava conforto no Livro. Às vezes, Tobi estava lá, enrolada ao seu lado, mas a gata passava a maior parte do tempo dormindo em uma cesta coberta, que Yvonne encheu com lã de ovelha para mantê-la quentinha. Yvonne ouviu dizer que a ração Fancy Feast fazia os gatos viverem mais tempo, e então começou a dar Fancy Feast para Tobi, em vez de Tender Vittle, mesmo não podendo arcar com essa despesa. Ela adorava Tobi, cuidava dela como sempre. Mas, depois do jantar, em vez de girar Tobi na cadeira, Yvonne voltava para a Bíblia, deixando a gata cada vez mais sozinha.

E então, um ano depois de Yvonne tornar-se cristã, Tobi começou a tropeçar. Certa noite de verão, a gata caiu no quarto e urinou em si mesma. Ela levantou os olhos para Yvonne, morrendo de medo, implorando por uma explicação. Yvonne a levou à dra. Esterly, que lhe deu a triste notícia. O fígado de Tobi falhava. A veterinária poderia mantê-la viva por mais uns dias, mas a gata sentiria muita dor.

Yvonne olhou para o chão. "Eu não quero isso", sussurrou.

Ela segurou Tobi em seus braços e a acariciou enquanto a dra. Esterly preparava a injeção. A gata apoiou a cabeça no cotovelo de Yvonne, fechando os olhinhos, como se estivesse confortável com a amiga. Quando sentiu a agulhada, soltou um grito terrível, mas não se mexeu. Simplesmente, olhou aterrorizada para o rosto de Yvonne, cambaleou, desfaleceu e se foi. Yvonne, com a ajuda do pai, enterrou Tobi em um canto distante do jardim dos fundos.

Elas tinham tantas lembranças felizes. A árvore de Natal. A cadeira giratória. As noites juntas na cama. Mas aquele último grito, um som que Tobi nunca fizera antes... foi algo que Yvonne nunca conseguiu esquecer. Aquilo a corroeu e uma onda enorme de culpa transbordou de dentro dela. Tobi dedicara sua vida a Yvonne, mas, nos seus últimos anos, quando estava velha, doente e carente de cuidados, Yvonne deu as costas para ela. Era como se sentia. Ela não brincava mais com Tobi na cadeira; não fazia túneis com os presentes de Natal; não notou o quão doente Tobi estava.

Naquela noite, ela foi a um encontro de oração. Seus olhos estavam inchados e vermelhos e as lágrimas corriam sobre seu rosto. Seus companheiros de oração perguntaram: "Você está bem, Yvonne? O que houve?".

"Minha gata morreu hoje", disse.

"Oh, sinto muito", diziam, dando tapinhas em seu braço. Depois, sem ter mais o que dizer, iam embora. Queriam ajudar, Yvonne sabia. Eram pessoas boas, mas não entendiam. Para eles, era apenas um gato. Como o restante de nós, eles nem sabiam o nome de Tobi.

No dia seguinte, ao visitar a Biblioteca Pública de Spencer, Yvonne ainda não se sentia melhor. Na verdade, estava pior. Sentia-se mais culpada e mais sozinha. Ela percebeu que não tinha vontade alguma de folhear os livros. Em vez disso, foi direto para a cadeira, sentou-se e pensou em Tobi.

Um minuto depois, Dewey apareceu e foi andando lentamente em sua direção. Toda vez que ele a via, ao menos durante os últimos cinco anos, Dewey miava e ia correndo para a porta do banheiro feminino. Yvonne abria a porta e Dewey pulava na pia e miava para que ela ligasse a torneira. Depois de olhar para a água caindo durante um minuto, ele tocava a água com a patinha, dava um pulo para trás, chocado, e depois chegava para a frente e repetia o mesmo processo. E de novo. E de novo. Era a brincadeira especial deles, um ritual que fora desenvolvido através de centenas de manhãs juntos. E Dewey fazia a mesma coisa sempre.

Mas não desta vez. Desta vez, Dewey parou, levantou a cabeça e olhou para ela. Então pulou no seu colo, fez um carinho suave com a cabeça e se aconchegou em seus braços. Ela o acariciou suavemente, às vezes secando uma lágrima, até que a respiração dele ficou calma e relaxada. Depois de dez minutos, ele dormia.

Ela continuou fazendo carinho nele, suave e lentamente. Depois de um tempo, o peso de sua tristeza pareceu ficar mais leve, suspenso, até que, enfim, foi como se flutuasse para longe. Não foi apenas o fato de Dewey perceber o quanto ela estava triste. Tampouco o fato de ele a conhecer e ser seu amigo. Enquanto ela observava Dewey dormindo, sentiu sua culpa desaparecer. Ela percebeu que fez o melhor possível para Tobi. Ela amara a pequena gata e não precisava passar o tempo todo provando isso. Não havia nada de errado em ter uma vida própria. Já estava na hora, para o bem de ambas, de deixar Tobi ir embora.

***

Meu amigo Bret Witter, que me ajuda com esses livros, fica doido feito bicho (sim, é uma piada) sempre que lhe perguntam: "Afinal, o que faz de Dewey um gato tão especial?".

"Vicki passou 266 páginas tentando explicar isso", ele diz. "Se fosse possível resumir numa frase, ela teria escrito um cartão-postal."

Ele achava essa resposta esperta. Depois, percebeu que a pergunta o levava a pensar em algo que havia ocorrido na sua própria vida, e às vezes pensava numa coisa que não envolvia gatos, nem bibliotecas, ou mesmo Iowa, mas que poderia servir, afinal, como uma rápida explicação. Então, ele fazia a piada do cartão, depois contava uma história de sua cidade natal, Huntsville, no Alabama, onde cresceu com um menino com sérias incapacidades físicas e mentais. Eles frequentavam a mesma igreja e a mesma escola, e, portanto, quando o acidente ocorreu, na sétima série, Bret havia estado com ele seis dias por semana, nove meses por ano, durante sete anos. Em todo esse período, o menino, que tinha problemas demais para falar, nunca fora sentimental, nunca expressara felicidade ou frustração e tampouco solicitara qualquer tipo de atenção.

Então, um dia, no meio da escola dominical, ele começou a gritar. Empurrou uma cadeira, pegou um porta-lápis e, depois, com uma emoção exagerada, começou a jogar os lápis de modo selvagem pela sala. As outras crianças ficaram sentadas, olhando. A professora, depois de alguma hesitação, começou a gritar para que ele se acalmasse, que tivesse cuidado, que não interrompesse a aula. Estava prestes a expulsá-lo da sala, quando, de repente, um garoto chamado Tim se levantou, andou até o menino, colocou seu braço em volta dele "como faria com um ser humano", como sempre conta Bret, e disse: "Está tudo bem, Kyle. Está tudo bem".

E Kyle se acalmou. Ele parou de espernear, largou os lápis e começou a chorar. E Bret pensou: *Eu queria ter feito isso. Eu queria ter compreendido o que Kyle precisava.*

Esse era Dewey. Ele sempre parecia entender e sempre sabia o que fazer. Não estou sugerindo que Dewey fosse igual ao menino que se levantou – Dewey era um gato, afinal –, mas ele tinha um raro entendimento dos outros seres. Ele percebia o momento, e agia. É isso que torna pessoas, e animais, especiais. Olhar. Cuidar. Amar. Agir.

Não é fácil. Na maior parte do tempo estamos tão ocupados e distraídos que não percebemos que uma oportunidade passou. Agora, olhando para trás, lembro que o primeiro ritual que Yvonne desenvolveu com Dewey, antes da história de brincar na pia do banheiro, foi com a erva-gato. Todo dia, ela colhia um pouco de erva-gato fresca do jardim e colocava no tapete da biblioteca. Dewey sempre ia correndo cheirar. Depois de algumas fungadas, ele enfiava a cabeça, mastigando ferozmente, com a boca abrindo e fechando e a língua rápida no ar. Ele esfregava as costas no chão e as folhinhas verdes ficavam presas nas suas costas. Ele virava de barriga para baixo e empurrava o queixo no tapete, serpenteando feito o Grinch ao roubar presentes de Natal. Yvonne sempre se ajoelhava ao seu lado, rindo e falando baixinho: "Você gosta mesmo de erva-gato, não é, Dewey? Você adora, não é?", enquanto ele balançava as patas dando uns chutes loucos, até finalmente cair exausto no chão, com as patas esticadas para todos os lados e a barriga para o céu.

Até que um dia, enquanto Dewey tinha seu faniquito de erva-gato (apelidado pelo pessoal da biblioteca de "O Mambo do Dewey"), Yvonne olhou para cima e notou que eu a observava. Eu não falei nada, mas, alguns dias depois, eu a parei e disse: "Yvonne, por favor, não traga tanta erva-gato para o Dewey. Eu sei que ele gosta, mas não é bom para ele".

Ela não disse nada. Olhou para o chão e foi embora. Eu só quis dizer para ela diminuir a dose de erva-gato para, por exemplo, uma vez por semana, mas ela nunca mais trouxe erva-gato para a biblioteca.

Na época, pensei ter feito a coisa certa, porque aquilo estava deixando Dewey cansado. Ele ficava completamente maluco durante vinte minutos, após o que Yvonne ia embora e Dewey ficava desmaiado por horas. Virava um gato catatônico. Não parecia justo. Yvonne se divertia com Dewey, mas seus outros amigos não tinham nenhuma chance.

Pensando agora, eu deveria ter sido mais delicada no modo como lidei com o evento da erva-gato. Devia ter compreendido que isso não era apenas um hábito para Yvonne, mas uma parte importante do seu dia. Em vez de tentar entender a raiz de seu comportamento, me detive apenas na aparência exterior de suas ações e lhe disse para parar. Em vez de abraçá-la, lhe dei um empurrão.

Mas Dewey – ele nunca fazia isso. Milhares de vezes, de milhares de modos diferentes, Dewey estava presente quando as pessoas precisavam dele. Ele fez isso para diversas pessoas, eu sei, que nunca haviam se aberto comigo. Ele fez com Bill Mullenberg e Yvonne exatamente o que Tim fez com Kyle na escola dominical. Quando ninguém mais entendia, Dewey fazia um gesto. Ele não compreendia as motivações, claro, mas percebia que algo estava errado. E, com seu instinto animal, agia. Ao seu modo, Dewey colocava seus braços em volta de Yvonne e dizia: *Está tudo bem. Você é uma de nós. Você vai ficar bem.*

Não estou dizendo que Dewey mudou a vida de Yvonne. Acho que ele aliviou sua dor, mas não acabou com ela. Um mês depois de Tobi morrer, Yvonne teve um ataque na linha de montagem, e não só foi despedida, como acompanharam sua saída do prédio. Ela estava frustrada com a administração havia muito tempo, e eu não posso deixar de pensar que a morte de Tobi foi a gota d'água.

Não acabou aí. Alguns anos depois, sua mãe morreu de câncer de cólon. Dois anos depois, Yvonne foi diagnosticada com câncer de útero. Durante seis meses ela dirigia seis horas até Iowa City para se tratar. Quando enfim venceu o câncer, suas pernas cederam. Ela havia trabalhado em pé oito horas por dia, cinco dias por semana, durante anos, e o esforço repetido desgastou seus joelhos.

Mas ela ainda tinha sua fé. Ainda tinha sua rotina. E ainda tinha Dewey. Ele viveu mais quinze anos após a morte de Tobi e, em todos esses anos, Yvonne Barry veio à biblioteca diversas vezes por semana para vê-lo. Se você me perguntasse na época, eu não diria que a relação deles era particularmente especial. Muitas pessoas vinham à biblioteca toda semana, e quase todas paravam para visitar Dewey. Como eu podia saber a diferença entre as pessoas que só achavam Dewey fofinho e aquelas que valorizavam sua amizade e seu amor?

Depois do evento em homenagem a Dewey, Yvonne me falou do dia em que ele se sentou no seu colo e a reconfortou. Mesmo uma década depois, isso ainda era significativo para ela. Eu fiquei emocionada. Até aquele momento, eu não sabia que Yvonne tivera seu próprio gato. Eu não sabia o que Tobi havia significado para ela, mas sabia que Dewey a confortava, como sempre me confortou, simplesmente por estar na minha vida. Pequenos momentos podem significar tudo. Podem mudar uma vida. Dewey me ensinou isso. A história de Yvonne (quando afinal parei para ouvi-la) confirmava isso. Aquele momento no seu colo resumia a compreensão e a amizade de Dewey, sua afeição pelas pessoas de Spencer de um modo que eu nunca havia considerado antes.

Eu não notei quando Yvonne parou de vir à biblioteca depois da morte de Dewey. Eu sabia que suas visitas haviam se tornado menos frequentes, mas ela sumiu do mesmo modo que surgiu: como uma sombra, sem som. Quando fui visitá-la dois anos depois da morte de

Dewey, ela estava morando em um centro de reabilitação, com um aparelho na perna direita. Ela só tinha cinquenta e poucos anos, mas os médicos não sabiam se ela voltaria a andar. Mesmo que melhorasse, não tinha para onde ir. Seu pai estava num asilo ao lado, e a casa da família fora vendida. Yvonne disse para os novos donos: "Não cavem naquele canto do jardim porque minha Tobi está enterrada ali".

"Tobi ainda está lá", ela me disse. "Seu corpo ao menos."

Havia uma Bíblia no criado-mudo e uma escritura presa na parede. Seu pai, numa cadeira de rodas, estava no quarto de Yvonne, um velho frágil que não ouvia nem enxergava mais. Ela nos apresentou, mas, a bem da verdade, ela mal parecia notar sua presença. Em contrapartida, me mostrou a pequena estátua de um gato siamês que deixava sobre uma bandeja ao lado da cama. Sua tia Marge lhe dera de presente, em homenagem a Tobi. Não, ela não tinha nenhuma foto de Tobi para compartilhar. Sua irmã colocara todos os seus pertences em um armazém, e ela não tinha a chave. Se eu precisasse de fotos, disse, havia sempre aquela dela e de Dewey, tirada na festa da biblioteca vinte anos antes. Alguém, em algum lugar, provavelmente tinha uma cópia.

Quando eu lhe perguntei sobre Dewey, ela sorriu. Contou-me do banheiro feminino, da festa de aniversário e finalmente da tarde em que ele permaneceu no colo dela. Depois, olhou para baixo e balançou a cabeça com tristeza.

"Eu fui à biblioteca diversas vezes para ver seu túmulo", ela disse. "Entrei, olhei em volta, mas simplesmente não é a mesma coisa. Quero dizer, Dewey não está lá. Eu vi a estátua dele e pensei: *Que legal, parece mesmo com Dewey*, mas não era como se Dewey estivesse lá realmente."

"Eu não quero mais ir lá. Era o gato, sabe. Dewey, ele sempre estava lá. Mesmo que estivesse escondido, eu dizia a mim mesma: 'Bem, na próxima eu encontro com ele'. Mas então eu voltava e nada de Dewey. Olhava para onde ele costumava sentar, estava vazio e eu pensava: *Nada para fazer aqui*. Agora é apenas um prédio com livros dentro."

Eu queria perguntar mais coisas a ela, descobrir algo profundo sobre gatos e bibliotecas e correntes subterrâneas de solidão e amor que se cruzam debaixo da superfície das cidades e das vidas mais tranquilas. Eu queria conhecê-la, porque, no fim das contas, ela mal esteve presente em sua própria história.

Mas Yvonne apenas sorriu. Será que naquele momento ela pensava que Dewey estava no seu colo? Ou será que pensava em outra coisa, em algo mais profundo que não me contaria e que apenas ela poderia entender?

"Era o meu Garoto Dewey." Foi tudo o que disse. "Grande Dew."

2
Sr. Sir Bob Kittens
(também conhecido como Ninja ou Sr. Gato de Botas Abóboras)

"Eu queria simplesmente lhe agradecer por expressar com palavras tão eloquentes o que muitos de nós – que amamos gatos ou qualquer outro animal – sentimos todos os dias. Eles são como a nossa família, amamos os gatos com a mesma intensidade, e sentimos o mesmo desespero quando se vão."

Conheci muitos gatos na minha vida e, por isso, eu sei que todos são diferentes, mesmo os mais especiais. Alguns gatos são especiais porque são doces. Alguns gatos são especiais porque são sobreviventes. Alguns gatos são especiais por terem sido exatamente o que alguém precisava, na hora em que precisava: uma alma gêmea, um companheiro, uma distração, um amigo. Alguns gatos, porém, são simplesmente loucos.

Assim era o Sr. Sir Bob Kittens, antes conhecido como Ninja, que morava numa casa comum do subúrbio de Michigan com sua família, James e Barbara Lajiness e a filha adolescente deles, Amanda. Sr. Kittens não é o gato fofinho. Ele é o gato esperto, o gato que tem atitude, o que faz o que quer, geralmente de um modo que não dá para entender muito bem. Talvez por isso ele tenha sido o último de sua ninhada a ser adotado na Associação de Proteção aos Animais de Huron Valley, em Ann Arbor, Michigan. Ou talvez por causa do bilhete afixado na sua gaiola: NINJA, estava escrito. Depois: NÃO SE DÁ BEM COM OUTROS GATOS OU CACHORROS. Aparentemente, ele brigava com todo mundo.

Quando Barbara Lajiness conheceu Ninja, não foi amor à primeira vista. Sim, ele era lindo, com grandes olhos acastanhados, uma pelugem bem laranja e os bigodes mais longos que ela já havia visto num gato. Sim, ele parecia inteligente e bem-comportado. Mas não era ativo. Ele não subia nas coisas, nem clamava por atenção, como os outros gatinhos do abrigo. Ele não... bem, na verdade, ele não fazia nada. Ficava apenas deitado e sozinho na grande gaiola vazia, e nem se dava ao trabalho de olhar para os estranhos que passavam por ele.

"Ele é ótimo com pessoas", disse a voluntária, quando viu que Barbara olhava para Ninja. "O problema dele é com outros animais."

O marido de Barbara e sua filha queriam Ninja. Sentiram algo especial nos seus olhos travessos e no seu jeito aparentemente tranquilo. Quando Barbara o segurou, ela sentiu a mesma coisa. Uma energia em potencial, talvez, que mal se continha. Aí soltou o gato e pediu desculpas à filha, dizendo que não estava pronta. A família havia perdido seu gato amado havia um mês. Barbara não contou isso para a filha, mas ela estava com muito medo de investir emocionalmente em outro ser vivo que ela acabaria vendo morrer.

Mas Ninja era tão gracioso e bonito. E sua filha e seu marido estavam tão inflexíveis. E toda vez que ela voltava ao abrigo – o que nunca deveria ter feito, mas não conseguia evitar –, ficava cada vez mais claro que o pobre Ninja nunca seria adotado. Não naquela cela isolada que o fazia parecer o pior prisioneiro do presídio, e não com aquele aviso na gaiola. "Ele não era um gato fofo, do tipo que ronrona feito um trenzinho", lembrava Barbara, "mas ele merecia um lar. Todo animal merece um lar. Era triste que ninguém tivesse espaço em suas vidas para ele." Barbara se preocupava com a vida dos animais, e lá estava um gato que precisava ser salvo. Ele precisava de uma boa casa, sem outros bichos (obviamente), e era exatamente isso que ela podia oferecer. Ela não podia dar as costas. Em sua vida inteira, em grande parte graças à sua mãe, Barbara Lajiness nunca havia recusado ajuda a uma criatura necessitada.

"Por que o chamam de Ninja?", Barbara perguntou à voluntária enquanto preenchia a papelada e pagava pela adoção.

"Não se preocupe", a voluntária respondeu com um sorriso. "Você vai ver."

***

Os pais de Barbara se divorciaram em 1976. Ela tinha oito anos e, mesmo sendo tão pequena, sabia que isso estava para acontecer. Seus pais não se davam bem havia muitos anos, a vida em casa era desconfortável e tensa com duas pessoas que tomaram rumos diferentes se forçando para fazer a coisa funcionar. Sua mãe se dedicava à família. Seu pai queria diversão: sair para beber, ficar na rua até tarde sem as crianças, viajar. Quando ele vinha para casa, chegava zangado e frustrado com a vida. Barbara tinha dois irmãos adolescentes que não gostavam nem da ausência, nem da raiva do pai. Durante um tempo, todo mundo gritava. Depois, ninguém conversava mais. A válvula de escape de Barbara, mesmo sendo tão nova, era Samantha, a gata da família. *Isso é bom,* Barbara pensou quando seus irmãos disseram que o pai havia saído de casa definitivamente. *Agora, a casa vai ficar calma de novo*. Que pensamento triste para uma criança de oito anos.

Mas logo ela descobriu que a vida sem um pai era bem pior do que esperava, ao menos financeiramente. Quase imediatamente, a família deixou de ter uma existência confortável de classe média e ficou pobre. Seu pai tinha um emprego estável trabalhando para a Michigan Bell, a companhia telefônica local. Antes de se casarem, sua mãe trabalhava na Michigan Bell também, como operadora. Mas ela abriu mão do trabalho para criar os filhos. Dezoito anos depois, ela descobriu que, mesmo em tempos bons, empregos para mulheres de meia-idade com currículos limitados eram raros. Em 1976, nas comunidades pouco favorecidas ao redor de Flint, Michigan, os empregos eram inexistentes. Não havia trabalho suficiente para os homens, que haviam perdido seus empregos quando a General Motors transferiu suas fábricas para outros países. A única colocação que Evelyn Lambert pôde encontrar para sustentar seus filhos foi numa casa de saúde, preparando o café da manhã para os residentes. Seu turno começava às três da manhã. Ela recebia um salário mínimo.

Essa não era uma ocupação considerada aceitável para uma mãe. Em 1976, na pequena cidade de Fenton, Michigan, no subúrbio fora de Flint onde os Lambert moravam, nenhum emprego era aceitável para uma mãe. Em Fenton, mulheres não se divorciavam, não trabalhavam fora de casa, não deixavam seus filhos sozinhos por longos períodos de tempo. Ninguém queria saber o que havia acontecido com Evelyn Lambert. De algum modo, era real demais, e quem sabe não era contagioso. Alguns vizinhos declaradamente sentiam pena, algo que a mãe de Barbara nunca suportou. Outros a ignoravam. Zombavam de Barbara na escola, onde todos pareciam saber tudo sobre sua mãe. Seus amigos não podiam mais ir a sua casa brincar, pois não havia nenhum adulto tomando conta. Em poucos meses, Barbara se deu conta que seu estatuto social despencara tão rápido quanto as finanças familiares. Não ajudava o fato de o pai ter se mudado para Grand Blanc, um subúrbio perto de Flint, e gastar seu tempo e dinheiro com uma mulher mais interessada em viver do modo como ele queria.

Finalmente, uma vizinha veio ajudá-los. Seu nome era sra. Merce e vivia do outro lado da rua, algumas casas depois. A sra. Merce, com outras mulheres da vizinhança, havia começado uma organização chamada Adote-um-animal. As sociedades de ajuda aos animais da época eram basicamente lugares para se livrar dos bichos. Eles guardavam os animais só por um ou dois dias, e depois os faziam dormir. Matavam centenas deles e a sra. Merce e suas amigas achavam que essa não era a atitude adequada de uma sociedade civilizada. Adote-um-animal acolhia os animais e ficava com eles o tempo necessário até que encontrassem um lar. Hoje em dia, abrigos que não matam bichos são comuns no mundo inteiro. Mas há trinta anos, em Flint, Michigan, esse era um conceito incompreensível. Gatos e cachorros eram apenas animais, e animais não tinham muito valor. Eram coisas descartáveis que morriam ou fugiam e eram substituídos. Adote-um-animal ia contra a atitude de uma comunidade inteira.

Quando a sra. Merce perguntou a Evelyn se ela poderia ser a mãe adotiva de um animal, a mãe de Barbara ficou animada para se candidatar. Por quê? Barbara hesitou muito tempo antes de responder, simplesmente: "Acho que a minha mãe tinha uma predisposição para ajudar animais". Provavelmente isso era um tanto verdade. Evelyn Lambert sempre demonstrou uma dose constrangedora (na época) de preocupação por todas as coisas vivas. Ela não acreditava em herbicidas, então seu gramado vivia cheio de ervas daninhas. Não acreditava em lixo, então usava potes velhos de comida para colocar as plantas. Preferia medicamentos naturais a visitas médicas e desprezava inseticidas. Acreditava que a vida era sagrada. Todas as vidas, até de insetos. Ela tinha vocação para a compaixão.

Mas, claramente, era solitária também. Sem rumo, com um trabalho insatisfatório, e ferida pela rejeição de seu marido e de sua comunidade. Estava ansiosa para impressionar, adotando uma causa que o seu marido nunca apoiaria ou que seus vizinhos de mente estreita nunca entenderiam. O que começou como um favor para a Adote-um-animal tornou-se, aparentemente do dia para noite, uma causa. Quase tão rápido quanto isso, a ideia vaga de "cuidar de animais sem casa" concretizou-se junto a dez gatos de todas as idades, cores e condições, vivendo em uma casa pequena no subúrbio.

Não era uma época fácil. A grana era curta. A mãe de Barbara colocava água no leite para que ele durasse mais tempo e fazia uma tabela todo domingo que mostrava exatamente o que as crianças podiam comer enquanto ela estava fora, trabalhando. Uma lata de refrigerante era um enorme luxo, Barbara e seu irmão, Scott, tinham que dividir, o que sempre gerava discussões sobre quem tinha bebido mais do que devia. Às vezes, na sexta-feira à noite, quase não havia comida na mesa, ao passo que o pai de Barbara, na cidade vizinha, com outra mulher, comia em restaurantes caros e viajava para outros estados nas férias.

Barbara assumiu a responsabilidade de cuidar da casa. Ela se sentia impelida a fazer isso, tanto por amor como por medo. Alguns finais de semana depois do divórcio de seus pais, os vizinhos se ofereceram para levá-la a um passeio, para acampar. Antes de o carro chegar ao final do quarteirão, Barbara começou a gritar, querendo voltar para casa. Ela morria de medo de ir embora e, ao voltar, não encontrar a mãe. Então fez com que esse terror, esse medo do abandono, virasse algo produtivo. Ela dava comida e água para os gatos, limpava o banheiro e arrumava a bagunça deles. Preparava as refeições no micro-ondas e lavava a louça depois que ela e Scott terminavam de comer. Toda noite, antes de dormir, verificava se tudo estava limpo e no lugar certo, para que sua mãe não tivesse que se preocupar quando chegasse em casa no meio da noite. Se estivesse nevando, Barbara, aos nove anos, colocava o casaco e tirava a neve da entrada para desobstruir o acesso à garagem. A seu modo, ela trabalhava para que seu mundo não se despedaçasse, assim como a sua mãe.

Não ganhavam muitos presentes, mesmo no Natal. No primeiro ano sem o pai, a família esperou até a noite de Natal para comprar uma árvore, porque nesse dia as árvores ficavam mais baratas. No caminho para casa, Barbara e seu irmão de quinze anos, Scott (o irmão mais velho, Mark, de dezoito, não passava muito tempo com a família), começaram a brigar no banco de trás. Quando chegaram à entrada, coberta de neve, a mãe fez sinal para que parassem a discussão.

"Quietos", ela gritou.

Eles não pararam.

"Agora! Fiquem quietos! Já!"

Os garotos ficaram quietos, chocados, olhando, com a mãe, para a casa escura no silencioso bairro de subúrbio. Por um momento, não havia nada além de neve e de vento. Então, ouviram um pequeno miado.

No instante seguinte, Evelyn Lambert já estava fora do carro se debruçando sobre a neve. Sua reputação como "a louca dos gatos" já chegara a Fenton. Quando alguém não queria mais um animal, muitas vezes deixava no quintal dos Lambert. Nos anos seguintes, dezenas de vezes, a família chegou e encontrou um animal tristonho olhando para o carro. Se fosse um cachorro, levavam a um abrigo de adoção. Se fosse um gato, ficavam com ele, pois era isso que faziam. Eles ajudavam gatos carentes.

Desta vez, foi Scott que encontrou o gato. Quem jogou o bichinho ali certamente imaginou que aquela era a casa da mulher dos gatos, mas estava com o endereço errado, pois o gatinho – molhado e tremendo de frio – estava enterrado sob um monte de neve do outro lado da rua. Barbara lembra vivamente de ver o irmão subindo a rua, com um sorriso louco no rosto e uma faixa na cabeça; e a luz da garagem refletindo sobre o gatinho minúsculo, arrepiado, preto retinto, dentro do casaco dele.

Ela lembra de tirar o gatinho do casaco, aproximá-lo do seu rosto e dizer: "Ele tá com cheiro de miojo!".

Ela sorriu. Não esperava nenhum presente naquele Natal, mas, de repente, como por mágica, mais do que por crueldade ou indiferença, um presente havia aparecido.

Chamou o gatinho de Fumacinha. Mesmo que a casa dos Lambert já fosse cheia de gatos – alguns adotados por pouco tempo enquanto outros ficavam por meses –, Fumacinha era diferente. Quando Barbara segurou Fumacinha naquela noite, ele a abraçou e se esfregou na sua bochecha. Foi então que ela soube que ele era dela. Para sempre. A mãe de Barbara o chamou de Macarrão Preto porque, na presença dela, ele ficava parecendo um macarrão mole. Fumacinha gostava tanto da menina que a deixava fazer qualquer coisa com ele. Ela o vestia com roupas de boneca, empurrava-o num carrinho de bebê, carregava-o no seu colo como um neném recém-nascido. Quando ela brincava de se vestir, botava um xale ao redor do pescoço de Fumacinha. Ele ficava totalmente relaxado nas mãos dela. Os outros gatos dormiam no primeiro andar da casa, ou, nos meses mais quentes, no porão inacabado. Fumacinha se enroscava com Barbara todas as noites.

Ela também amava os outros gatos. Eles foram seus companheiros nas tardes solitárias, quando era ignorada pelas amigas e sua mãe trabalhava. Mas Fumacinha era seu amigo e confidente. Ela não queria sobrecarregar a mãe, que já tinha problemas suficientes, e por isso contava seus problemas a Fumacinha. Muitas vezes, eles ficavam juntos no quarto com a porta fechada. "Estou muito triste hoje", confidenciava a Fumacinha, ou, "Estou com medo e me sentindo sozinha. Não sei o que vai acontecer". Se sua mãe ralhava com ela por derramar água no chão ao lavar a louça, Fumacinha entendia que não era sua culpa, ela era só uma criança, e estava fazendo o melhor que podia. Quando voltava, desolada, de outra visita ao pai, que odiava cada vez mais, Fumacinha ficava encolhido ao seu lado, ronronando. Ele a deixava fazer carinho na sua cabeça e brincar com suas patinhas. Não havia nada melhor do que apertar a sola das patas do Fumacinha e ver suas unhas saindo e entrando, saindo e entrando. Ele ficava olhando para ela, piscando lentamente, como fazem os gatos, ronronando profundamente. Ele nunca reclamava.

Ele estava lá quando Barbara tinha dez anos e seu pai veio com a notícia. Ele tinha uma namorada nova naquela época, e eles viviam uma vida glamorosa num subúrbio de classe alta em Detroit: férias, roupas estilosas, degustação de vinhos. Certo final de semana, ele levou Barbara e Scott ao cinema, algo que a mãe deles não tinha dinheiro para fazer. Enquanto se sentavam, ele virou para Barbara e disse: "Eu me casei".

"Não, você não casou."

"Sim, Barbara, eu me casei. Mês passado."

Barbara ficou sentada no escuro do cinema, chorando. Ela não sabia o que esperar, ou por que estava tão chateada. Seu pai se casara com outra pessoa. Estava feito, já tinha acontecido. Ela não sabia nem por que isso a incomodava. Ela sempre soube que ele não ia voltar.

Ela não conversou com Fumacinha sobre isso. Naquela noite, apenas segurou Fumacinha e chorou. Ele ficou bem juntinho dela e ronronou.

Foi difícil para a sua mãe também. Era difícil ver seu marido tendo uma vida de rico; e difícil vê-lo, às vezes (bem às vezes, de acordo com Barbara), dando às crianças coisas que ela não tinha como comprar; e difícil ver que ele tinha encontrado a felicidade com outra pessoa. A economia no final dos anos 1970 estava ruim no país inteiro; em Flint, Michigan, estava péssima. Os empregos haviam desaparecido, casas abandonadas queimavam e o nível de desemprego estava acima dos 20%. Bairros inteiros entraram em colapso quando a General Motors fechou as linhas de montagem e frequentemente os trabalhadores entravam em greve. Um dia, quando a família fez um raro passeio até Courtland Mall, o pneu sobressalente do carro foi roubado. Isso refletia a situação de desespero em Flint. Apesar desse contexto desesperador, a mãe de Barbara se esforçava para fazer um curso técnico – enquanto trabalhava em tempo integral e criava três crianças –, para obter um diploma em nutrição. Ela queria ser chefe de cozinha e não apenas uma cozinheira, mas seus sonhos de ir mais longe foram frustrados pelos constantes cortes de pessoal, a competição crescente por empregos até piores e porque os asilos estavam sendo fechados, um após o outro.

A mãe de Barbara não simpatizava com os trabalhadores da fábrica de veículos. Ela não gostava da direção da General Motors, que rapidamente seguia transferindo suas instalações para o México, mas também não gostava dos que trabalhavam na fábrica. Na cozinha do asilo, ela recebia 3,35 dólares por hora para fazer um trabalho pesado, que começava muito cedo, e com turnos nos finais de semana. Os empregados da GM ganhavam cinco vezes mais, além de terem seguro-saúde e benefícios. Numerosos rumores se espalhavam pela cidade de que os trabalhadores batiam ponto antes de ir caçar veados, depois voltavam, batiam ponto novamente, e ganhavam o pagamento do dia. Nas fábricas de ônibus e caminhão, diziam que os inspetores às vezes achavam garrafas de vodka dentro de veículos construídos pela metade. Toda vez que os funcionários das fábricas de veículos faziam greve, metade da cidade ficava ferozmente a favor deles. A outra metade – um punhado de executivos, em sua maioria desempregados ou pessoas com empregos piores – sentia-se como Evelyn Lambert, cujo constante refrão era: "Eles estão reclamando do quê?".

"Eu ficaria com esse emprego imediatamente", dizia ela a respeito desses funcionários, cada vez mais amarga. "Eu aceitaria esse salário, eu aceitaria metade desse salário."

Mas não dava para conseguir emprego em um "Shop", como eram conhecidas as fábricas de veículos, a não ser que você conhecesse alguém lá dentro, e Evelyn Lambert não tinha tamanha sorte. Portanto, ela continuou com longas jornadas de trabalho, recebendo 3,35 dólares por hora, em uma cozinha industrial de Flint. A jornada de trabalho era tão longa, e Evelyn frequentemente tinha tantos empregos, que havia semanas em que Barbara sequer via a mãe. Quando Barbara voltava da escola, ela estava no trabalho, e não chegava do último turno antes de a escola começar no dia seguinte. Nos seus dias de folga, Evelyn fazia longas caminhadas. Naquela época, Barbara achava que sua mãe queria fugir, ainda que brevemente, das responsabilidades e frustrações. Pensando agora, ela percebia que a mãe sempre voltava dos passeios carregando uma carga de lenha e arrastando uma sacola cheia de latas de refrigerantes. A lenha era para aquecer a casa no inverno. As latas valiam dez centavos cada no centro de reciclagem. Entre o dinheiro das latas, uma devoção religiosa a cupons de desconto e complicados cálculos para saber se podia assinar cheques que não estivessem sem fundos, a mãe de Barbara conseguia cobrir todos os custos. Muitas vezes ficava com fome, mas todos os outros comiam.

O que incluía os gatos, que em média somavam uns doze. É caro ter tantos gatos, especialmente quando qualquer centavo faz diferença, mas a mãe de Barbara nunca cortava os custos do que eles precisavam, e só lhes permitia ir embora quando a adoção era legítima. Seria ingênuo não ver que Evelyn Lambert precisava daqueles gatos para dar um sentido e uma direção à sua vida. Até Barbara, com doze anos, entendia isso. Mas ela percebia também que sua mãe realmente se importava com os gatos, e esse amor era reconfortante. Uma das lembranças favoritas de Barbara era ver a mãe relaxando na sua poltrona preferida, em um raro momento de paz, com o grande e adorável Harry esparramado no seu colo. Harry falava muito, e tinha um ronronar intenso, que não acabava nunca. Todo mundo o chamava de Sr. Feliz porque aquele ronronar era como uma explosão de alegria constante.

Harry era o favorito da mãe, um gato grandão que parecia um urso e que sempre queria o colo de Evelyn Lambert. Por causa dessa personalidade doce, todos pensavam que ele seria adotado rapidamente. E foi. Mas, duas semanas depois, os novos donos o trouxeram de volta. Sempre havia uma desculpa quando isso acontecia: ele arranhou o sofá, ele arranhou meu filho, a caixa de areia cheira muito mal, ou, simplesmente, o gato não é como eu imaginava. Qual foi a desculpa para Harry? Barbara lembra apenas que o grande Harry voltou.

Naquela época, quando já cuidava de gatos havia um ou dois anos, Evelyn os deixava entrar e sair da casa livremente. Então, um dos gatos, Rosie, ingeriu o veneno de rato que um vizinho deixou do lado de fora. A mãe de Barbara foi correndo a um hospital veterinário, mas era tarde demais. Não tiveram outra saída senão colocar Rosie para "dormir". Algumas semanas depois, Harry saiu para a rua principal e foi atingido por uma van. Esse momento mudou, para sempre, a cabeça de Evelyn. Nunca mais ela deixou os gatos saírem de casa. Depois do acidente de Harry, ela começou a defender com firmeza a ideia de manter os gatos dentro de casa. Hoje em dia, todas as organizações que prestam socorro a animais defendem isso, mas é claro que em 1978 ela estava à frente de seu tempo.

Felizmente, Harry sobreviveu ao acidente. Um vizinho o viu deitado no canto da rua e chamou a dona dos gatos. Evelyn saiu correndo com uma manta, acolheu Harry da melhor forma que pôde e disparou para a clínica veterinária. O pobre Harry fora primeiro abandonado, depois atropelado por uma van, mas o único efeito disso em seu espírito gentil foi que, com o quadril quebrado, ficou andando de lado pelo resto da vida. Quando ele deitava no colo de Evelyn com a cabeça balançando, prestes a cair no sono, tamanha a exaustão, deixava a pata para fora de um jeito estranho. Mas o machucado não fez com que parasse de ronronar daquele jeito grave e profundo.

O irmão de Barbara, Scott, também tinha seu gato favorito. O nome dela era Gracie, uma gatinha cinza e magrinha, com menos da metade do tamanho de Harry Feliz. Fora abandonada pelo dono porque era incontinente e não conseguia ir até a caixa que servia de banheiro. Ela tinha leucemia felina, mas, naquela época, tal diagnóstico não existia; o veterinário achava que ela tinha problemas digestivos. Um gato incontinente pode ser algo problemático em uma casa cheia de gatos, mas Scott e Barbara faziam qualquer coisa pela mãe. Eles também amavam os gatos, é claro, mas esse amor se misturava ao orgulho e à admiração que sentiam pela mãe. O amor que Evelyn sentia pelos gatos, o modo como se sacrificava para ajudá-los, foram aspectos decisivos da infância deles. Tudo que viveram era delimitado pelos extremos da paixão e do sacrifício; tudo o que faziam pela mãe era definido por esses limites. Havia um pouco de pena também? Talvez. Barbara sempre defendia a mãe. Quando alguém a chamava de louca, ela dizia: "Bem, quem mais vai fazer isso? Quem mais, eu lhe pergunto, vai ajudar os gatos?"

Nem uma vez sequer, quando adolescente, Barbara pensou: *Se não fosse por esses gatos, eu poderia ter algo mais.* Ela ajudava a juntar os cupons de desconto, não repetia o jantar, e quando tinha treze anos começou a trabalhar como voluntária numa clínica de animais. Os Lambert não tinham dinheiro para pagar tratamentos médicos para os gatos, mas, fazendo trabalho voluntário, Barbara ganhava em troca atendimento emergencial quando necessário.

Como Evelyn Lambert não podia recusar Gracie – nunca pôde recusar um gato necessitado –, Scott a adotou. Ele cobriu o chão e as paredes da entrada com jornal, trouxe a caixinha que era o banheiro dos gatos, um pote de comida, alguns brinquedos e uma cadeira. Ele ficava com Gracie na entrada durante horas;

fazia até o dever de casa lá. Quando Gracie fazia suas necessidades, Scott jogava fora o jornal sujo e colocava jornal novo. Não pensava nisso como um dever. Era algo que ninguém lhe pediu que fizesse. Ele simplesmente amava a pequena gatinha.

Mas Gracie estava doente, sem remédios (sem sequer um diagnóstico adequado) e não viveu muito tempo. Morreu numa noite gelada de fevereiro, e, apesar do mau tempo, Scott estava determinado a enterrá-la. Ele passou a manhã seguinte no vento e no gelo, chorando e batendo na terra com a pá, mas o chão estava congelado. Ele gritou e chorou e bateu no chão até que suas mãos e seu rosto ficaram anestesiados. Por fim, frustrado, levantou a pá sobre a cabeça e deu com ela no pequeno sulco que havia feito na terra gelada... e acertou em cheio o fio da antena da televisão.

Naquela hora, o telefone tocou. Era o pessoal do Adote-um--animal. Alguém havia jogado uma gatinha na lixeira atrás da pizzaria local. Ela estava sendo operada porque a ponta de suas orelhas e metade do seu rabo haviam congelado durante a noite. Apesar das amputações, a expectativa era de que a gata sobrevivesse. Pagaram a operação, mas não havia dinheiro, nem espaço no hospital para deixar a gatinha depois que ela acordasse da anestesia. A mãe de Barbara não hesitou. "Nós ficamos com ela", ela disse. "Já estamos chegando."

Essa gata também nunca foi adotada. Seu nome era Amber, e ela viveu com a mãe de Barbara por dezenove anos. Era troncuda, com um formato de salsicha, com pequenas orelhas e quase sem rabo, mas todos que conheciam Amber a adoravam. Apesar da crueldade que a levou até a lixeira da pizzaria, ela sempre amou gente. Sentava em qualquer colo e ronronava, ronronava, ronronava. Era doce e afetuosa, mas também durona. Era como uma professora linha dura, e nada lhe passava despercebido. Única gata fêmea que ficou mais do que algumas semanas, Amber era a rainha, e todo mundo sabia disso. Como lembra Barbara, numa casa com doze gatos, Amber comia primeiro, bebia primeiro, fazia o que quer que fosse primeiro. Ela era a chefe, e tinha respeito demais pela mãe de Barbara para deixar qualquer gato fazer bagunça. A casa tinha um porão grande e inacabado para onde os gatos eram levados periodicamente, enquanto eles faziam faxina nas outras partes da casa. Amber era a garantia de que todos os gatos seguiriam as ordens. Ela fazia com que todos tentassem se divertir no porão lotado. Depois, um por um, mandava os rapazes escada acima para miar na porta. Quando Amber vinha para a porta, a hora da limpeza havia acabado. Quando a rainha falava, até Evelyn Lambert escutava.

Assim, havia o Harry para Evelyn; a Gracie para Scott; a Amber para todos; e para Barbara, é claro, havia Fumacinha. Enquanto Evelyn trabalhava, ou catava latas, ou estava simplesmente exausta, Fumacinha estava lá. Não importava o que Barbara queria, ou por que ela queria, ele estava sempre lá.

No final, eles eram uma família, os Lambert e seus gatos: uma mãe determinada, duas crianças que trabalhavam duro, três gatos permanentes – Fumacinha, Harry e Amber – e um número flutuante de visitantes que davam à família uma razão a mais para ficar junta. Talvez não fosse uma família tradicional, mas era cheia de amor, o que não é tão comum assim. Houve tempos difíceis, é claro, especialmente à medida que as crianças cresciam. No último ano de escola, Barbara ficou cansada das reclamações constantes da mãe quanto ao trabalho e do fato de ela precisar sempre ter razão. (Mais tarde, sua mãe confessou que tinha medo de admitir estar errada sobre alguma coisa, pois não queria que Barbara soubesse que ela era fraca. Ela pensava que tudo poderia desabar.) Ela estava cansada da pobreza e da luta. Não entendia por que sua mãe simplesmente não arrumava um trabalho melhor; por que eles tinham que ser tão diferentes de todo mundo; por que ela teve que passar sua infância como a garota dentuça que usava o jeans herdado de alguém ou a filha da louca dos gatos.

Quando terminou a escola e saiu de Flint para a universidade, ela não falou com a mãe durante um mês. Mas não levou muito tempo até Barbara perceber como o mundo pode ser cruel e como é difícil ser uma pessoa melhor quando não se aguenta mais lutar diariamente pela sobrevivência. Frequentemente, ela sentia falta do conforto de casa e da sua vida antiga: a cabeça de Fumacinha no seu braço, Harry ronronando, os doces miaus da Amber. A vida "normal", fora das fronteiras dos gatos e da pobreza, era um pouco... normal demais. Sentia saudades da companhia de seus gatos. E, mais do que isso, ela se preocupava com a mãe. Sentia-se em dívida com ela. Não houve um dia da vida de Barbara no qual se sentisse amada por seu pai. A mãe foi quem ficou. A mãe a amou, todos os minutos de todos os dias.

Ela viu quando sua mãe perdeu Harry, depois Amber. Viu quando cuidar de gatinhos tornou-se algo tão admirável e popular que a Adote-um-animal não precisava mais de Evelyn. Ela voltou para o seu antigo quarto e percebeu que Fumacinha, doce como sempre, estava completamente cinza no focinho. Ele ainda a amava fervorosamente como antes, mas ele também estava velho e cansado – cansado como Evelyn Lambert sempre fora. Segurando Fumacinha em seus braços, Barbara sentiu as lágrimas caírem, ao lembrar da vida deles juntos. Nessa época ela já tinha parado de pensar na sua infância como uma praga e aprendera a aceitar a mãe excêntrica, as roupas herdadas, o fato de ser dentuça (o que estava mais na cabeça dela) e a condição de excluída, como lições valiosas de perseverança e amor. E ela nunca, mesmo nas horas mais sombrias, deixara de gostar dos gatos. Ela curtiu todos os momentos com Fumacinha até o dia em que ele morreu, como todos os outros gatinhos que não encontraram amor fora da casa dos Lambert, debaixo das velhas macieiras no fundo do jardim.

Mas, se a casa dos gatos afinal ganhara um verniz de charme para Barbara Lajiness, a vida nunca ficou mais fácil para a sua mãe. No dia em que Barbara terminou a escola, a mãe perdeu outro emprego. Onze anos depois, quando Barbara casou e se instalou em Ann Arbor, sua mãe ainda trabalhava como cozinheira em Flint, Michigan, em um asilo. Seu carro escangalhou e ela não tinha dinheiro para consertá-lo, então andava todos os dias até o trabalho. Todo final de semana, Barbara dirigia até Flint para levar compras. Era uma luta, sempre uma luta. Todos os dias desde que se separou.

Quando Evelyn finalmente se aposentou, aos 65 anos, Barbara a transferiu para um pequeno apartamento a alguns quarteirões de distância da sua casa em Ann Arbor. Harry, Amber e Fumacinha tinham morrido, e o único gato que sobrou do grande lar de ajuda aos animais dos Lambert, em Fenton, Michigan, era Doidinha, uma gata mais velha que fora abandonada por vizinhos alguns anos antes. Doidinha era uma gata preta peluda com um peito branco e um jeito calmo. Ela preferia ficar deitada, em geral sob o Sol ou no colo de alguém. Não fazia mal a ninguém, exceto, talvez, à parede, para onde sempre corria e batia com a cabeça. Por isso era chamada de Doidinha. A doce e inofensiva Doidinha.

Infelizmente, o condomínio do edifício não permitia animais de estimação. Então Barbara e seu marido, James, ficaram com Doidinha, deixando Evelyn Lambert realmente só pela primeira vez na vida. Quase todo dia ela ia à casa deles, mas não era tanto para vê-la, Barbara sabia. Evelyn vinha para ficar com Doidinha.

Sentava-se na varanda ou na cadeira grande da sala de estar, fazendo carinho na Doidinha e olhando para as suas costas como se olhasse para o passado. Ela disse à sua filha: "Estou doente, querida. Você sabe que estou doente", mas Barbara achava que era depressão. Evelyn sentia saudades da casa que tinha lutado para manter durante os tempos difíceis. Sentia falta do jardim, do cemitério de gatos e das memórias de uma vida inteira. O que ela via, ao contemplar sua própria vida, senão um caminho trilhado por tristezas e desapontamentos? O que ela poderia vislumbrar para o futuro? Evelyn Lambert havia se mudado de uma casa cheia de amor e de luta para um solitário apartamento em uma nova cidade, onde não a deixavam sequer ficar com sua gata adorada.

"Eu não me sinto bem", ela disse. "Você não está entendendo."

Barbara achava que, com o tempo, sua mãe se habituaria. Harry. Amber. Gracie. Fumacinha. Ela sempre encontrava um modo de sobreviver, ela sempre descobria um propósito. Mas ela ligou certa manhã e disse à filha: "Não estou aguentando mais, meu bem. A morte está sentada comigo neste apartamento".

Barbara foi correndo para lá. Sua mãe sentia muita dor. Passou a noite acordada. "Por que você não me ligou?", perguntava Barbara, enquanto entravam na emergência. "Por que você não me ligou durante a noite?"

"Eu não queria acordar você."

Era um câncer de mama, que não foi tratado por muitos anos, e já tinha metastizado para a coluna e as pernas. Não havia nada que pudessem fazer além de diminuir a dor, que, Barbara percebeu, sua mãe sentia secretamente havia muitos anos. Os médicos medicaram Evelyn e a mandaram para casa, mas o sofrimento era enorme, o câncer era voraz, e o estrago tão grande que, depois de um mês, ela já estava de volta ao hospital.

"Como está a Doidinha?", ela perguntou a Barbara, tentando tomar fôlego. Estava tão fraca que mal conseguia formar palavras.

Barbara moveu a mecha de cabelo cinza sobre a testa de sua mãe. "Doidinha está bem", mentiu, segurando as lágrimas. A verdade é que Doidinha tinha sumido. Barbara passara a última noite procurando Doidinha, mas não conseguiu encontrar a gata.

A mãe de Barbara balançou a cabeça e sorriu um sorriso fraquinho, fechando os olhos. "Doidinha", ela murmurou bem baixinho. No dia seguinte, inconsciente e sem conseguir respirar sozinha, ela foi colocada num ventilador artificial. Ela disse a Barbara repetidas vezes que não queria sobreviver desse modo, com uma máquina mantendo-a viva. Mas não deixou uma declaração. Não havia dado permissão por escrito. Depois de uma veemente discussão, que machucou Barbara mais do que qualquer outra coisa em sua vida, os médicos concordaram em retirar o ventilador artificial. A morfina a deixaria confortável, mas não prolongaria sua vida. Ela só viveria mais alguns dias. Barbara sentou na cama o resto do dia, vendo a mãe morrer.

Naquela noite, Barbara Lajiness teve um sonho. Sua mãe e Doidinha estavam juntas, acenando para ela a distância. Elas estavam em algum lugar vago e indefinido, mas sua mãe movia os lábios dizendo as palavras *Está tudo bem, não se preocupe, está tudo bem.*

Na manhã seguinte, Barbara foi à varanda de sua casa pegar o jornal da manhã e deu uma olhada na entrada da garagem do vizinho. Lá, na sombra, embaixo da camioneta que nunca saía do lugar, estava Doidinha. Barbara não precisou chegar mais perto para saber que Doidinha havia saído de casa para morrer, e que havia morrido em paz enquanto dormia. Permaneceu na varanda, aos prantos, sob o Sol frio da manhã, olhando para Doidinha, com a xícara de café fumegando em suas mãos.

Afinal, chamou James. Eles enterraram Doidinha no jardim, embaixo de um arbusto de lilás que a mãe de Barbara havia ajudado a ressuscitar com fertilizantes e cascas de ovo.

No dia seguinte, Evelyn Lambert morreu. Ela só tinha 66 anos.

***

NÃO É FÁCIL PARA BARBARA LAJINESS FALAR DA MÃE. Mesmo oito anos depois, com um marido amoroso, uma filha maravilhosa e a companhia hilária de Ninja, agora conhecido como Sr. Sir Bob Kittens, ela tem de parar a cada uma ou duas frases para enxugar as lágrimas.

"Eu a admiro", diz Barbara. "Eu poderia criticar muitas coisas em sua vida, mas fazer isso, colocar outras vidas na frente da sua própria, vidas de gatinhos... isso é realmente admirável. Não importa o que digam sobre ela e sobre as escolhas que fez, ela se importava, demais, com todos e com tudo."

"Você acha que ela se importava demais?"

"Às vezes penso que sim, mas, você sabe, eu não sei se é possível se importar *demais*. Ela realmente se importava com tudo que não tinha voz, se importava mesmo. Quando eu era criança, a cidade decidiu usar um spray contra mosquitos, e uns caminhões com luzes laranjas andavam pela cidade e jogavam algo que deveria ser para matar mosquitos. Algumas semanas depois, minha mãe me disse: "Você está ouvindo isso?". Eu disse: "Não, não estou ouvindo nada". Ela respondeu: "É porque estão matando mais do que mosquitos. Estão matando todos os animais. Por isso a gente não ouve mais os passarinhos".

Barbara faz uma pausa para se recompor. "Minha mãe, ela era bem esperta, sabe?"

Barbara sabe que ela é muito fechada, que não encara seus sentimentos, que ainda tem um medo esmagador de que aqueles a quem ama a abandonem. Durante dois anos, depois que sua mãe e Doidinha morreram, ela não conseguia se convencer a adotar outro gato. Tinha um casamento feliz, uma filha maravilhosa, um emprego estável e uma boa casa. Coisas simples, como algumas pessoas chamam, coisas que não são suficientemente valorizadas até que se tenha que viver sem elas. A família tinha vários peixes, alguns hamsters e uma tartaruga, mas não tinha um gato. Barbara estava contente, tinha conforto, era amada, mas não queria arriscar ter um gato. Não queria perder mais um. Não queria se abrir para outro gato que poderia morrer com ela. Mas Amanda, de nove anos, queria um gato. Como uma mãe poderia recusar tal pedido?

Assim, eles adotaram um gatinho chamado Max. Ele era incrivelmente amoroso, e tinha o hábito fofo de dormir em cima da geladeira, deixando o rabo cair para o lado. Mas, dois anos depois, quando ele tinha quatro anos, teve um colapso. Estava andando pela cozinha, quando, de repente, caiu e começou a tremer loucamente, tomado por um grave ataque epilético. Barbara viu tudo acontecer e entrou em pânico. Max era tão jovem, saudável, e estava morrendo na frente dela. Para ela, foi como um pesadelo se tornando verdade. Enquanto James dava telefonemas freneticamente, o gato se contorcia no colo de Barbara. Seus olhos rodavam, suas pálpebras tremiam e seu coração batia intensamente. Antes de pensar no que estava fazendo, ela gritou chamando sua filha.

Amanda veio correndo. Ela viu Max tremendo e sangrando pela boca e começou a gritar e a chorar. Era muito para uma menina de onze anos, mas, quando James e Barbara voltaram para casa uma hora depois com a notícia de que Max havia morrido, Amanda foi correndo para a mãe.

"Obrigada, mãe", ela disse. "Eu pude dizer tchau para o Max enquanto ele estava vivo." Era uma menina forte, Barbara percebeu, vendo pela primeira vez na sua filha bem-ajustada a pequena garota medrosa que ela mesma fora um dia, a que havia sofrido muito, e silenciosamente, num lar despedaçado.

Demorou apenas um mês e três demoradas visitas ao centro de ajuda aos animais para que Barbara adotasse Ninja. Ela não estava pronta, mas a sua família, especialmente seu marido, estava perdida sem um companheiro peludo. *Talvez*, pensou ela, *eu possa conviver com ele em casa. Por causa de Amanda e James. Talvez eu possa tratar Ninja como tantas outras pessoas tratam seus gatos: como animais com quem, por acaso, se divide o espaço.*

Seu marido, James, estava quase que de quatro por Ninja. De manhã, carregava o gato para a cozinha como se fosse um bebê. Perguntava se Barbara queria fazer carinho nele, e ela dizia: "Não, ainda não. Eu gosto dele, mas a gente ainda não criou um vínculo". Muitas e muitas vezes, ela empurrou Ninja para longe.

Quando ele contraiu um vírus, com doze semanas de vida, Barbara o levou correndo ao veterinário. Ela estava no consultório, observando o médico examiná-lo, quando, de repente, caiu num pranto, como fizera tantos anos antes, quando o carro se afastou de sua casa e ela começou a cismar que sua mãe poderia desaparecer durante sua ausência.

"Eu acabo de perder um gato", ela disse, chorosa. "Não posso perder mais um. Não posso. Você precisa ajudá-lo."

A veterinária colocou os braços ao redor dos ombros de Barbara. "Não se preocupe", ela disse, "é apenas um resfriado."

Barbara descobriu por que o gato era chamado de Ninja logo nos primeiros dias, quando abriu a porta e o viu agachado no final do corredor. Completamente sobressaltado, de repente o gatinho se equilibrou sobre as patas traseiras, com as patas dianteiras esticadas para cima como se fosse um zumbi desequilibrado. Ele ficou assim por alguns segundos, olhando para ela. Aí começou a pular de lado em sua direção, movendo as patas da frente de um lado para o outro, como num movimento retardado de caratê. Ele deu um salto enorme até o final do corredor, com o pescoço virado para o lado feito um louco, sem que suas patas da frente jamais tocassem o chão. Foi a coisa mais estranha que ela viu na vida, e não foi um acidente. Barbara logo percebeu que Ninja fazia essa extravagante dança de caratê toda vez que estava sobressaltado... ou assustado... ou incomodado... ou excitado. O drama adolescente de Amanda deixava o sangue ninja do gato especialmente quente. Toda vez que ouvia sua filha gritar "Meu Deus, Ninja", ela sabia exatamente o que estava acontecendo. O gato estava executando sua dança maluca para ela.

Mas Ninja não era brigão. Só era estranho. Fazia pose, mas não atacava. Em relação ao seu nome, depois, quando Barbara finalmente reconheceu que seu vínculo com o gato era profundo, ela pensou que não parecia certo. Talvez apropriado, mas não certo. Ninja, afinal, fora seu nome quando estava preso na gaiola.

Então Barbara começou a pensar em um novo nome. Uma noite, ela e Amanda estavam vendo na televisão um programa de natureza sobre *bobcats.*[3] O rosto de Ninja, elas pensaram, meio que lembrava o rosto de um *bobcat*.

"Mas ele não pode ser um *bobcat*", disse Amanda. "Ele tem que ser *bobkitten*."[4]

Bob Kitten. Legal, mas sem pompa o suficiente. Então Barbara o chamou de Sir Bob Kittens.

3. *Bobcat* é um lince, felino típico da América do Norte. (N. T.)
4. *Bobcat* quer dizer "bob-gato", *bobkitten* quer dizer "bob-gatinho". (N. T.)

Na visita seguinte ao veterinário, Barbara comunicou ao assistente que o nome do gato havia sido mudado. Agora Ninja era Sir Bob Kittens. E, sim, isso era oficial. Ponha no formulário.

Claro, nenhum nome é grande o suficiente para um gato como Sr. Sir Bob Kittens, mesmo que esse nome tenha quatro partes. Logo ele também virou o Sr. Gato de Botas Abóboras, porque era um gatinho com patas grandes e peludas cor de abóbora. Quando o marido de Barbara começou a chamá-lo de Pelustoso (uma mistura de peludo com gostoso, eu acho), Amanda pensou que seus pais eram bem estranhos. Mas eles não se importavam. Eles amavam o Sr. Gatinho de Botas Brilhantes Abóboras.

O relacionamento não era perfeito. Como Barbara sempre disse, Sr. Kittens era um personagem, não um fofo. Ele ficava sempre no quarto com Barbara, mas preferia descansar em um cantinho aconchegante a dois metros de distância, como se apenas por acidente estivessem no mesmo espaço. Ele só era fofinho quando estava afim, o que não era muito frequente e, portanto, era ainda mais especial quando isso acontecia. Ele era um gato quieto, cheio de jeitos e trejeitos, mas que não precisava de muita comunicação verbal. Quase nunca ronronava ou miava. Apenas se precisasse muito, muito, de alguma coisa, ele se dava ao trabalho de se comunicar com o pai e a mãe. Isso normalmente acontecia quando sentia o cheiro de sua comida predileta: *bacon*. Assim que sentia cheiro de *bacon*, pulava dentro da cozinha sobre suas patas traseiras, balançando as patas da frente, fazendo a dança louca do ninja. Se o *bacon* estivesse bem crocante, do jeito que ele gostava, ficava louco. Um dia, James fez a besteira de lhe dar *bacon* na mesa de jantar. Depois disso, ele sempre pulava em cima da mesa para jantar. Não comia em nenhum outro lugar.

Mas ele era uma criança. Era mesmo. Sim, ele agarrava as pernas de Barbara e tentava fazê-la cair toda vez que ela subia as escadas do porão. Ele gostava da surpresa, o modo como ela gritava ao quase cair e quebrar o pescoço. Sim, ele deitava no *laptop* de James toda vez que ele tentava trabalhar. Mesmo que James fechasse a tampa em cima dele, o gato não se mexia. Ficava lá, se pendurando, todo esticado, com um sorriso grande e bobo no rosto. Mas o Sr. Sir Bob Kittens era mais do que o palhaço da turma. Toda manhã, quando Amanda se arrumava para ir para a escola, ele andava pelo quarto, sentindo o cheiro de tudo. Ele era como um irmão mais velho, metido e orgulhoso, que fazia umas piadas sem graça, mas sempre cuidava da sua irmãzinha.

Ou talvez Barbara gostasse de pensar assim. Talvez o fato de ficar cheirando fosse apenas mais um hábito da rotina diária de Sr. Sir Bob Kittens, porque o Sr. Sir Bob Kittens gostava das suas rotinas. Toda manhã, ele acordava Barbara pontualmente às cinco horas para o seu café da manhã. Isso era tranquilo durante a semana, quando Barbara tinha que acordar para ir ao trabalho, mas não era tão legal nos finais de semana. Ainda mais porque ela nem recebia um carinho como agradecimento. Sr. Kittens gostava mais de James, que sempre chegava, quando o café estava coando, para a sua dose matinal de carinhos. Ele adorava receber carinho de manhã... mas só de manhã... e só de James, um hábito que começou nas primeiras semanas, quando Barbara tentava se resguardar de gostar demais do gatinho.

Sim, ele era uma peste. Sim, ele era selvagem. Mas olhe para isso de um modo diferente. Ele era fanático por *bacon*, tinha uns olhos de doido, morria de medo de barulhos fortes e de papel alumínio, tinha umas pernocas peludas que pareciam botas cor de abóbora, e, mais que tudo, aqueles passos de caratê insanos –

aquilo era hilário. Quem não amaria um gato como o Sr. Kittens? Apesar de sua aversão a colo, Sr. Sir Bob Kittens era tão próximo de Barbara como foram Fumacinha, Harry, Amber e Max, ou qualquer outro gato em sua vida. Quando ela ficava doente, ele olhava para ela. Certa vez, quando ela se sentiu fraca, ele colocou suas patinhas sobre seus joelhos e miou preocupado. Quando foi a vez de Barbara desmoronar na cozinha, primeiro caindo na mesa, depois segurando-se desesperadamente numa cadeira, depois caindo inevitavelmente no chão, Sr. Kittens estava lá para subir em seus joelhos, olhar nos seus olhos quando ela apagou, e miar o mais alto que pôde.

O motivo eram úlceras hemorrágicas. Uma úlcera havia rompido uma veia sanguínea e Barbara perdeu um litro e meio de sangue. Um período curto de medicação e uma nova dieta curaram o problema, mas no exame seguinte os doutores detectaram algo não tão facilmente tratável: câncer de mama, a doença que havia matado a sua mãe. Ela fez uma cirurgia, seguida de radioterapia. Quando os médicos disseram que era recomendável a quimioterapia, mas que a opção era dela, ela lembrou da mãe nos terríveis últimos dias de vida. Barbara tinha 41 anos; ela não queria estar em um ventilador artificial aos 45, com a filha ao lado da sua cama no hospital, vendo-a morrer.

Ela escolheu fazer a quimioterapia. Ainda faz. Perdeu o cabelo, mas calcula, por outro lado, que lá se vão cinco meses sem ter que raspar as pernas! Além disso, tinha uma ótima desculpa para ficar de fora de todas aquelas festas chatas de final de ano. Sua filha, tipicamente adolescente, costumava dizer que ela estava uma vergonha e que precisava colocar uma maquiagem, mas agora, e daí? Quem se importa? Todo dia pode ser o último. Se algo o deixa feliz, não se arrependa. Ela come bolinhos, não o tempo todo, mas às vezes, e não sente nenhuma culpa. Em vez disso, saboreia-os. Tenta aproveitar tudo, até o Sr. Kittens tirando-a da cama às cinco da manhã todos os dias. Ela o alimenta e faz carinho nele – sim, agora, às vezes, ele a deixa fazer carinho nele – e se senta na cozinha e fica maravilhada com a manhã, com o café e com o Sr. Sir Bob Kittens, que é mesmo muito bonitinho.

Ela tem seu marido, James. Seu casamento, sempre forte, ficou ainda mais forte. Ela tem uma filha, Amanda, e o desejo arrebatador de vê-la crescer. Ela tem Sr. Sir Bob Kittens, que começou a dormir aos seus pés enquanto ela se recupera do tratamento e, às vezes, chega até a se enroscar no seu peito. Ele pode não ser o gatinho mais carinhoso do mundo, mas, por esses atos simples, ela sabe que ele se importa com ela. Ela sabe que a vida é boa.

E quando a vida é ruim? Bem, Barbara Lajiness ainda tem a oportunidade de ver Sr. Sir Bob Kittens ficar de pé sobre as patas traseiras, balançar as patas da frente e dar um salto pelo corredor fazendo aquela dança maravilhosa e maluca de caratê.

Será que existe alguém, em algum lugar, que não acharia isso engraçado?

3
Arrepio

"Eu tive um gato durante 21 anos... Ele não deveria ter sobrevivido... mas sobreviveu, para me trazer muitas horas de alegria durante muitos anos de minha vida. Até hoje, às vezes, eu sinto o seu focinho molhado tocando a minha perna, enquanto ele ainda espera o meu espírito se juntar ao dele."

Bill Bezanson cresceu na fazenda da família, perto da pequena cidade de Romeo, em Michigan. Mesmo hoje em dia, Romeo tem uma população de apenas 3 mil habitantes, um jornal cuja assinatura anual custa dezoito dólares e um centro que reivindica a reputação de nunca ter sido destruído por nenhum grande incêndio, algo, parece, bem comum nas antigas comunidades madeireiras de Macomb County. Depois de viver trinta anos em Spencer, Iowa, onde o centro da cidade foi destruído por um incêndio em 1931, eu concordo que esse é um grande feito.

Eu também entendo o isolamento da fazenda da família, ao menos durante os anos 1950 e o começo dos anos 1960, quando Bill e eu estávamos crescendo. Naquela época, não havia televisão, nem videogames, nem computadores para nos manter conectados ao mundo exterior. A gente tinha rádio, ou radioamador, para quem se interessava por esse tipo de hobby. Alguns velhos caminhões possuíam estações do serviço de rádio cidadão. E telefone. Era uma linha dividida, com uma operadora local, e metade do tempo a conexão era tão barulhenta que não dava para entender sequer uma palavra. Em 1960, quando minha família finalmente comprou uma TV, meu pai ligou para os seus primos que moravam em Dakota do Sul para contar a novidade. A linha telefônica era tão ruim que eles pensaram que a nossa família estava com tuberculose – "TB".[5] Rezaram por nós durante um ano inteiro.

Em uma fazenda, naqueles tempos, havia também a família e o trabalho. Mesmo criança, a gente trabalhava de manhã até a noite na época da colheita. Quando o Sol se punha, a gente ia dormir. Se não conseguíssemos dormir, ficávamos olhando pela janela do quarto, vendo milhões de estrelas, e, lá longe, a luz de uma única outra casa. Ao menos essa foi a minha experiência. Bill Bezanson não conseguia ver a luz da fazenda seguinte mesmo em noites muito escuras, e em relação às crianças da vizinhança... bem, não havia outras crianças por perto. Perto de Romeo, Michigan, não havia nada para um menino de fazenda, além dos campos e das árvores.

E dos animais.

A fazenda dos Bezanson tinha dois galpões, e o pai de Bill deu a ele um lugar no galpão menor – de reprodução –, para abrigar os

5. Em inglês, às vezes, as pessoas usam o diminutivo "TB" para se referirem à tuberculose. Os primos confundiram "TB" com "TV". (N. T.)

animais que amparava. Bill tinha dúzias deles: raposas, cangambás, cachorros, gatos, qualquer um que aparecesse em seu caminho e precisasse de ajuda. Qualquer animal que estivesse machucado, Bill Bezanson tratava, até que recuperasse a saúde. Ele tinha até um gambá que corria sobre os seus ombros e brincava com ele de esconde-esconde nos montes de feno. Se qualquer outra pessoa se aproximasse do galpão de reprodução, o gambá levantava o rabo; só com Bill ele era brincalhão feito um gatinho.

Mas o animal preferido de Bill era um guaxinim que ele salvou. A mãe do guaxinim foi atropelada por um carro, e seus filhotes estavam encolhidos em uma árvore ao lado da estrada, olhando para o corpo inerte da mãe. Eles eram pequenininhos, estavam nervosos e confusos, certamente também estavam com frio e fome, e quase duros de tanto medo. Apenas um sobreviveu. Todo mundo o chamava de Pierre Le Popô, em homenagem ao apaixonante gambá francês Pepe Le Gambá dos antigos desenhos animados do Pernalonga que passavam sábado de manhã. Foi a avó de Bill que deu o nome. O filhote de guaxinim fez cocô no colo dela da primeira vez em que ela o segurou.

Pierre era um guaxinim bonzinho, leal e amável. Ele e Bill brincavam juntos no galpão, jogavam pauzinhos no quintal e andavam lado a lado pelos campos. Parecia o estereótipo do menino loirinho do Meio-Oeste americano com seu cachorro amigo. Algumas vezes, Bill levava até uma vara de pescar no ombro. Mas guaxinins não são cachorros. São criaturas selvagens, curiosas, travessas e, realmente, mais espertas do que a maioria dos cachorros. Pierre conseguia pegar peixes com as mãos, descascar milho, era criterioso catando coisas no lixo, e abria portas. Um dia, a família chegou em casa e encontrou Pierre sentado, como quem não quer nada, na bancada da cozinha, jogando pratos no chão. Havia pratos quebrados por todo lado. Pierre fazia um monte de coisas típicas de guaxinim – cometia pequenos furtos, abria portas, lavava as mãos o tempo todo nos barris de água de chuva (todo mundo sabe que guaxinins são maníacos em lavar as mãos) –, então, quebrar a louça de jantar da família foi a gota d'água. Nenhum argumento poderia salvar Pierre dessa vez. O pai de Bill jogou o guaxinim no fundo do caminhão, dirigiu 28 quilômetros e o deixou em um celeiro abandonado.

Três semanas depois, quando Bill e o pai pescavam em um lago próximo de uma árvore, um guaxinim começou a fazer barulho na direção deles. Bill olhou para cima, nos galhos, e disse: "Pierre, é você?". Pierre desceu da árvore correndo, subiu pela perna de Bill até os seus braços e começou a lamber o seu rosto e a morder o seu nariz.

"É, acho que a gente vai ter que ficar com ele", disse o pai de Bill. "Eu não tenho dinheiro para uma passagem de avião." Na verdade, o velho fazendeiro estava comovido com o vínculo que existia entre o seu filho e o animal selvagem. Ele não teria levado Pierre embora mesmo que tivesse o seu próprio avião.

Talvez tenha sido por causa de Pierre que Bill decidiu se tornar um guarda florestal, o trabalho dos seus sonhos durante quase toda a infância. Todo mundo achava que ele deveria ser veterinário. Ele tinha talento com animais e um amor por bichos que ninguém nunca havia visto antes. Mas as coisas mudam. Pierre Le Popô cresceu e começou a pensar em ter uma família. Guaxinins são dóceis quando jovens, mas, frequentemente, tornam-se agressivos e maldosos quando chegam à fase de acasalamento. Não Pierre. Ele simplesmente deixou o galpão. Encontrou uma fêmea e se mudou para um canto distante da fazenda. Um dia, Bill e o pai estavam sentados nos degraus atrás da casa. Bill olhou para o campo e viu Pierre vindo em sua direção, com quatro pacotinhos marrons balançando ao seu lado. A parceira de Pierre ficou na ponta do campo, nervosa, indo de um lado para outro, enquanto Pierre pegava os filhotes com a boca e os colocava na varanda para apresentá-los ao seu grande amigo. Ficaram apenas o suficiente para Bill e o pai segurarem cada filhote. Depois, voltaram para o milharal, na direção de casa.

"Isso foi a coisa mais incrível que já vi na vida", disse o pai de Bill, quando os guaxinins sumiram.

Foi a última vez que Bill viu Pierre Le Popô. O guaxinim entrou na floresta com a sua família e desapareceu. Ele veio apenas se despedir.

Alguns anos depois, Bill terminou o segundo grau e chegou sua vez de se despedir. Ele não foi cursar veterinária, nem foi para um treinamento de guardas florestais. Não foi sequer para a faculdade. Era junho de 1964, e Bill Bezanson foi para o Exército, para a infantaria, como voluntário integral. No dia 1º de julho, seguiu para o treinamento básico. Três anos depois, com vinte anos recém-concluídos, encontrava-se no Vietnã.

Bill estava inscrito na Companhia B do 123º Batalhão de Aviação do Exército dos Estados Unidos. Eram os *Warlords*. Sua missão: reforçar as primeiras tropas para invadir o território inimigo; assaltos, reconhecimento de território, missões secretas. Havia 21 soldados na unidade, sete em cada helicóptero, mais dois pilotos e dois artilheiros. Se uma unidade da infantaria ou uma equipe de bombas relatava suspeitas de posições inimigas em morros distantes, os altos oficiais convocavam os *Warlords*. A tarefa deles era limpar a região, atirando o máximo possível, para ver que tipo de contra-ataque recebiam. Bill era o rato do túnel. O trabalho dele era entrar sozinho em qualquer túnel, sem cobertura e sem rádio, e colocar para fora qualquer vietcongue que estivesse escondido lá dentro.

Não é preciso dizer que era um trabalho perigoso, sujo e imprevisível. Um tipo de trabalho tão perigoso e imprevisível que, depois de alguns meses, fazia um homem se sentir invencível só por ter sobrevivido. Bill participou de tantas corridas sob fogo cruzado no breu escuro dos túneis vietcongues que nem sabe quantas foram. Depois de uma missão, ele e os outros rapazes contaram mais de mil furos de bala no casco do helicóptero. Havia oito homens lá dentro. Muitos traziam furos de bala nos uniformes, mas ninguém estava sangrando. Era assim com os *Warlords*. Feridas menores, "uma pequena Estrela Lilás e coisas do gênero", como falava Bill das condecorações militares que recebeu, isto é, nada muito importante. Nada letal. Por quase um ano.

Então, setembro de 1968 entrou no calendário. Começou mal. Um dos amigos próximos de Bill – todos da unidade eram próximos, mas eles eram mais próximos – levou um tiro na cabeça. Bill segurou o rapaz em seu colo ensanguentado nos fundos do helicóptero, até chegar à área médica, mas o buraco era tão grande que dava para ver o cérebro do amigo pulsando a cada batida do coração. "Eu pensei que não o veria de novo", disse Bill. "Mas em 1996 recebi uma carta dele. Ele sobreviveu. Sofreu complicações a vida inteira, mas sobreviveu."

Alguns dias depois, os *Warlords* voaram para a zona desmilitarizada, depois de uma região chamada Rock Pile, perto de Khe Sanh, onde antes, naquele mesmo ano, uma base da Marinha fora atacada durante 122 dias por fogo inimigo. Eles desceram normalmente, mas dessa vez aterrissaram bem na beirada de um dos principais acampamentos dos vietcongues. Toda missão dos *Warlords* consistia em dois helicópteros com artilharia e um helicóptero observador como suporte, mas, quando centenas de tiros foram disparados, o céu ficou limpo rapidamente. O primeiro helicóptero caiu, o piloto do segundo levou um tiro no calcanhar. Ele conseguiu evitar que o avião caísse e voltou mancando para casa, mas os homens em terra foram deixados para trás. Foi preciso acionar a 196ª Brigada da Infantaria para buscá-los. Naquela altura, os *Warlords* estavam feridos e Bill Bezanson perdeu seu melhor amigo, Lurch (Richard Larrick, que descanse em paz), por causa de um tiro de um norte-vietnamita. Ele voltou para a base, procurou esquecer aquele último mês e seguiu adiante com a guerra.

Em novembro de 1968, de volta ao lar, Bill Bezanson não queria mais relação alguma com o Exército americano ou com a guerra no Vietnã. Tampouco queria ser veterinário ou guarda florestal. Uma bandeira enorme na casa de fazenda em Michigan trazia os dizeres "BEM-VINDO, FILHO", mas ele não se sentia em casa. Ele e o pai foram pescar robalos na pequena represa que seu pai havia construído com as próprias mãos. Eles sempre conversaram no lago. Era o santuário deles. Mas, dessa vez, não houve muito o que falar.

Bill não sabia bem o que fazer. Ele não sabia onde se encaixar. Voltando para casa depois de visitar um parente, para quem fora mostrar seu uniforme e suas medalhas, um policial o parou, olhou o uniforme e resmungou: "Você é um dos que matam bebezinhos". Pediram-lhe que fizesse um discurso em sua escola, "o herói está de volta", e ele fez um apaixonado discurso antiguerra. Quando sua mãe soube, ficou mortificada. Ela era uma católica severa, que lavava com as próprias mãos os panos do altar da igreja. Amava o filho, mas ele havia mudado. Estava mal-humorado, bebia, e agora era contra a guerra. A guerra foi por Deus e pelo país e por tudo o mais que os Estados Unidos representavam e acreditavam, ao menos para a sua mãe e a "minoria silenciosa" do povo americano que ficava, por princípio, ao lado do governo. Depois de meses de tensão, a mãe de Bill literalmente fechou a porta em sua cara.

Ele bebeu muito por um tempo, depois caiu na estrada. Como um membro ativo do grupo Veteranos do Vietnã Contra a Guerra, deu palestras em reuniões de pais e igrejas, em qualquer grupo no qual fosse bem-vindo. As histórias de massacres de tropas americanas vinham aumentando, e uma boa parte do público estava ficando contra a guerra. Ele não sabia se o seu público seria contra ou a favor das tropas, mas contava toda a verdade: mesmo quando matava pelo governo, já havia perdido a fé na guerra. Ele viu muita morte e destruição, muitos vilarejos queimados e almas vazias. Contou para eles que certa vez apontara sua M16 para um soldado companheiro que havia capturado uma prisioneira e disse: "Se você cortar essa mulher, eu te mato". Não se coloca uma arma na cabeça de um companheiro. Nunca. Especialmente em zonas de guerra, cercadas pelo inimigo. Os outros soldados acreditavam que a mulher sabia algo importante. Não tinham provas, mas achavam que se a torturassem poderiam obter informações que salvariam vidas. Bill acreditava que eles perdiam, dia a dia, os valores pelos quais estavam lutando, e ele se recusava a ultrapassar a linha entre o certo e o errado.

"Lá era fácil ultrapassar essa linha", disse-me Bill. "Pessoas boas saíram do caminho." O que Bill havia perdido? Eu acho que ele perdeu a fé, e não apenas na guerra, mas na vida. Ele não sabia mais o que significava a vida. Não sabia diferenciar o bem do mal. Ele não queria que isso acontecesse com outros homens jovens. Não queria outros pais mandando os seus meninos para o Vietnã.

Mas, além de algumas palestras, o que mais podia fazer? Ele perambulou. Bebeu. Arrumava um emprego, ficava um tempo, e aí uma manhã sumia, pegava carona, sem ter certeza de onde ia ou por quê. Muitas vezes ele nem sabia que estava indo embora até se ver na esquina com o dedão no ar. Ele fez amigos, mas as amizades não duravam muito. Eram quase sempre pessoas que entravam e saíam da sua vida, em geral com uma garrafa nas mãos. Às vezes, ele se mudava porque não gostava dos novos amigos; às vezes, ele se mudava porque gostava demais. Ele não queria se aproximar muito de ninguém. Um verão, ele se viu no Alasca, comprou uma Harley-Davidson e dirigiu de volta para os Estados Unidos continentais. Isso foi a coisa mais estúpida que já fez, contou, porque foram quase 2 mil quilômetros de buracos, lama e estradas escorregadias, e seus olhos não pararam de sacudir por um mês.

Mas que diferença fazia? Bill Bezanson tinha 25 anos e estava absolutamente convencido de que não viveria até os trinta. Essa sensação começou durante a guerra. Foi algo que ele trouxe para casa com as medalhas e cicatrizes, mas não percebeu na época. Era normal se sentir condenado. Muitos homens jovens voltaram para casa do mesmo jeito. Distantes do mundo normal, eles se apoiavam uns nos outros. Naqueles tempos, só falavam sobre isso, que estavam vivendo um tempo emprestado.

Mas Bill não morreu. Ele se arrastava pela rotina, um dia após o outro, até se descobrir com trinta anos, os anos 1970 esfriando, e que estava quase no mesmo lugar de doze anos atrás. A guerra havia acabado e sua raiva esmorecido, ou, pelo menos, estava retraída, escondida em algum lugar. Agora suas viagens se resumiam aos subúrbios espalhados ao redor de Los Angeles, mas ele ainda tinha empregos avulsos – conseguindo, de tempos em tempos, deixar a antiga vida para trás –, e ainda entrava na bebida ou pegava a estrada quando o medo aumentava. Apesar disso, conseguiu obter um diploma em engenharia florestal no Chaffey College, em Alta Loma. E, acima de tudo, estava livre: sem amigos, sem posses, sem lugar para ficar. Em junho de 1979, morava em outro subúrbio de Los Angeles e trabalhava para uma pequena empresa que fabricava trailers de viagem e camas de caminhão. O nome da empresa ele nem tenta lembrar. Um dia, estava parado com seu carro diante do sinal de uma rua sem nome ao redor do centro de San Bernardino, observando a luz matutina diluir a névoa de mais uma manhã californiana, quando, de repente, caiu literalmente sobre sua cabeça algo que mudaria sua vida.

Caiu como uma granada, realmente despencando em cima dele. Ele ouviu o barulho, depois o eco, e instintivamente se abaixou. Esperou, mas o mundo ao seu redor permanecia silencioso. Havia prédios nos dois lados da rua, mas eram cinco e meia da manhã e nada se mexia. As ruelas estavam quietas, as janelas das lojas fechadas. Não havia nenhum outro carro na rua. Então Bill abriu sua porta e saiu de fininho para examinar o capô. Supôs que adolescentes haviam jogado algo nele. Dava para ver, havia uma marca no capô, e uma coisa preta no meio. Havia marcas do impacto no metal e um líquido escorria em várias direções.

Foi quando viu que o líquido era sangue e que a coisa preta não era uma sacola, mas um gatinho. Alguém jogou um gatinho no carro dele. E pelo jeito do corpo quebrado do bicho, foi lançado de uma boa distância.

Bill pegou o gatinho e o acolheu com as mãos. Ficou lá, na palma das suas mãos, com os olhos fechados, a cabeça caída para o lado, e as pernas enroladas. O único sinal de vida era um movimento desesperado em seu peito e o som borbulhante e rascante do bicho lutando para respirar. Bill sabia o que isso queria dizer: as costelas haviam perfurado o pulmão. Ele viu muitas feridas abertas de tórax como essa no Vietnã. Os soldados da sua unidade guardavam em seus kits as embalagens plásticas tiradas de maços de cigarro. Eles colocavam o plástico sobre a ferida no peito, cobriam com esparadrapo, depois com uma bandagem, e assim salvavam a vida de um amigo. Bill Bezanson não tinha consigo nenhuma embalagem de cigarro naquela manhã em San Bernardino, mas fez o melhor que pôde. Colocou o dedão sobre o buraco para fechar a ferida, colocou a outra mão sobre o rosto do gato para desbloquear o sangue do nariz e começou a procurar por ajuda.

Havia um consultório veterinário no quarteirão. As luzes não estavam acesas, mas Bill tinha certeza que havia visto alguém entrar no prédio. Deixou o carro em ponto morto no cruzamento e começou a correr. Quando alcançou o consultório, começou a chutar a porta. O gatinho gorgolejou, coberto de sangue.

Um homem abriu a porta. Bill lhe passou o gatinho ensanguentado. "Chame o veterinário", ele disse. "Diga a ele para cuidar desse animal. Eu pago o que for, mas nesse exato momento preciso ir trabalhar."

O homem pegou o gatinho. Bill saiu e voltou correndo para o carro e chegou bem na hora do seu turno.

***

Um vínculo é criado quando você salva a vida de um animal. Acontece mesmo com algo tão normal como adotar um cão de um abrigo de animais. Para você, é uma tarde excitante, mas o cachorro sabe que estava preso em um lugar ruim e que você o soltou. Ocorre o mesmo quando livramos cachorros engasgados da coleira, ou quando os retiramos de um quintal onde foram abandonados sem água ou comida. Acontece com gatos quando você os acolhe – não só dando comida até que eles se recusem a ir embora, mas trazendo-os para dentro de casa quando estão doentes ou com fome, e se tornam parte de sua vida. Certamente, isso aconteceu com Dewey quando eu o retirei da caixa de devolução de livros no inverno de 1988. Como Dewey, a maior parte dos animais socorridos nunca esquece o que você fez por eles. Eles valorizam isso. Ao contrário de tantas pessoas que dão um jeito de te dar as costas, não importa o quanto você tenha feito por elas, os animais ficam agradecidos para sempre.

E se esse animal está machucado e precisar de cuidados para ficar novamente saudável? Bem, isso faz com que o vínculo fique ainda mais forte. Tomar conta das patinhas de Dewey feridas pelo frio na semana em que o salvei foi, não menos do que outras coisas, uma ação que nos aproximou muito. Dewey aprendeu que minha bondade não era apenas momentânea. Eu estava comprometida, eu estaria lá para ele o tempo que ele quisesse ou precisasse. E eu o conheci. Isso soa banal, eu sei, mas o que mais posso dizer? Depois de apenas alguns dias, eu conhecia Dewey. Conhecia sua personalidade extrovertida, sua amabilidade, sua confiança. Eu conheci Dewey vulnerável, por isso vi seu verdadeiro eu. Sabia que ele gostava de mim – eu quase diria que ele me amava, mesmo que a gente só se conhecesse havia poucos dias – e que nunca sairia do meu lado. Gosto de dizer que vimos a alma um do outro. Talvez tenha sido mesmo isso. Talvez tenha sido esse o fio condutor que nos conectou pelos dezenove anos seguintes. Ou talvez tivéssemos passado tempo suficiente juntos para saber que estávamos os dois com o coração aberto, pronto para amar alguém.

Algo parecido aconteceu com Bill Bezanson. Ele ainda não amava aquele gatinho na manhã em que foi correndo para o veterinário com ele sangrando nas mãos. Foi um ato de bondade de um homem de coração mole que sempre ajudava criaturas necessitadas. Talvez seja ir longe demais dizer que ele já amava o gatinho quando, depois do trabalho, passou no consultório do veterinário e descobriu que, por milagre, o pequeno havia sobrevivido. Afinal, Bill Bezanson não desenvolvia uma relação mais estreita com outro ser vivo desde setembro de 1968. Na verdade, ele passou doze anos fugindo de qualquer relação mais significativa, e endureceu seu coração contra os envolvimentos da vida.

Provavelmente, o mais correto é dizer que Bill Bezanson *admirava* o gatinho. Ele era pequeno – não pesava quase nada e tinha umas seis semanas de vida –, mas era um sobrevivente. A perfuração em seu pulmão não era o que Bill pensava, não era o resultado de algum abuso ou negligência. Fora feita pelas garras de um pássaro caçador. A sua testa estava bem ferida, porque o pássaro o atacou com o bico. Às cinco e meia da manhã, o único pássaro que poderia estar procurando por comida era uma coruja. Uma coruja não abocanha um pequeno animal para matá-lo depois. A coruja é feita para atacar o animal com tanta força que quebre suas costas. O gatinho sobreviveu a esse golpe. Ele lutou com a coruja – por isso as marcas de bicadas e o rosto ferido – e, seja lá como foi, durante a luta a coruja afrouxou suas garras.

"Esse gato é de arrepiar", disse o veterinário, justamente o homem que abriu a porta de manhã, enquanto mostrava a Bill as feridas do gatinho. "Ele caiu do céu e aterrissou no seu carro... me dá arrepios só de pensar. Esse gato é de arrepiar."

"E assim ele foi chamado", Bill sempre concluía quando contava a história depois (e a contou centenas de vezes durante os anos). "Daquele momento em diante, ele se tornou Arrepio."

Arrepio ficou uma semana no veterinário. Este doou o seu tempo; o único custo foram os remédios, que eram muitos. Arrepio precisava de muita atenção e cuidado. Lutava contra uma infecção, feridas penetrantes e graves traumas. Cada centímetro do seu corpo estava arranhado e machucado, estava tão revirado que não pôde comer comida sólida durante um mês. Bill teve que lhe dar de colher todas as refeições. Arrepio recebeu vários pontos no peito, onde a coruja havia perfurado o seu pulmão, e teve que usar um protetor em formato de cone para que não arrancasse os pontos. Não há nada mais patético, imagino, do que um pequeno gatinho com a cabeça para fora de uma gola branca enorme parecendo um megafone.

Mas, mesmo com aquela gola, Arrepio era lindo. Ele era bem pequeno, não pesava nem um quilo, tinha menos de dois meses, mas dava para ver como se tornaria um gato majestoso: elegante e angular, com quadris bem marcados que se destacavam do corpo rijo. Seu rosto era longo e elegante, e tinha quase um jeitão de pantera ao redor da boca. Possuía um rosto de rei, calmo e sofisticado, com olhos enormes, como os gatos nos desenhos do Egito antigo. Sob luz normal, ele era preto. Mas à luz do Sol, que ele amava, deixava entrever uma camada de pelos brilhantes como cobre. Era um gato prático, não era dado a chiliques, nem a miados queixosos, não ficava louco brincando com um lápis, mas aquela penugem cor de cobre revelava seu calor interno. Arrepio não deixaria nunca mais nada nem ninguém bater nele.

Será que Bill Bezanson já amava Arrepio depois de lhe dar comida na colher por um mês? Se pressionado, ele diria que sim, amava Arrepio. Mas, trinta anos depois, é difícil saber exatamente. Afinal, quando a admiração vira amor?

De todo modo, essa não é a pergunta certa. O importante é saber que Arrepio, o gato, amava Bill Bezanson. Imediatamente e para sempre. A primeira coisa que Bill fazia quando alugava uma nova casa ou apartamento era cortar um buraco na tela. Assim, Arrepio podia se divertir enquanto Bill trabalhava longas horas em linhas de montagem ou em fábricas. Arrepio passava a maior parte do dia do lado de fora. Mas, assim que Bill voltava para casa, ele vinha correndo. Se não estivesse na porta para saudá-lo, tudo que Bill precisava fazer era botar o pé para fora e gritar "Arrepio", e o pequeno gatinho vinha correndo para casa. Muitas vezes, ele estava a quatros casas de distância, no jardim do vizinho. Bill via quando ele vinha muito rápido, pulando as cercas. Ele vinha escorregando bem em cima de Bill, passando no meio e ao redor de suas pernas, se esfregando nele e quase fazendo Bill cair. Bill se sentava no sofá com uma cerveja, e Arrepio subia nas suas pernas, colocava suas patinhas no peito de Bill e lambia o nariz dele. Depois deitava no seu colo. Não tinha vontade de sair de novo ou de ter seu próprio espaço, ele só queria ficar com o seu amigo. Algumas noites, os dois ficavam sentados assim por horas a fio.

Não era apenas amizade. Havia um parentesco, uma semelhança entre as suas vidas que acalmava a tristeza de Bill. Como Bill, Arrepio havia enfrentado a escuridão do mundo. Como Bill, Arrepio não devia estar vivo. Mas estava. Arrepio estava vivo, saudável, feliz e, de algum modo, isso fazia Bill se sentir melhor com sua própria sobrevivência. De noite, Arrepio pulava em sua cama. Bill sempre dormia de um lado, e Arrepio subia no travesseiro e deitava ao seu lado, com o rosto apoiado na barba de Bill. Ele colocava suas patinhas ao redor dos braços de Bill e puxava até que Bill o envolvesse com a parte interna do braço. Mesmo quando ia dormir sem Arrepio, Bill acordava e achava o gato enrolado no travesseiro e com o braço ao redor das suas costas. E isso fazia uma diferença. Depois de uma década de sonos agitados, a presença de Arrepio acalmou os pesadelos de Bill. Ele sabia, tanto consciente como inconscientemente, que precisava ficar imóvel. Caso contrário, poderia machucar Arrepio.

Nem toda noite, porém, era calma. Como muitos veteranos do Vietnã, Bill vivia uma vida de farras pesadas, e muitas vezes na sua casa tinha música alta e muita gente fumando e bebendo cerveja. Isso pode ser chamado de automedicação, coisas da juventude, ou o que acontece quando você se sente fadado a morrer cedo; mas, na verdade, era apenas um estilo de vida. Se a festa virasse bagunça, Arrepio ia para o quarto dos fundos e se encolhia em cima da mochila de Bill ou dentro do saco de dormir, mas na maior parte do tempo Arrepio não se incomodava. Ele se sentava atrás do sofá enquanto a festa rolava em volta dele. Ou ele aspirava a fumaça. Ou ele ia de mansinho pelo chão e colocava seu focinho gelado no tornozelo nu de alguém. Esse era o truque de Arrepio. Ele chegava devagarzinho nas pessoas e colocava o focinho no pedaço de pele exposto entre a barra da calça e a meia. Assim conseguia atenção. As pessoas se abaixavam e faziam carinho nele, e, se ele sentisse que era alguém amigável, logo lhe pulava no colo. Arrepio adorava um colo.

O focinho gelado de Arrepio. Era a característica dele, seu cartão de visitas, sua carta de intenções. Independentemente do que acontecesse na noite anterior, Bill Bezanson podia descansar certo de que, na manhã seguinte, sentiria o focinho gelado de Arrepio. Às cinco e meia da manhã, mais precisamente. Como muitos gatos, Arrepio tinha um relógio interno. Sabia exatamente quando sua comida devia ser servida, e não esperava nem um minuto a mais. Não importa o quão mal estivesse se sentindo, Bill andava no escuro até a cozinha às cinco e meia da manhã e dava a tigela de Arrepio. "Ele era apegado a mim", Bill dizia, como que explicando. *Ele era apegado a mim.*

E Bill Benzason também era apegado a ele. Não ia a lugar nenhum sem Arrepio. Quando Bill estava em casa, Arrepio estava ao seu lado. Quando Bill saía para um passeio, Arrepio o seguia, de perto. Não aconteceu mais de Bill pegar carona sozinho. Quando Bill pegava a estrada, o que ainda fazia quando a ansiedade batia, Arrepio ia com ele. Uma tigela, um saco de comida e estavam livres. Enquanto Bill ficava na beira da estrada pedindo carona, Arrepio brincava na grama, caçando grilos, sombras ou os narcisos que sacudiam ao vento. Quando um carro desacelerava, Bill gritava apenas uma vez: "Arrepio!", e o gato vinha correndo, pulava no carro e eles partiam.

Sempre que Bill andava com sua Harley – a que comprou no Alasca –, ele amarrava a caixa de transporte de Arrepio no rack traseiro. Um dia, ele viu um homem com um chihuahua sentado no tanque de gasolina da moto, bem atrás do guidão. *Arrepio ia amar isso*, pensou. Bill sabia que as patas de Arrepio escorregariam pelo tanque de metal, então descolou um pedaço de tapete para ele sentar. Tentou prender com uma fita dupla-face, o que não funcionou, e então ele colou. Desde que Bill ficasse aquém dos 40 km/h, Arrepio fechava um pouco os olhos, ficava com as orelhas para trás e deixava o vento deslizar sobre o seu pelo. Quando Bill chegava a 40 km/h, Arrepio pulava. Não por zanga, ele só não gostava de tanta velocidade. Aguentava qualquer velocidade quando estava atrás, no bagageiro, mas só suportava um tanto de vento quando ficava no espaço aberto do tanque. Teve um ano que Bill levou a moto para o rali de Sturgis, em Dakota do Sul – mais de 1,5 mil quilômetros –, e Arrepio estava na frente enquanto Bill desacelerava para entrar na rua principal. As pessoas ficaram gritando e uivando, bebendo e fazendo piadas sujas, mas Arrepio não se importou. Ele ficou com as orelhas para trás e cruzou a cidade parecendo o gatinho mais maneiro do mundo.

Bill e Arrepio iam para outros lugares também. Eles acamparam juntos nas florestas do Oeste, caçando insetos para a coleção de Bill. Eles andaram pelas montanhas de Sierra Nevada. Foram de carona para Quartzite, no Arizona, para a grande exibição de pedras e minerais. Quando Bill ia a festivais de música, Arrepio sentava ao seu lado no cobertor. Quando ele se mudou para uma casa nova, o que fazia agora todo mês de setembro, Arrepio ia junto sem reclamar. Exceto o bar e o trabalho, eles iam juntos a todos os lugares. Bill e Arrepio. Arrepio e Bill. Eram uma dupla.

Daí, em 1981, houve uma nova adição à família: uma mulher. A casa onde ela morava ficou coberta de cinzas na explosão do Monte Santa Helena, o vulcão grande no oeste de Washington, e ela acabou alugando um quarto de Bill no sul da Califórnia. Bill estava tomando conta de um bar, e sua hóspede feminina trabalhava num bar no final da rua; eles conversavam muito, mas sempre através do fundo de um copo de cerveja. Bill e Arrepio ainda se mudavam todo mês de setembro, vivendo uma vida itinerante. Então, depois de uma briga, quando a mulher voltou para Washington, eles foram atrás dela rumo ao Norte. Antes de Bill entender o que estava acontecendo, os dois estavam casados. Bill arrumou um emprego fabricando metal, assentou-se na vida de casado e começou a beber.

"Era tudo fachada", diria ele depois a respeito das suas relações humanas. Nada profundo. Nada duradouro. "Tudo em que havia alguma profundidade de alma tinha a ver com um animal."

Mudaram-se novamente em setembro. E no ano seguinte também. E depois de novo. Ele nunca pensava naquele setembro terrível no Vietnã, em 1968. Lá se iam quinze anos, então ele nunca fez a conexão. Sabia apenas que a cada setembro ele era tomado por uma vontade avassaladora de se mudar. Era algo maior que sua esposa, que sua carreira, maior até mesmo que sua amizade com Arrepio. Esse medo, mesmo tantos anos depois, era a maior coisa na vida de Bill.

O casamento, desnecessário dizer, não durou. Estava condenado desde o princípio, quando Bill se levantou para dizer "Sim", e pensou: *O que estou fazendo aqui?* O casamento estava em crise, quando, mais ou menos um ano depois, Bill acordou com sua mulher gritando. Arrepio, que andava passando mais noites na floresta, trouxera-lhes um presente: uma cobra de jardim grande e gorda, contorcendo-se nos lençóis.

"Livre-se desse maldito gato", exigiu a esposa de Bill. "Livre-se dele."

Estava claro que a relação dos dois ia acabar. Em 1986, depois de um ano separados e de um outro ano em que voltaram a ficar juntos, Bill e a esposa se separaram oficialmente. Arrepio voltou para o colo de Bill e para o travesseiro na sua cama. Daí em diante, eram só os meninos.

***

NÃO, A COBRA NÃO ERA UMA MENSAGEM. Não havia inveja ou solidão ou qualquer coisa do gênero. Arrepio não precisava estar sob seus pés para saber que era amado, porque uma conexão verdadeira é uma via de mão dupla. Conforto, é assim que eu descrevo minha conexão com Dewey. Uma crença no amor do outro. A cobra? Isso foi apenas Arrepio sendo ele mesmo.

Ele era um gato esperto, o Arrepio arteiro. Ele estava sempre se preparando para alguma aventura. Durante um ano, Bill e sua esposa moraram no térreo de um apartamento na beira de um lago. Cada apartamento tinha uma varanda – a de Bill ficava a menos de um metro do chão – e toda tarde a mulher do andar de cima jogava punhados de milho da sua varanda para os patos e gansos-do-Canadá que moravam no lago. Arrepio ficava perto da porta de correr de vidro miando para os pássaros, com o rabo em pé de excitação. Ele era assim. Enxergava as possibilidades. Nunca deixava passar uma oportunidade de brincar.

Um dia, Bill abriu a porta. Arrepio não pirou. Nem foi em direção ao deck. Em lugar disso, foi para o fundo da sala, correu o máximo que pôde e se jogou por cima da cerca, bem no meio dos cinquenta patos e gansos – e todos entraram em pânico, grasnando e batendo as asas e correndo uns por cima dos outros, tentando fugir. Arrepio ficou com o rabo em pé e com a cabeça para cima e andou orgulhoso de volta para a porta. Ele estava tão orgulhoso de si mesmo. Depois disso, toda vez que a passarada estava por lá, Arrepio miava e se esfregava nas pernas de Bill até que ele abrisse a porta.

Então, um dia, Arrepio correu e pulou... bem em cima de um ganso enorme. O ganso, amedrontado, deu um salto de mais de um metro, soltou uma grasnada e começou a correr feito louco, soltando penas, pulando e fazendo barulho, desesperado, tentando voar. Arrepio, pendurando-se desesperadamente nas costas do ganso, virou por um momento para Bill. Eles se entreolharam fixamente, e Bill pôde ver os olhos de Arrepio completamente arregalados. Aí o ganso levantou voo. Ele voou uns três metros antes de cair e rolar formando uma bola de penas, bico, pés de ganso e pelo de gato. O ganso se levantou imediatamente e correu para o lago. Arrepio se levantou e voltou a jato para o apartamento. Ele nunca mais pulou no meio do bando de pássaros.

Arrepio sendo Arrepio. Fazendo planos. Sempre na iminência de algum desastre. Correndo de volta para a segurança do lar. Esse era o seu charme: ele era um amante *e* um aventureiro. Um companheiro do lar, que sentava no seu colo uma hora e no momento seguinte estava caçando cobras.

Ele até deu as boas-vindas ao novo gato da família, um gatinho preto chamado Zippo. Isso foi logo depois de Bill conhecer sua mulher, quando ele estava trabalhando e passando muito tempo em bares jogando sinuca, e achava que Arrepio precisava de companhia. Em algum momento durante o caminho, Arrepio contraiu FIV, a forma felina da AIDS, então Bill colocou um anúncio no jornal procurando um gato amigável e FIV-positivo. Um casal jovem não tinha dinheiro para os medicamentos de seu gato doente, e então, alguns dias depois, Zippo se juntou à família.

Arrepio o adorou imediatamente. Desde o primeiro momento, não apenas ele adotou o gato como o tratou como um irmão. Se é que existe uma dupla natural, essa era Arrepio e Zippo. Arrepio era o chefe, sempre aprontando alguma, enquanto Zippo... bem, Zippo era fofo, um gordinho jovial. Arrepio caçava insetos; Zippo relaxava em casa. Arrepio seguia Bill pela rua; Zippo olhava da janela. Nas raras vezes em que passeava do lado de fora, Zippo nunca lembrava de voltar quando era chamado. Ele ficava distraído com o capim ou com uma sombra na cerca e não entrava até que a comida fosse servida. Um final de semana, Zippo estava em um de seus raros passeios pelo lado de fora quando achou uma aranha-lobo enorme na grama. Ele brincou com a aranha a tarde inteira. Quando cansou, foi balançando para dentro de casa. Arrepio estava cochilando na cama. Zippo pulou para cima da cama e começou a olhar para ele. A cabeça de Arrepio ficou ereta. Ele "ouviu" a mensagem silenciosa, então saiu correndo da cama, foi direto em cima da aranha e começou a brincar com ela também.

Quão próximos eram os dois gatos? Bill uma vez tirou três fotos deles em rápida sucessão. Na primeira, Zippo estava lambendo a orelha de Arrepio. Na segunda, Zippo estava com a língua para fora e com uma cara horrível, como se tivesse experimentado o pior gosto de sua vida. Arrepio parecia estar rindo. Na terceira, Arrepio estava lambendo a orelha de Zippo. *Tudo bem, irmão*, ele parecia dizer. *Te peguei dessa vez, mas ainda somos amigos.*

Eles tinham um ao outro, os três meninos. Era uma vida boa. Mas isso não quer dizer que era uma vida fácil. O divórcio deixou Bill machucado e confuso, incapaz de entender exatamente o que havia acontecido e certo de que havia algo errado com ele. Por que alguém não poderia amá-lo? Por que seu casamento não deu certo? Havia um muro entre eles. Em cinco anos de casamento, nunca falaram uma palavra que viesse do coração. Ele não culpava a esposa. Culpava a si mesmo.

"Eu comecei a beber demais depois da separação", admitiu Bill, "e depois comecei a trabalhar demais."

Quando era criança na fazenda de sua família em Michigan, Bill sonhava em ser guarda florestal. Ele era graduado em engenharia florestal; apagou incêndios em florestas; chegou a trabalhar até para o Escritório de Administração de Terras, mas sua tentativa anual de entrar para o Serviço de Florestas dos Estados Unidos sempre recebia um "Não, obrigado" como resposta. Ele sempre alcançava uma pontuação alta nos testes de aptidão, mas pessoas menos qualificadas ficavam com o emprego. Desesperado, depois de onze recusas (sem falar no divórcio), e convencido de que o mundo estava contra ele, entrou na primeira fábrica que encontrou. Enquanto preenchia o formulário, o chefe entrou no escritório, jogou uma porção de papéis em cima da mesa e disse para a secretária, referindo-se a alguém: "Faça o último cheque dele. Ele está fora daqui".

Então virou para Bill e disse: "Você faz brasagem?".

"Claro que sim", arriscou Bill.

"Então está contratado. Traga o formulário preenchido pela manhã."

Bill saiu do escritório e foi direto à biblioteca pesquisar o significado de "brasagem". Não tinha ideia do que significava. Acabou que brasagem de metais queria dizer soldar cobre com cobre, como faz um encanador quando solda um cano no outro. Havia uma metáfora no meio dessa história sobre duas substâncias (um homem e um gato) que se uniam para formar um todo sólido e inquebrável. Mas havia também uma carreira. A fábrica fazia lâminas para motor de jatos; a brasagem era uma introdução à indústria de aviação. Bill trabalhou nessa indústria, saindo e voltando, por 22 anos, até se aposentar da Boeing em 2001. Durante boa parte desse tempo, ele trabalhou tanto quanto podia aguentar fisicamente, suando suas frustrações e mantendo-se ocupado na linha de produção.

Mas, mesmo nos dias mais longos de trabalho, e mesmo quando esses dias duravam meses, Arrepio e Zippo ficavam com ele. Ele poderia ficar fora por dezesseis horas, até dias inteiros, mas quando Bill Bezanson entrava pela porta, morto de cansaço ou bêbado, Arrepio estava sempre lá para cumprimentá-lo. Antes de se sentar para relaxar vendo televisão, Bill verificava se tudo que ele poderia precisar estava por perto: cerveja, salgadinhos, controle remoto, livros, lenços. Sabia que Arrepio viria para o seu colo até mesmo antes de ele chegar ao sofá, e não queria ter que se levantar e incomodar o gato. Quando ia para a cama, Arrepio engatinhava para perto do seu rosto, como sempre fez, e pedia para ser embalado. Bill dormia com o ronronar do gato, respirando no seu pelo. Zippo se aconchegava nas costas de Bill.

Quando saiu da nuvem de trabalho e bebida, Bill estava pronto para mudar. Havia cansado do ciclo de bebedeiras, apartamentos baratos e trabalhos que o deixavam bitolado, e de ter apenas Arrepio e Zippo como companhia. Na Califórnia, logo antes do seu casamento, uma amiga havia contraído o vírus do HIV. Era o começo dos anos 1980, todo mundo estava morrendo de medo. Ninguém chegava perto dela. Apenas Bill a tocava. Então, ele cuidou dela: preparava sua comida, lhe dava banho, limpava sua bagunça. Fazia tudo, menos dar injeções. Ele estava lá enquanto ela murchava, ele estava lá quando ela morreu. Era o mais próximo de ser útil que havia sentido desde 1968.

Dez anos depois, ele diminuiu a bebida e procurou um segundo emprego, na área da saúde. Depois do turno de dez horas na linha de montagem de aviões, ele trabalhava outras dez horas como guarda-noturno num centro de reabilitação para dependentes de drogas, mas não dá para viver muito tempo com três horas de sono por noite. Quando um amigo teve câncer no cérebro, ele procurou trabalho em uma unidade de tratamento de traumatismo cranioencefálico, onde ajudava pessoas que haviam sofrido acidentes sérios. Começou a trabalhar como terapeuta, usando hipnose. Ajudava vítimas de crimes, de acidentes e de estupro a atravessar a luta contra o transtorno do estresse pós-traumático, sem nunca se dar conta de que ele mesmo sofria disso. Era um trabalho física, mental e emocionalmente exaustivo.

Por que ele fazia isso?

"Eu sentia como se estivesse pagando de volta."

Como assim?

Silêncio. "Porque escapei de algumas situações vivo e sem sequelas." Outra pausa. "Porque, na ocasião, alguém me ajudou."

Durante um período particularmente longo sem trabalho na indústria de aviação, ele foi trabalhar para um asilo, na casa de pacientes terminais. A primeira tarefa de Bill foi com a pessoa mais difícil da lista de pacientes. Ela era desagradável, não ajudava, reclamava muito e ninguém aguentava mais do que poucos dias. No segundo dia, ela berrava ferozmente para Bill, o mais alto que podia, quando ele virou para ela e disse: "Você tem medo de morrer, não tem?".

Ela ficou quieta. Olhou para ele. Parecia querer dizer algo, mas aí baixou os olhos e ficou observando as próprias mãos. Bill sentou ao seu lado, e eles conversaram sobre a vida dela, sobre o passado e sobre o fim da vida. Eles conversaram até ela não ter mais nada para dizer.

Alguns dias depois, no dia de folga de Bill, ele recebeu um telefonema dos filhos da mulher. "Mamãe está morrendo", eles disseram. "Ela quer ver você."

Quando chegou, ela pediu para os filhos saírem do quarto. "Conte-me outra vez como é", ela disse, com a voz trêmula.

"Imagine o lugar mais bonito onde você já foi", disse Bill, "e você vai se transportar para lá."

Ela fechou os olhos. Quando falou novamente, pareceu gritar baixinho de algum lugar muito longe. "Você tem razão, Bill", sussurrou, logo antes de morrer.

É isso que eu devo fazer, pensou Bill.

Ele deixou a carreira de mecânico da indústria aeronáutica e se dedicou em tempo integral ao cuidado domiciliar de pacientes com doenças terminais. Encontrou uma enfermeira na qual confiava e criou uma empresa, cada um deles trabalhando direto durante cinco dias, depois descansando cinco dias, a fim de proverem cuidado constante. Quando ele estava trabalhando, deixava Arrepio e Zippo sozinhos com o fundo de um balde de quase vinte litros cheio de comida. Havia um buraco na tela para que os gatos pudessem brincar do lado de fora. Zippo descansava dentro de casa, dormindo a maior parte do tempo, mas Arrepio adorava aquelas velhas cidades madeireiras do noroeste de Washington – cidades como Darrington e Granite Falls – que constantemente estavam na rota das cidades que Bill fazia todo ano. As florestas vinham até as casas, e Arrepio nunca vira árvores tão altas. Caçando esquilos, ele subia até quinze metros dentro dos galhos sem pensar duas vezes, aí deitava e relaxava enquanto um esquilo nervoso fazia barulhos na ponta fina do galho. Não havia nada mais divertido para Arrepio do que esquilos. Era como se ele pensasse que a missão dos esquilos na Terra fosse entreter os gatos. Os ratos-do-campo – pequenas criaturas que parecem ratos e se metem dentro das pinhas no chão da floresta – serviam de comida. Arrepio cavava entre as pinhas, dançava sobre as pernas traseiras quando encontrava o que queria, e atacava as pobres criaturas. Se fosse deixado por conta própria, Arrepio pegaria ratos-do-campo o dia inteiro.

Mas assim que Bill chegava em casa e chamava: "Arrepio! Arrepio!", o gato largava os ratos e vinha saltitante. Às vezes, ele estava no jardim dos fundos. Às vezes, estava a dez casas de distância. Bill gritava "Arrepio!" e via o gato pulando lá longe. Esperava alguns segundos, e lá estava ele, saltando a cerca. Bill nunca soube muito bem o que Arrepio ficava fazendo lá fora sozinho, mas adorava aquela visão do gato correndo velozmente entre as cercas. Ele vinha deslizando até os pés de Bill, mal conseguia parar e batia com a cabeça nele, e eles passavam o dia encolhidos dentro de casa, Bill relaxando das emoções de cinco dias de devoção a uma pessoa que morria, e Arrepio se recuperando dos seus cinco dias sozinho com Zippo.

Mas a natureza é instável, às vezes você é o gato, às vezes você é o rato. Certa noite, em Granite Falls, Bill estava botando o lixo para fora quando ouviu coiotes gritando por perto. Ele viu um movimento, o rabo de um coiote na sombra, aí viu Arrepio. O gato estava suspenso no ar, meio que dançando em cima dos narizes de quatro coiotes que tentavam pegá-lo com suas garras. Bill pegou um machado e gritou bem alto "Arrepio!" e foi correndo em direção à briga. Arrepio continuou dançando, empurrando os focinhos dos coiotes para longe e tentando pular fora, mas, logo que a ajuda chegou, um coiote colocou suas garras com firmeza em volta do focinho de Arrepio e começou a arrastá-lo. Bill levantou o machado, berrou e o coiote largou sua refeição, correndo para dentro da floresta. Arrepio se levantou e correu na outra direção, para dentro de casa. Quando Bill entrou, Arrepio estava encolhido em cima do seu travesseiro preferido numa poça de sangue. Bill correu com ele até um veterinário. Arrepio tinha uma ferida profunda e a mandíbula quebrada, mas, depois de alguns meses à base de líquidos, ele se recuperou completamente. Apesar da mordida do coiote, Arrepio ainda tinha sede de vida e aquele lindo focinho egípcio.

Em Darrington, Washington, uma cidade madeireira desorganizada no nordeste de Seattle, às margens da Floresta Nacional do Monte Baker-Soqualmie, foi um urso que atacou Arrepio. A casa de Bill naquele ano era bem no rio Sauk, e, todo dia, um urso vinha calmamente pelo jardim em direção ao rio, pegava um salmão, sentava na margem do rio e o comia. E, todo dia, Arrepio se metia entre as pernas do urso, abocanhava um pedaço do salmão e corria. O urso levantava a pata, meio preguiçoso, sem convicção, enquanto Arrepio já ia sempre bem longe. Eis que, um dia, Bill olhava para fora, pela janela da cozinha, e viu o urso pegando o peixe. Arrepio passou entre as pernas do urso para roubar um pedaço. O urso balançou a pata lentamente. Mas, dessa vez, o pedaço que Arrepio pegou ainda estava preso ao osso. O urso deu um solavanco no gato e o girou. A pata do urso acertou Arrepio em cheio, lançando-o uns dez metros pelo ar, por cima de uns arbustos, no jardim do vizinho.

Bill entrou em estado de choque. Pensou: *Acabou, foi-se o Arrepio. Assim que esse urso sair, eu vou lá encontrar seu corpo.*

Dois minutos depois, Arrepio entrou rapidamente pelo buraco na tela. Ele tinha três costelas quebradas e uma ferida enorme na lateral do corpo, mas ainda trazia o pedaço de salmão pendurado na boca.

Assim era Arrepio. Um amigo intensamente leal. Mas era também o tipo de gato que perseguia esquilos em galhos de quase quinze metros e que arriscava a vida várias vezes para roubar peixe de um urso. E era durão. Parecia não haver feridas – as que ele mesmo fazia, ou outras – que o fizessem parar. Arrepio era capaz de tudo – pilotar um ganso, levar uma cobra para a cama, irritar um urso –, mas Bill podia descansar certo de uma coisa: ele sempre voltava.

Até que um dia, não voltou.

Foi nos anos 1990. A economia estava péssima. Depois de oito anos, Bill tinha deixado o trabalho com doentes terminais. O custo emocional de ter que dizer adeus a tantas pessoas tornou-se pesado demais. Então, ele retomou seu antigo trabalho de mecânico, primeiro na indústria aeronáutica, e, depois de uma série de dispensas, foi trabalhar numa fábrica de manufatura de casco de barcos. Uma sexta-feira, o dono da fábrica veio e disse: "Os negócios vão mal, muito mal. A partir de segunda, todo mundo com barba será demitido". Absurdo. Mas sério também. O dono detestava barba e, em Washington, parece que é possível ser demitido se o chefe não gostar do modo como você penteia o cabelo.

Bill foi para casa e lutou o fim de semana inteiro contra sua decisão. Tinha se machucado seriamente no Vietnã. Passou três meses no hospital com uma lesão sobre a qual até hoje não fala. Quando as bandagens finalmente foram tiradas, ele se olhou no espelho e viu uma barba cheia. Não queria ter mais relação alguma com o Exército, e o Exército não queria mais nada com ele, mas Bill Bezanson amava aquela barba. Por mais de vinte anos ele ficou sem se barbear. Nem uma única vez. Então, decidiu, não ia raspar agora. Não por causa de um trabalho de brasagem de barcos. Na segunda de manhã, foi demitido. Por causa da barba! E todos que fizeram a barba foram, mesmo assim, despedidos um mês depois.

Algumas noites depois, Bill começou a conversar com uma garçonete do Elks Club local, explicando sua situação, e ela lhe ofereceu sua casa por alguns meses. Ela ia embora durante o verão e precisava de alguém para alimentar suas cabras. Dois dias depois, Bill, Arrepio e Zippo se mudaram para uma casa boa e nova no noroeste de Washington. E, dois dias depois disso, a mulher estava de volta. Ela brigou com o homem que tinha ido visitar e não ia mais passar o verão fora; Bill e seus gatos tinham que cair fora.

Infelizmente, isso não era fácil para um fabricante de metal desempregado, no meio da recessão. Bill não podia alugar nada sem um contracheque estável ou dinheiro no banco, e sua crise pessoal de moradia começou a se arrastar. Durante duas semanas, Bill procurou trabalho, enquanto a mulher se zangava cada vez mais. Finalmente, ele achou um serviço, cuidando de doentes. Era um bom emprego para uma economia ruim, e foi um alívio. A primeira coisa que Bill fez quando chegou em casa no seu primeiro dia de trabalho foi gritar: "Arrepio! Arrepio!". Ele queria comemorar.

Nada de Arrepio.

Nada de Arrepio no jantar.

E nada de Arrepio na hora de dormir.

Bill sabia que havia algo errado. Procurou pela vizinhança, mas nenhum sinal de Arrepio. A mulher disse que os coiotes deviam tê-lo pegado. Mas Bill achava que não. Ele sabia como era a morte, e não tinha essa sensação. Simplesmente não acreditava que Arrepio estivesse morto. Imaginava que ele estivesse preso acidentalmente dentro de alguma garagem ou no local de trabalho de alguém, e que, assim que fosse solto, viria para casa. Ao anoitecer, Bill ficava em pé na varanda e tentava ouvir Arrepio. Toda noite ele pensava ouvir um miado distante de Arrepio. Zippo passava o tempo todo fora, procurando, a seu modo, por Arrepio; então podia ser o miado de Zippo que o vento trazia. Mas ele não pensava assim. Acordava no meio da noite e jurava ter ouvido Arrepio. Estava convencido que ele havia caído num velho poço ou que estava preso dentro de um buraco, e procurou o gato pelos quintais e pela floresta. Bill havia abandonado tanta coisa na vida. Mas não ia abandonar Arrepio.

Os dias passaram e nada de Arrepio. A mulher queria Bill e Zippo fora dali. Ela estava certa de que os coiotes tinham pegado Arrepio, e não se importava com aquele gato besta mesmo, queria apenas sua casa de volta. Bill brigava com ela todos os dias. Ele não ia embora sem Arrepio, não ia mesmo.

Três semanas depois, ele e Zippo ainda estavam lá. A mulher estava em pé na entrada, gritando para que fosse embora. Bill se recusava a ir embora. De novo. Não sem Arrepio, disse a ela. Não iria enquanto Arrepio ainda pudesse estar vivo. A mulher, furiosa, olhou para o quintal e ficou branca feito neve. Ela teve que segurar na maçaneta da porta para não cair. Vindo pelo jardim, lá estava Arrepio. Muito magro, e muito sujo, mas vivo.

Bill o abraçou. "Arrepio, Arrepio", ele disse, enfiando a cara no pelo do gato. "Eu sabia que você ia voltar."

Eles partiram naquela noite: Bill, Arrepio e o gordote do Zippo. Bill não tinha para onde ir. Só pegou os gatos, seus poucos pertences, e saiu. Os três dormiram no carro até sair o seu primeiro pagamento.

Um ano depois, Bill começou um papo com um desconhecido num bar. Depois de beber um pouco, o homem disse: "Ei, espera aí, você é o cara. Você morou com a minha mãe. Ela levou seu gato para o depósito de lixo, cara, e jogou ele fora com o lixo. Ela quase morreu quando aquele gato voltou".

O depósito de lixo ficava a trinta quilômetros de distância. Trinta quilômetros! Arrepio levou três semanas andando, mas voltou. Ele sobreviveu ao ataque de uma coruja, foi mais esperto do que quatro coiotes e aguentou o safanão de um urso. Ele foi jogado fora com o lixo e achou o caminho de volta para casa. Arrepio era um sobrevivente em todos os sentidos da palavra.

***

MAS, AFINAL, SEMPRE CHEGA UMA HORA em que não podemos mais voltar. Zippo foi primeiro, em junho de 2001, com dezoito anos.

Ele foi hospitalizado para fazer uma cirurgia rotineira de remoção de tumor. Bill ligou no fim da manhã, todo contente, e perguntou como Zippo estava. O veterinário, dr. Call, foi o veterinário de Zippo e Arrepio desde que eles se mudaram para Washington, quinze anos antes. Certa manhã, logo depois de se mudar, Bill viu um cachorro ser atropelado por um carro. Ele correu para a rua, pegou o cachorro e dirigiu até o veterinário mais próximo. O cachorro mordia a si mesmo e gritava, sentindo uma dor tremenda. Quando Bill o pegou, o cachorro se levantou e o mordeu no pescoço e no ombro. Na mesa de exame, ele se mexia e gritava, em pânico e com medo. Dr. Call entrou, tocou o cachorro gentilmente com a mão, e na mesma hora ele se acalmou.

Bill ficou tão impressionado que trouxe Arrepio para ver o dr. Call no dia seguinte. Arrepio o amou imediatamente. E o dr. Call amou Arrepio. Mais tarde, foi ele quem cuidou de Arrepio quando ele foi atacado pelos coiotes e pelo urso. Ele balançou a cabeça impressionado quando soube da história da coruja. Ele sempre chamava Arrepio de seu gato milagroso.

Mas agora dr. Call fungava ao telefone, tentando evitar que sua voz falhasse. Zippo, ele disse para Bill, reagiu à anestesia. Morreu no meio da cirurgia. O grande e doce Zippo. No dia anterior, ele parecia tão cheio de vida. Agora ele tinha partido. Bill estava chocado. Arrepio ficou devastado.

A saúde do próprio Arrepio piorava com o passar dos anos. Ele tinha quase 21 anos e a AIDS felina afinal tomava conta dele. Não conseguia reter comida no estômago e tinha febres terríveis que faziam seu corpo tremer. Agora, sem Zippo, ele ficou letárgico e melancólico. Sentia falta de seu parceiro, seu melhor amigo preguiçoso. Quando Bill voltava para casa do trabalho, todos os dias, a primeira coisa que fazia era fechar todas as portas dos armários. Arrepio as abria durante o dia, procurando por Zippo.

Bill adotou outro gato, um gatinho preto igual a Zippo. Queria que Arrepio tivesse companhia, mas este não queria saber do novo gato. Arrepio nunca odiou nada nem ninguém na sua vida (até os pobres ratos-do-campo – aquilo era o seu instinto sendo mais forte que ele), mas ele não queria o gatinho por perto.

Suas febres pioraram. Na maior parte dos dias, Arrepio não conseguia reter a comida. Seu corpo falhava e seu coração estava doente. Em agosto, Bill levou Arrepio para o dr. Call, que disse que ele estava morrendo e que não havia nada que pudesse ser feito. Arrepio só viveria mais alguns dias. E seria uma morte dolorosa e difícil.

Arrepio era um sobrevivente, um lutador, um aventureiro, adorava um colo, e foi um amigo leal e uma companhia constante durante quase 21 anos. Era ele que estava lá, ao lado de Bill, quando ele precisava. Ele era o lado constante na vida de Bill. Durante anos, foi sua única ligação verdadeira. Ele era sua segurança, seu salva-vidas em todas aquelas noites em que tinha sonhos ruins ou sentia medo. Quem sempre vinha quando Bill chamava. A maioria dos gatos, quando leva a derradeira injeção, deita e morre em paz. Arrepio deu um empurrão quando a agulha tocou sua pele. Ele miou e tentou desesperadamente se soltar. Aí ele virou, olhou nos olhos de Bill, e rugiu feito um leão. Como se estivesse brigando. Como se não estivesse pronto para partir. Como se Bill tivesse cometido um erro terrível.

Aquele grito foi um golpe duro no coração de Bill Bezanson, que ficou assombrado. Dr. Call jurou que Bill havia feito a coisa certa, que Arrepio viveria menos de uma semana e que sentia dores terríveis. Mas aquele grito corroeu Bill por dentro. Arrepio queria viver! Mesmo com dor, mesmo sabendo que ia morrer, ele queria viver.

Algumas semanas depois, no dia 11 de setembro de 2001, as torres caíram. Bill Bezanson estava trabalhando na Boeing e olhou para cima se perguntando se outros aviões estariam chegando, se os helicópteros haviam sido atingidos, se ele fora afinal deixado para trás. Sentia falta de Zippo. Sentia falta de Arrepio. Sentia falta da ligação que tinha com eles. Perdera a segurança da presença deles. Ele sentiu, dessa vez, que estava realmente sozinho.

Então recebeu uma carta sem remetente. (Descobriu depois que fora enviada pelo consultório do dr. Call.) Quando, sete anos depois, soube da morte de Dewey, Bill me mandou uma cópia. "Eu sei que você pode ficar de luto por causa de um gato", ele escreveu, "porque eu também fiquei." Ele achou que o recado podia me ajudar porque havia ajudado a ele. Era isto o que estava escrito:

Última Vontade e Testamento

Eu, Arrepio Bezanson, estando com a saúde frágil, venho por meio desta transmitir ao meu amigo e mestre a minha última vontade: ser lembrado com carinho sempre que pensar em mim.

Meu tempo na terra foi um tempo feliz, repleto de lembranças alegres e momentos prazerosos. Não levo comigo nenhuma posse mundana, porque posses e propriedades nunca foram as minhas preocupações principais. O importante para mim foi ganhar sua confiança e admiração, sendo obediente e sempre fiel. A única coisa que tive e que valorizo, acima de tudo, foi o amor do meu mestre, pois ninguém poderia ter me amado mais.

Quando eu tiver partido e você tiver oportunidade de pensar em mim, não fique triste, pois estou em paz e não sinto mais nenhuma dor ou desconforto. Todos os males que a idade e as circunstâncias trouxeram ao meu ser físico não são mais um problema. Estou livre para fazer travessuras, enquanto o vento bate no meu rosto e a grama faz cócegas nos meus pés. Tiro sonecas no calor do Sol e durmo sob um lençol de estrelas. E assim, com alegria, espero por você.

Dividimos muitos momentos felizes juntos, e por isso sei que você sente que eu nunca poderei ser substituído, e que talvez você deva viver o resto de sua vida sem outro animal de estimação como companheiro fiel. Meu amigo, não tente me substituir, pois o que dividimos é insubstituível. Nós crescemos juntos, atravessando períodos bem complicados (e frios). Mas não prive a si mesmo do calor e da companhia que outro companheiro pode lhe dar. Eu não quero que você fique sozinho.

Acima de tudo, lembre-se, querido mestre, que eu estarei sempre com você: no seu coração, na sua mente e nas suas lembranças. Pois o que dividimos foi especial, hoje, amanhã e sempre. E se você sentir um focinho frio na sua pele, e não houver nenhum animal por perto, saiba, no fundo de seu coração, que sou eu, dizendo olá.

Bill Bezanson está melhor agora. O medo e o isolamento provocados pelos eventos do 11 de setembro de 2001 fizeram com que ele fosse procurar terapia com o grupo local de ajuda aos veteranos de guerra, e finalmente ele lidou com suas lembranças do Vietnã, especialmente as de setembro de 1968. Ele sofria da síndrome de "lutar ou fugir", tão comum em pessoas com transtorno de estresse pós-traumático. É uma resposta biológica acarretada pela convicção subconsciente de que o mundo é perigoso, de que, para sobreviver, você tem que fugir ou se defender. Por mais de trinta anos, Bill Bezanson esteve fugindo.

"O que você teria me contado sobre a sua vida antes dessa ruptura?", eu perguntei a ele.

"Eu não teria conversado com você."

Era simples assim.

Alguns meses depois, no final de 2001, Bill se aposentou. Ele adotou outro gatinho para que o gato que ele trouxe para casa quando Arrepio estava doente não se sentisse só. Depois de décadas vivendo em casas alugadas, Bill comprou um apartamento num condomínio no noroeste de Washington. Não sentia mais aquela necessidade de fugir, mas quando o mês de setembro chegou novamente, ele pintou o condomínio inteiro. Pintar era um bom meio-termo.

Em 2002, Bill comprou uma casa perto de Maple Falls, em Washington, uma pequena cidade perto de Mount Baker e da fronteira canadense. Ele ainda não sabe se já deixou alguém – de fato – se aproximar, mas encontrou uma casa para viver e fez bons amigos na vizinhança. Sr. Prestativo, assim ele é chamado. Construiu uma varanda para o seu vizinho, que luta contra um câncer. Leva outra vizinha para fazer pequenas coisas, uma senhora de noventa anos que foi professora escolar e sofre de degeneração macular. O pai de Bill morreu há dez anos, depois de lutar muito tempo contra um câncer. Para as enfermeiras que cuidaram dele, contou apenas uma história – a do guaxinim que amava seu filho Bill, tanto que pulou de uma árvore para saudá-lo e ainda veio apresentar seus filhotes. Mas Bill restabeleceu contato com a mãe. Ele liga para ela no Michigan duas ou três vezes por semana.

De vez em quando, amigos aparecem em sua casa: outros aposentados, vizinhos, pessoas que ele conheceu no trabalho ou nos últimos anos. Eles bebem um pouco, riem, conversam. Em algum momento da noite, alguém sempre vira para baixo e roça a parte de trás das pernas. "Acho que senti algo", eles dizem, quando notam que Bill os observa. "Uma coisa fria. Mas não tinha nada."

Bill não diz nada, mas sabe que havia algo ali. "Pode ser o Zippo", Bill me disse, mas dava para perceber que ele não estava pensando em Zippo. Estava apenas sendo gentil com um velho camarada. Em seu coração, ele sabe que era o focinho frio de Arrepio. O gato nunca o deixou. Ele ainda vem, às vezes, dizer olá. Está esperando Bill vir para casa.

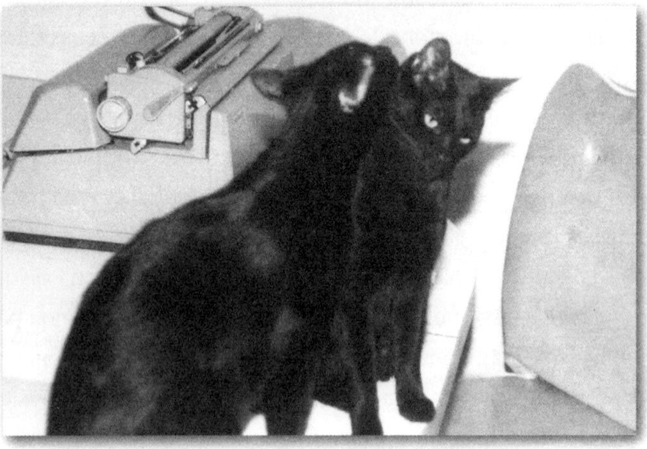

4

Tabita, Boogie, Gail, BJ, Chimilee, Kit, Srta. Cinza, Maira, Meia-noite, Preta, Lola-Bunny, Chazzy, Docinho, Nikki, Facinha, Buffy, Dengo, Caramelo... e outros

"Quando li seu livro, não pude deixar de pensar no ótimo livro que eu teria em mãos caso tivesse mantido um diário das nossas vidas aqui na Ilha de Sanibel, na Flórida. Meu marido é gerente de um resort na ilha, e eu trabalho com reservas. Certa noite, nós estávamos passeando pela propriedade e uma gatinha linda nos seguiu até em casa, e aí, é claro, eu dei comida a ela, e é claro que ela voltou... Bom, resumindo a história: a gente acabou com 28 gatos."

Eu amo a Ilha de Sanibel, na Flórida. Eu viajei por todo o país para conferências em bibliotecas – sempre amando cada minuto de danças e risadas –, mas, para mim, nada se compara a essa ilha especial. Graças ao meu irmão, Mike, que era amigo do antigo gerente, há mais de vinte anos eu visito um resort da ilha chamado Premier Properties de Pointe Santo de Sanibel. Na verdade, eu estava lá na semana seguinte à morte de Dewey. A filha de Mike ia se casar, e eu estava arrumando as malas quando recebi o telefonema. Dewey estava estranho.

Voei imediatamente para a biblioteca a fim de buscar Dewey e levá-lo ao veterinário. Pensei que ele estivesse resfriado, um problema comum em nosso gato idoso. Fiquei chocada quando o doutor usou palavras como *tumor*, *câncer*, *muita dor* e *sem esperança*. Eu me senti como se tivesse sido achatada por uma martelada, mas, quando olhei para os olhos de Dewey, vi que era verdade. Ele escondeu de mim que estava doente durante semanas, talvez meses, mas agora não escondia mais. Ele sentia dor. E pedia minha ajuda.

Eu assinei a papelada. Segurei-o nos braços, perto do meu coração. Vi seus olhos se fecharem. Organizei a cremação, anestesiada pelo choque. Depois, ainda confusa, voltei para casa rapidamente para terminar de fazer as malas, busquei meu pai, doze horas antes do que o planejado, e fui dirigindo até Omaha. Fui para a casa da minha filha, abracei meus netos gêmeos, e empurrei todo mundo para o aeroporto. A gente só colocou o traseiro na poltrona do avião quando ele estava prestes a decolar. Aí, é claro, os gêmeos queriam suco, lápis de cera e mimos, até que o avião estabilizasse e seus ouvidos parassem de doer. Quando finalmente recuperei o fôlego, sobrevoando algum lugar do Missouri, peguei a revista velha e meio nojenta da companhia aérea. Alguém já tinha feito as palavras cruzadas à caneta, eca! Na página seguinte, tinha a foto de um gato. Comecei a chorar, e chorei todo o voo até chegar à Ilha de Sanibel.

Não há lugar melhor para se ficar de luto. Na Ilha de Sanibel e, principalmente, no Premier Properties de Pointe Santo, o lugar mais relaxante do mundo. A praia é de areia muito branca, e não tem quase ninguém. Bem, tirando os maruins, criaturas terríveis que nos mordem sem piedade quando a gente pisa descalço na areia. Mas, sério, isso é um preço irrisório para se pagar por um paraíso no qual dá para andar (de chinelos) na beira da praia, catando conchas cor de coral, e sentar na varanda, observando as mães golfinhos com seus filhotes dando saltos ao longe. De tarde, gosto de relaxar ouvindo as discussões dos sabiás que gritam um para outro "ta-tá ta-tá" (isso é o macho, eu sei que é) e "tui-tui-tui-tui" (isso é a fêmea atrevida). Até o jacaré do hotel, com mais de um metro, é bacana. Às vezes, a gente o vê se arrastando preguiçosamente pela grama, ignorando completamente as cadeiras de praia.

E ainda tem o pôr do sol. Em Iowa, de vez em quando, há uma explosão de cores no final do dia, uma mistura de rosas, laranjas e dourado. Na Ilha de Sanibel é sempre assim, as cores vívidas dominam o céu até desaparecerem dentro do maravilhoso mar do golfo, quando aparecem as estrelas. Olhando da praia ou da varanda – bebericando um vinho –, a gente se sente feliz e livre, maravilhado pela beleza natural e pronto para brindar o final perfeito de mais um dia lindo.

Bem, normalmente é assim. Mas, com o casamento e diante do fato de ter de acalmar (ou às vezes fingir ignorar) parentes que eu não via há muito, a semana depois da morte de Dewey seria uma loucura, mesmo diante da bomba emocional que ela representou. Felizmente, minha neta Hannah, a dama de honra, me distraiu de um jeito singular, típico das crianças: me transmitiu uma gripe. A mim e às outras 28 pessoas no jantar de ensaio. Eu fiquei a maior parte da semana vendo desenhos animados no sofá com Hannah, e passei mais tempo de joelhos, de cara para a privada, do que olhando os golfinhos se divertindo nas ondas. Eu estava fraca demais para falar ao telefone, para ver televisão ou ler e-mails (na verdade, não tive forças nem para assistir às aventuras bobas de *Dora, a Aventureira*), e, portanto, eu não imaginava que em casa a popularidade de Dewey havia explodido e que os telefones da biblioteca não paravam de tocar. Eu só olhava pela janela para o oceano e pensava em como cada um de nós é uma parte pequena do mundo, e como era bom o fato de a televisão ficar a poucos metros do banheiro. Mesmo quando se está vomitando cinco vezes por dia, não há nada como a paz da Ilha de Sanibel.

Portanto, eu sei o que Mary Nan Evans quis dizer quando me contou que, na primeira vez que veio à Ilha de Sanibel, pensou: "Nunca teria dinheiro para viver aqui". O paraíso, afinal, fora há muito reservado para os ricos e poderosos, e, como eu, Mary Nan era apenas a garota de uma cidade pequena do Meio-Oeste americano. Seu marido, Larry, que trabalhava fazendo manutenção de um hospital em Waverly, no Missouri, havia sido escolhido como trabalhador do ano pelo distrito do oeste do estado e o prêmio eram quatro dias nesta pequena ilha na costa sudoeste da Flórida. Mary Nan já tinha vindo para a Flórida muitas vezes antes – ela tinha uma tia que morava em Fort Myers, acima no litoral – mas a combinação de céu azul e água azul brilhante, cercando as faixas verdes e estreitas da ilha, era diferente de tudo o que ela havia visto antes. Mesmo os prédios brancos, visíveis no horizonte, pareciam nuvens pontudas. Quando atravessou a estrada que ligava a ilha ao continente, ela pensou: *Lembre-se bem disso, Mary Nan, porque você nunca mais vai voltar.*

Quatro anos depois, em 1984, ela e o marido Larry estavam de volta – ao menos de volta à Flórida. Dessa vez, não queriam apenas uma folga de quatro dias da vida normal, eles queriam emprego. Com os quinze anos de experiência de Larry trabalhando com manutenção, estavam confiantes de que encontrariam trabalho em algum dos hotéis espalhados pela orla. E os hotéis ofereciam acomodação, pois o diretor de manutenção de um grande complexo de prédios, *lotado* de turistas – que não toleram nem vinte minutos com uma máquina de gelo quebrada, muito menos duas horas –, precisa trabalhar 24 horas, atendendo a exigências e pedidos estranhos dos clientes. Mas havia um problema. Quando Larry dizia que tinha um gato, os resorts não o queriam. Sinto muito, eles diziam. Animais não são permitidos.

Mas se desfazer de Tabita, a gata siamesa que eles tanto amavam, estava fora de cogitação. Ela havia sido adotada por Larry e Mary Nan quinze anos antes, em 1969, quando Larry fora designado para um posto na Califórnia, findo o serviço militar. Logo antes do Dia de Ação de Graças, Mary Nan viu um anúncio no jornal da base: gatinhos recém-nascidos disponíveis para adoção. Eles só tinham vinte dólares, economizados a duras penas com o salário de recruta, mas Mary Nan convenceu Larry a dar uma olhada. Assim que chegaram ao apartamento, um monte de gatinhos siameses minúsculos surgiu rolando do quarto dos fundos. A maioria estava mole e caindo, mas teve um que veio direto para Mary Nan e caiu nos seus braços. Mary Nan segurou o gatinho no peito, que se esticou e tocou seu queixo.

"Eu quero muito uma menina", ela disse para a mulher com os gatos.

"Bem, você está segurando a única fêmea", a mulher respondeu.

Mary Nan deu dez dólares para a mulher pelos custos e foi embora com Tabita. Ela gastou a maior parte da economia deles com a caixinha de areia e a comida para gatos. Naquele Dia de Ação de Graças, Mary Nan e Larry Evans sentaram-se à mesa de jantar e disseram suas graças, comendo um jantar semipronto, desses de bandeja de alumínio. Mary Nan não lembra direito, mas provavelmente era o peito de peru com molho da Swanson, com aquela tortinha de cereja do lado. Depois de comprar a ração, só sobrou dinheiro para esse jantar.

Mas Tabita valia a pena, porque era a gata mais doce e leal que um casal poderia querer. Ela nunca queria nada além de comida. Só fazia um barulho educado. Nunca queria companhia de ninguém além de seus pais, mas não era mal-educada com as visitas. Estando em casa, Tabita não se preocupava com nada. Ela dormia. Ela descansava. Deixava Larry passar o aspirador de pó no seu pescoço e no topo de sua cabeça – isso mesmo, com a mangueira do aspirador de pó – e fechava os olhos enquanto o jato de ar sugava os seus pelos soltos. "Ela até ficou amiga de um rato", Larry me contou, impressionado. Mais de uma vez, ele viu Tabita na sala de estar, apenas olhando para um ratinho ancião, de bigodes cinzas (de acordo com Larry, aparentemente um especialista em bigodes de ratos) que saía hesitante de seu buraco. Não sei como Mary Nan aguentava isso. Eu teria exigido do meu gato – ou, ao menos, do Larry – que se livrasse daquele rato. Mas ela nunca solicitou esse ato de clemência de Tabita. Todas as noites, a gata dormia no meio da cama, bem no meio de Larry e Mary Nan. Às vezes, quando Mary Nan acordava no meio da noite, encontrava Tabita em cima do seu peito, olhando para o seu rosto. Sem ratos.

Mary Nan não tinha vergonha de dizer a si mesma, a Larry ou a qualquer amigo, qual era a função de Tabita na família. Ela e Larry não podiam ter filhos (Tabita também não, mas isso foi uma decisão de sua dona). Tabita era como uma filha, com a qual nunca teriam que discutir ou implorar para que não saísse com o "garoto mau" que todas as meninas ficavam pajeando. Durante um tempo, Mary Nan carregou Tabita com uma manta de crochê de bebê que sua avó havia feito.

Claro, gatos não são crianças; eles também não eram permitidos nos apartamentos da base militar, e por isso Mary Nan manteve Tabita em segredo dos vizinhos. Quando levava Tabi de carro para o veterinário, ela a colocava dentro de um saco marrom de papel, como se fosse compras, e não na caixa. Tabita nunca reclamou. Nenhuma vez. Na verdade, ela adorava. Sacos de papel marrom se tornaram seu brinquedo favorito e ela ficava rolando com a cabeça dentro deles horas a fio. Ela também amava andar de carro. Muitas vezes ficava miando na porta do apartamento pedindo para entrar no carro. Em dias amenos, muito comuns no sul da Califórnia, Mary Nan deixava a gatinha enrolada na parte alta do banco de trás do carro, que Tabi, com suas unhas, deixara em trapos. Com um pouco de comida e de água, de tanto que gostava, Tabi moraria dentro do carro.

Mas, quando Mary Nan e Larry visitaram a Ilha de Sanibel, Tabi estava mais velha. Depois de Larry deixar o serviço militar, a família voltou para a cidade natal, Carrollton, no Missouri, uma pequena comunidade de cerca de 4 mil pessoas, onde Larry vira Mary Nan pela primeira vez, no rinque de patinação, quando ela tinha quase dezesseis anos e ele não tinha sequer vinte. No Missouri, Larry trabalhava fazendo manutenção, Mary Nan cuidava da casa. Estavam contentes. Mas os invernos frios do Missouri eram puxados para as juntas de Tabi, e depois de longos doze anos, ela começou a desacelerar. Mary Nan pegou um cobertor que a avó de Larry havia costurado, dobrou-o e colocou-o no chão, na frente da saída do aquecedor. Tabi ficava em cima do cobertor até ficar bem quentinha, mas a sauna para gatos não melhorava suas juntas doloridas. Tabi era o amor da vida deles, e estava definhando.

Mas Larry e Mary Nan nunca a deixariam para trás. Nem por um mês, nem por uma semana, mesmo que isso significasse o fim do sonho de Mary Nan de viver na Flórida (e esse sonho era dela, não de Larry) e uma longa viagem de volta para Carrollton, no Missouri, derrotados.

"Eu tenho mais um lugar para telefonar", disse Larry à esposa depois de duas semanas de procura. "Se não der certo, a gente volta para casa."

Ele deu o telefonema. "Eu quero logo esclarecer", disse, "que eu tenho uma gata, e não vou me livrar dela."

"E daí?", disse o homem do outro lado da linha. "Eu tenho dois gatos."

***

Algumas semanas depois, Larry, Mary Nan e Tabi Evans haviam mudado todos seus pertences para um pequeno bangalô na frente do Colony Resort, na Ilha de Sanibel. Dessa vez, Mary Nan sabia que estava no paraíso para ficar. O resort era na parte leste e residencial da ilha, longe das lojas cheias e dos prédios altos. Os bangalôs individuais e os prédios do Colony Resort espalhavam-se por uma propriedade cheia de palmeiras, arbustos e trechos com grama. Ao leste, um passeio por tábuas de madeira de cinquenta metros passava por cima das dunas, levando em direção às areias brancas da praia e às águas belíssimas do Golfo do México. Um caminho curto pela beira da praia levava à ponta da ilha, com seu famoso farol. Depois de escurecer, o céu ficava negro e cheio de estrelas. Nenhuma luz de rua jamais foi permitida na Ilha de Sanibel, para não estragar a maravilha silenciosa de sua noite estrelada.

Mesmo Tabi, já com quinze anos, e sofrendo cada vez mais de artrite, rejuvenesceu. Mary Nan passou a usar simples shorts cáqui e um sorriso permanente. Comprou uma bicicleta com o pneu grosso e com uma cesta na frente, e Tabita ia com ela por toda parte. Enquanto as meninas passeavam fazendo coisas, Larry usava os finais de semana para colocar telas na varanda, nos fundos do bangalô. Depois de uma manhã cansativa sentada na cesta da bicicleta (o vento pode ser fatal para pelos de gato!), Tabita ficava lá a tarde toda, esquentando no Sol e refrescando-se na brisa fresca da ilha. Mary Nan e Tabi passavam horas juntas naquela varanda. Mary Nan com o seu ponto de cruz e Tabi sem nada para fazer além de usufruir de sua idade avançada.

Talvez tenha sido a visão de Tabi, feliz da vida, em sua varanda particular, que atraiu a pequena gata malhada. Talvez fosse o óbvio amor (e a comida) que Mary dava a sua doce siamesa. Ou talvez, simplesmente, fosse inevitável. Nos anos 1980, a Ilha de Sanibel estava repleta de gatos selvagens. Eles estavam por toda parte: correndo pelos arbustos ao lado da rua, bisbilhotando as churrasqueiras dos quintais, catando coisas nos terrenos vazios cobertos de grama. Terrenos que, com o passar dos anos, se transformariam em casas à beira-mar, hotéis e condomínios de prédios altos. Talvez a gata malhada estivesse apenas procurando um jeito mais fácil de sobreviver no paraíso, quando seguiu Mary Nan e Larry para casa ao voltarem de um passeio noturno. A gata não conseguia entrar na varanda, mas estava por perto toda vez que eles abriam a porta da frente.

"Eu vou dar um pouco de leite para ela", disse Mary Nan para Larry, depois de alguns dias reparando que a gata olhava para ela. A coitadinha estava magrinha feito um maçarico e quase tão leve quanto um, e assim que Mary Nan começou a lhe dar comida, ela não mais saiu do jardim.

"Eu imaginei", murmurou Larry, revirando os olhos com um sorriso atordoado.

"Como devo chamá-la?", Mary Nan perguntou aos dois pequenos meninos que moravam na casa ao lado.

"Chame-a de Boogie", disseram.

"O que é Boogie?"

Os meninos se entreolharam. "Não sei", disse um deles.

"Certo", disse Mary Nan com um sorriso. "Será Boogie."

Dois meses depois, Larry parou do lado de fora da porta quando ia trabalhar. "Mary Nan", chamou a mulher com um tom alegre, mas impaciente: "Vem cá ver o que você fez".

Na varanda, estavam três lindos gatinhos, molengas e com as orelhas molhadas. Os filhotes de Boogie.

"Parece que agora temos cinco gatos", disse Mary Nan, entrando para pegar uma jarra de leite. Quatro no jardim e Tabita dormindo na varanda.

Um ano depois, quando o gerente do resort se aposentou, Larry assumiu o posto. Mary Nan passou a trabalhar na recepção e a família inteira se mudou para o bangalô do outro lado da rua, no terreno do resort. A essa altura, Tabita havia morrido. Sua saúde piorara seriamente nos últimos meses, mas Mary Nan e Larry não conseguiam botá-la para "dormir". Na última semana de Tabi, Larry precisou ir para o continente a negócios. Mary Nan e Tabita foram juntas passear de carro. Passear naquele banco de trás estragado do carro era a atividade favorita de Tabita, mais do que andar de bicicleta e mais do que ficar na varanda. Para poder entrar com ela no hotel, Mary Nan tinha que enrolá-la numa toalha como se fosse um bebê, como fazia quando Tabi era filhotinha, mas o esforço valia a pena. Enquanto Larry trabalhava, Mary Nan passeava com Tabita ao redor de Fort Myers, subindo e descendo trinta quilômetros pelo litoral.

Quando voltaram para casa, levaram Tabi ao veterinário. "Está na hora", ele disse simplesmente. Mary Nan e Larry não responderam. Sabiam que ele estava certo e foi a coisa mais difícil pela qual passaram. Tabita fora como uma filha. Ela os confortou com sua presença, seu amor persistente e nunca insistiu em namorar homens errados. Mesmo sabendo que ela estava sofrendo, colocá-la para "dormir" era como arrancar um pedaço de seus corações. Naquela tarde, Larry e Mary Nan sentaram-se no banco, apenas olhando para o oceano e chorando, um no colo do outro.

Mas ainda tinham quatro gatos: Boogie, a gatinha malhada original, que entrara no coração de Mary Nan, e seus três filhotes. Eles eram gatos que ficavam do lado de fora, mas, aparentemente, não pensavam em ir muito longe. Como os dias de verão na Ilha de Sanibel eram muitas vezes quentes, Larry construiu uma casa para os gatos do lado de fora da varanda do bangalô. A casa tinha pouco mais de um metro quadrado, com um telhado de madeira para fazer sombra e com laterais de rede vazada para que a brisa entrasse. Tinha até um ventilador para manter os gatinhos frescos nos dias de calor infernal, quando os ventos do oceano não sopravam.

Do conforto de sua varanda, Mary Nan olhava seus gatos, pensando naqueles dias calmos com Tabita e desejando um bom ventilador para a sua própria casa. Ela viu logo quando uma das gatas pariu uma ninhada de gatinhos úmidos e sem cabelo no teto da casa dos gatos. E ela viu no dia seguinte quando um dos gatinhos, choramingando, ainda com os olhos fechados e pequeno demais para andar, escorregou do telhado e desapareceu. Mary Nan correu esperando encontrar o gatinho ferido ou morto, mas o bebê estava vivo e sem machucados, deitado sobre um montinho de grama e chamando suavemente pela mãe.

Eu realmente deveria cuidar desses gatos, pensou.

Com tantos gatos para alimentar – agora eram sete –, Larry colocou uma fileira de potinhos do lado de fora da porta da casa. Todas as manhãs, antes do seu próprio café, ele enchia todos os potes com comida. Os gatos vinham correndo... todos para a mesma tigela. Não importava o número de opções, eles queriam todos comer do mesmo pote, ao mesmo tempo. Os gatinhos engatinhavam uns por cima dos outros, tropeçando, caindo, brigando, e os gatos mais velhos colocavam o focinho no pote e engoliam a comida enquanto tentavam empurrar os outros com o topo das cabeças. Mary Nan e Larry não podiam deixar de rir.

Aos poucos, a comida começou a atrair mais gatos selvagens. Primeiro foram dez gatos. Depois doze. Depois... de onde veio aquele gato? Larry se perguntava. *Eu conheço esse gato? Com certeza ele está com fome e tem direitos.* Mas... *Ah, quer saber?*, pensou Larry, *vou dar mais um punhado de comida.* Mary Nan foi quem começou a dar nome aos gatos. Parecia a coisa certa a fazer, além de castrar aqueles que considerava seus, para manter a colônia organizada. Mas os gatos se recusavam a cooperar. Ficavam indo e vindo, quase sempre vindo, cada vez mais numerosos. Não demorou muito para que a cada dez passos pelo Colony Resort um gato cruzasse o caminho. Toda vez que Mary Nan e Larry andavam pelo passeio até a praia – e eles andaram pela praia de mãos dadas toda santa noite depois do trabalho, durante vinte anos –, uma procissão de gatos os seguia como um bando de patinhos. Eles ouviam o barulho das pisadas nas tábuas, e depois esse som se misturava ao barulho das ondas quebrando conforme o pequeno grupo passava pelas últimas dunas. Alguns gatos subiam as dunas – vocês sabem como são gatos com areia –, mas a maioria esperava no passeio, caçando ou digladiando-se com insetos invisíveis aos olhos humanos, até Larry e Mary Nan voltarem do passeio noturno. Aí o bando dava meia-volta no passeio e voltava para casa.

Chazzy, Caramelo, Buffy, Srta. Cinza.

Maira. Meia-noite. Preta. Docinho. Nikki. Facinha.

"Você lembra de mais algum?", Mary Nan disse por cima dos ombros, com o telefone ainda ao ouvido.

"Não sei", disse Larry, ao fundo. "Você falou da Chimilee?"

"Claro que eu disse Chimilee, Larry. Era o meu preferido."

Ainda filhote, a pata dianteira de Chimilee ficou gravemente ferida, provavelmente por causa de uma briga, e a conta no veterinário foi de 160 dólares. Depois da cirurgia, Mary Nan disse para Larry: "Esse gato é meu, eu investi demais nele para deixá-lo ir embora". Então Chimilee – que Mary Nan *diz* ser parecido com Dewey – se mudou para dentro de casa. Ele era grande e amarelo, pesava doces dez quilos e amava repousar em cima de Mary Nan e Larry, mas não se incomodava em dividi-los com os outros companheiros peludos. Depois de Chimilee, raciocinou Mary Nan, não havia motivo para a parte interna da casa ficar proibida aos outros gatos, e ela então abria as janelas todas as noites para deixar entrar a brisa. Imaginou que a maioria dos gatos não se daria ao trabalho de entrar, pois parecia bem confortável do lado de fora; mas, algumas noites depois, quando Larry tentou se mexer na cama, viu que estava debaixo de um monte de pelos.

Que diabos está acontecendo aqui?, ele lembra de ter pensado. "Devia ter uns vinte gatos naquela cama", Larry me disse rindo.

"Ora, vamos, Larry", respondeu Mary Nan, "eram só 25. Mas eles *eram* gordos. Nós dormíamos com mais de quarenta quilos de gato todas as noites."

Depois de alguns dias, Mary Nan fechou a janela e então realmente só ficaram cinco gatos – a não ser nos dias mais quentes, quando ela deixava a janela aberta e dez ou doze gatos adentravam a casa. A tonelada de gatos na cama, o sofá todo arranhado ou as cadeiras cobertas de pelo nunca a incomodaram. Não gostava era dos lagartos que eles traziam para a sala de estar para torturar. E aquela cobra horrível.

"Era trabalho duro", admitiu Mary Nan, o que fez Larry rir. Afinal, era ele quem limpava a sujeira e dava comida aos gatos.

Era ele quem acordava no meio da noite quando os malditos bichanos não paravam de bater no armário da cozinha, onde a comida ficava guardada. Era ele quem levava os gatos para o veterinário quando precisavam, e foi ele quem construiu uma jaula especial para BJ, que se cortou numa briga. O veterinário passou um remédio e colocou um esparadrapo chamado New-Skin[6] sobre a ferida. BJ não tinha nenhum dente na boca – "a boca dele parecia um esmagador de pedras", de acordo com a descrição de Larry –, mas ele sempre conseguia arrumar briga e arrancava fora o esparadrapo. Sr. Band-Aid: assim o chamava o caseiro Carl, porque durante seis meses o esparadrapo ficou meio pendurado na perna do BJ ou solto pela grama em algum lugar. Então, Larry construiu uma jaula especial e BJ ficou de quarentena até que sua perna sarasse. Depois de resolver esse problema, Larry consertou as telas do condomínio que os gatos tinham estragado. E consertou a casa dos gatos. E remendou as cortinas que estavam rasgadas. E enxotou os gatos da fonte no pátio, onde eles sempre tentavam beber água.

Um dia, Mary Nan passou por uma escada e viu dois gatos sentados nos degraus. *Larry precisa guardar essa escada*, pensou. Algumas noites depois, Larry abriu a grelha da churrasqueira, iluminou-a e descobriu um gato lá dentro. Ele pegou um pedaço enorme de madeira flutuante na praia para que os gatos pudessem afiar as unhas. *Isso os manterá ocupados*, pensou. Depois de alguns anos, só havia sobrado um toco, e eles ainda tinham um remendo de dez centímetros cobrindo os cantos dos sofás, onde os gatos haviam arranhado até a estrutura de madeira. Larry, todas as noites, pegava o aspirador de pó para limpar pedaços de madeira e pano.

6. "New-Skin" quer dizer "Pele-Nova". (N.T.)

Quando eles ultrapassaram o número de potes de comida do lado de fora do bangalô, Larry decidiu espalhar mais potes ao redor da propriedade. Toda manhã, enquanto Mary Nan preparava o café, Larry dirigia seu carrinho de golfe, enchendo um por um todos os potinhos de comida. Havia gatos relaxando no fundo do carrinho e outros que ficavam se pendurando nas laterais, tentando abrir os sacos de comida. No começo, ele ficou preocupado, mas, depois de um tempo, passeava pelo terreno com gatos ocasionalmente caindo e tombando na grama. Esse passeio distribuindo comida durava quase uma hora, e quando afinal ele chegava em casa e se sentava para o desjejum, olhava para fora e via uns cinco ou seis gatos olhando para sua torrada e sua geleia.

"Eles estão com fome de novo", ele murmurava para Mary Nan entre colheradas do mingau saudável que ela o obrigava a comer, apesar de ele preferir ovos e *bacon*.

E eles riam. Afinal, nunca havia um momento em que algum gato não estivesse com fome. Eles seguiam Larry em seu carrinho de golfe ao redor da propriedade, implorando por comida. Seguiam Mary Nan no carro, e ela tinha que sair *bem* devagar para não atropelá-los. Seguiam-na até o escritório formando uma longa fila quando ela dava voltas nas calçadas atrás de rabos de lagartixas, porque, quando as lagartixas ficam com medo, elas perdem o rabo, e as pobres lagartixas do Colony Resort viviam constantemente com medo de gatos.

A única hora em que não se viam gatos no Colony Resort era depois dos sobrevoos dos bombardeiros. Naquela época, a Ilha de Sanibel usava velhos aviões militares para jogar sprays contra mosquitos. Eles voavam bem rente ao topo das árvores e jogavam spray venenoso sobre cada centímetro da ilha. Uma hora, estava silencioso, o céu azul e límpido; no momento seguinte, o velho avião surgia com um barulho que fazia tremer o chão. Os gatos pulavam e fugiam em pânico. Dava pena vê-los tão assustados, mas Mary Nan confessou que era divertido ver vinte gatos se espalhando em todas as direções, parecendo um conjunto de pinos de boliche.

Um dia, Mary Nan encontrou Carl, o caseiro, em um dos bangalôs num canto distante do terreno. Ele estava casualmente limpando a grama com um ancinho, como se não tivesse nada anormal acontecendo, mas havia um gato pendurado em cada perna da sua calça.

"Eles estão tentando pegar as minhas balas", disse Carl a Mary Nan. Ele tinha começado a guardar balas para gatos no bolso, e, pelo visto, não era estranho para ele ter gatos pendurados na cintura, tentando abocanhar pedaços de bala. "Não tomava apenas nosso tempo", ria Larry. "Também era caro." Mas Larry e Mary Nan não queriam que fosse de outro modo. Com os gatos, as pessoas que trabalhavam no hotel, e os clientes, a união dos dois, mesmo sem filhos, explodia de companheirismo e amor.

Um dia na vida de Larry

7h30	Acordo. Empurro vinte quilos de gatos para fora da cama. Vou me arrastando até a cozinha para abrir o armário de baixo, onde fica guardada a comida dos gatos. Como sempre, um gato encurralado sai lá de dentro dançando, lambendo os beiços.
7h40	Ligo o carrinho de golfe para fazer a ronda matinal de alimentação dos gatos. Visito a "rota de nove buracos" de potes espalhados pelo resort. Tento não deixar gatos caroneiros despencarem do carrinho de golfe nas curvas.

8h30 Café da manhã, mingau, e não ovos. Maldita mania saudável de Mary Nan.

9h O dia de trabalho começa oficialmente. Gatos saem correndo quando abro a porta da oficina, pois dormem lá dentro quando a temperatura fica abaixo de quatro graus. Eles acham isso muito frio. Razão nº 103 pela qual a Ilha de Sanibel é incrível! Buffy está dormindo na caixa de ferramentas novamente.

9h18 No escritório, verifico as tarefas requisitadas durante a noite. Beijo Mary Nan na recepção. Gatos não são permitidos, mas Gail entra sorrateiramente, como sempre.

9h32 Inspeciono a tela rasgada que foi mencionada entre os pedidos. Noto que há unhas felinas presas na tela.

9h45 Abro a garagem para pegar mais material para as telas. Nenhum gato. Opa! Havia um dormindo na escada.

11h18 Acabo de instalar a tela. Reparo no menino e no gato que estão olhando. Os dois parecem desapontados.

11h38 Verifico o nível químico da piscina. Vejo um gato bebendo água na parte rasa. Depois reparo que não é um gato. É um guaxinim. Ele prova a ração dos gatos, antes de ir embora, rebolando.

12h02 Almoço com Mary Nan no escritório. Gail fica olhando, mas não ganha nada.

12h32 Enxoto os gatos que estão debaixo do carro, dou duas voltas para ter certeza de que todos foram embora, aí saio *bem* devagar e vou à cidade buscar a correspondência.

13h13 Saio com o carro de golfe pelo resort para inspecionar o terreno. Há uma pilha de gatos dormindo na grade. Quantos? Talvez quatro, mas estão muitos apertados para se saber ao certo. Gatos pelo caminho levantam a cabeça rapidamente, mas logo voltam a dormir. Sabem que essa não é a ronda da comida.

13h40 Podo árvores com o caseiro Carl. Gatos se aglomeram em volta para observar. Um gato fica engasgado, depois vomita um rabo de lagartixa. Limpo o rabo de lagartixa.

17h O dia de trabalho chega oficialmente ao fim, mas há galhos de árvore que ainda precisam ser removidos.

17h35 Ronda da tarde para dar comida aos gatos. Gail está atrás, mastigando comida do saco.

18h23 Ando até a praia com Mary Nan. Finjo que os gatos não estão nos seguindo.

19h28 Janto tarde. Os gatos ficam olhando pela janela, pedindo comida. Onde estão as cortinas?

19h31 Penduro novamente a haste que caiu enquanto os gatos tentavam escalar a cortina. Finjo que só tem oito arranhões na cortina, como ontem, e não treze.

19h42 Volto para o jantar e para os gatos de olho-grande. Ah, céus, fazer o quê? – jogo para eles um pouco de comida.

20h15 Inspeciono o bangalô para ver quais foram os pequenos estragos feitos pelos gatos. Nada além de pedaços de madeira. Encontro, como de praxe, três gatos esmagados no pequeno espaço entre a cabeceira da cama e o colchão.

21h Boto Maira e Chimi para fora da poltrona. Vejo um pouco de televisão.

21h36 Quase digo para Chimi não afiar suas unhas no sofá, mas aí lembro que os cantos do sofá estão com remendos de dez centímetros onde os gatos rasgaram o estofado até a estrutura de madeira. Decido tomar uns goles de refrigerante. Quer dizer, queria que fosse refrigerante. É água. Maldita mania de saúde.

23h30 Termina o noticiário local. Hora de dormir. Deito no colchão, seguindo a ordem habitual: gato, Mary Nan, gato, gato, Larry.

23h35 Apago as luzes, reposiciono os gatos três vezes, encontro uma posição confortável, durmo.

00h34 Acordo ouvindo barulhos vindos da cozinha. Os gatos estão tentando abrir o armário novamente. Percebo que isso vai continuar por quinze minutos até eles conseguirem. Penso em me levantar, mas, ao contrário, resolvo que, pela manhã, abrirei a porta do armário e verei um gato saindo lá de dentro, lambendo os beiços. Volto a dormir sorrindo.

Certa noite, enquanto Mary Nan e Larry, em suas poltronas, eram acompanhados por vários olhos redondos, alguém bateu na porta. Do lado de fora estava um pequeno menino, de mais ou menos onze anos, cuja família frequentava o resort havia muitos anos. Em seus braços estava um lindo gatinho marrom.

"Posso ficar com esse gato?", perguntou o menino, com grandes olhos pidões. "Eu amo esse gato."

Mary Nan ficou hesitante. Ela conhecia a família do menino e gostava deles, mas não sabia se eles iam cuidar bem do gato. Verdade seja dita, ela não sabia ao certo de onde tinha surgido aquele gatinho marrom. Já o vira antes? Era ele realmente dela, para que ela pudesse *dá-lo* a alguém? Aparentemente, ele andara frequentando o bangalô alugado pela família, contra os regulamentos do resort, e então Mary Nan imaginou que ele fosse um residente regular do resort. E como os pais do menino estavam tão animados quanto o menino para adotar o gatinho, e como parecia que o gato realmente gostava da família, ela concordou em deixá-los levá-lo para o norte da Flórida.

Durante muitas semanas, ficou nervosa. O que ela tinha feito? O que poderia acontecer ao pobre gatinho? O que ela pensava que era, uma agência de adoção? Daí que, justamente quando Mary Nan já começava a ficar maluca por causa disso, ela recebeu um cartão de agradecimento com uma foto do gatinho. De tempos em tempos, a família mandava uma foto do gato na sua casa nova, cercado de amor, e adorando a atenção que recebia, como se tivesse achado um copo cheio de leite dando sopa em cima da mesa da cozinha. Todo ano, quando a família voltava ao Colony Resort, eles traziam mais fotos e histórias do gato que de fato se tornara um membro da família.

Uma hóspede de Miami que vinha com frequência foi mais direta. Connie simplesmente disse para Mary Nan: "Eu vou levar estes dois gatos". Ela já tinha outros cinco em casa, mas não podia ir embora deixando os dois amigos que fizera em uma série de visitas. *Desde que os gatos estejam felizes*, pensou Mary Nan, enquanto dez outros gatos olhavam para ela, pendurados na escada. Ao que parecia, Larry sempre largava a escada em qualquer lugar.

Não era como se Mary Nan não conhecesse essas pessoas. O Colony era um resort familiar e a maioria das pessoas que alugava os chalés frequentava o lugar havia muitos anos. Muitos já eram a segunda geração, seguindo o caminho dos pais; para alguns, a visita era uma oportunidade de juntar três ou quatro gerações diferentes sob o Sol de Sanibel. A grande maioria já tinha reserva permanente e vinha sempre na mesma semana. Na segunda ou terceira visita, já esperavam pelos gatos. Perguntavam por eles quando confirmavam a reserva, e as coisas ridículas que os gatos faziam – como cair da lata de toalhas lutando, tirar cochilos nas bolsas de praia, morder rabos de lagartixas – eram o assunto das conversas ao redor da piscina. As crianças, especialmente, adoravam correr atrás dos gatos, dar comida, abraçar e fazer carinho no bando de gatos selvagens mais mimado ao norte de Key West, onde ficavam os herdeiros de doze dedos de Ernest Hemingway.[7] (No seu testamento, ele garantiu aos descen-

7. O escritor americano Ernest Hemingway ganhou um gato com doze dedos de um capitão. Atualmente, no Museu Casa de Ernest Hemingway, há diversos gatos descendentes desse gato de doze dedos. (N. T.)

dentes de todos os seus gatos residência permanente em sua casa, e eles começaram a procriar feito loucos.) Todo hóspede parecia ter um ou dois gatos favoritos.

Mas, não importava quantos gatos encontrassem casas, ou quantos hóspedes falassem com gosto de diferentes gatos, a estrela do resort sempre foi Gail, a única fêmea da primeira ninhada de Boogie. Gail era toda branca, com um pelo fofo e macio, e um adorável focinho rosado. Na luz do Sol, ela simplesmente brilhava. Não dava para não notá-la no meio de tantos peludos; todos ficavam compelidos a comentar sua beleza única e seu porte de rainha. Como Dewey, ela tinha uma personalidade calorosa, calma e generosa, para combinar com seu encanto exterior.

Uma hóspede regular, a dra. Nikki Kimling, uma psicóloga de Stamford, Connecticut, foi especialmente atingida. A dra. Kimling amava os gatos do resort e sempre lhes trazia brinquedos exóticos e passatempos. Teve um ano em que ela deixou 25 latas de comida (cara) para o jantar de Natal dos gatos – que eles gostavam bem mais do que a porção regular de ração seca. Mas, por mais que a dra. Kimling desse atenção aos outros gatos, Gail era sua preferida. Todo ano ela ligava algumas semanas antes de sua visita, e pedia pela companhia de Gail. Os gatos não deveriam ficar dentro das casas do condomínio, mas, oito dias por ano, Gail vivia com a dra. Kimling, que comprava comida cara, a escovava e dormia com ela – basicamente, estragava a gata com tantos mimos. Isto é, se Gail pudesse ser estragada. Gail nunca deixou que sua popularidade mudasse sua personalidade descontraída (como Dewey, alguns gatos *conseguem* controlar o ego felino) e nunca insistia para virar uma gata doméstica durante o resto do ano. Mas ela lembrava da dra. Kimling, a amava e se entregava completamente aos oito dias por ano em que era a gata "alugada" da psicóloga.

Para alugar, adotar, ou simplesmente fazer carinho, se você fosse um amante de gatos, Colony era o lugar certo. Desde a década em que Mary Nan adotou Boogie em seu coração, o resort se tornou, quase sem querer, um pequeno pedaço de céu no paraíso que era Sanibel. Não se davam cinco passos sem ver gatos se escondendo nos arbustos, passando pelo caminho, ou correndo um atrás do outro pelo gramado. Todo dia, parece, Mary Nan via gatos descansando dentro das varandas fechadas com telas e saindo dos bangalôs com hóspedes felizes, mesmo que não fossem permitidos nas unidades de aluguel.

E não eram apenas gatos. Certa tarde, Mary Nan olhou pela janela e viu oito gatos e dois guaxinins deitados no banco, pegando o Sol quente do inverno de Sanibel. Outra vez, um visitante viu um guaxinim lavando as mãos na piscina. Os animais selvagens, ela percebeu, tinham entrado no terreno e se misturado aos gatos. Nenhum grupo parecia se incomodar. A não ser os ratos. Os hóspedes menos queridos da Ilha de Sanibel (com exceção das enormes baratas tropicais, também conhecidas como baratas americanas) eram os ratos que gostavam de se esconder nas folhas das eternas palmeiras da ilha. Pode ser que Mary Nan não conseguisse abrir os olhos sem enxergar um gato, mas nunca, nenhuma vez, ela viu um rato no terreno do Colony Resort. Não quando há 28 gatos perambulando pelos poucos acres do terreno. Isso considerando apenas os gatos que Mary Nan identificara e nomeara.

Obviamente, como eu sei pelas minhas aventuras com Dewey, tem sempre gente que fica desconfortável com o cultivo da amizade entre felinos e humanos. Eu tenho certeza de que o conselho diretor do resort recebeu muitas reclamações, mas sei também que eles não falaram nada para Mary Nan. Eles a apoiavam – talvez além dos limites da racionalidade –, mas teve uma hora que até os diretores se cansaram. Não se opunham a gatos na propriedade, mas a população atual já estava bem acima do que poderia ser considerado confortável. Apesar do protesto de alguns hóspedes, Mary Nan e Larry concordaram que a colônia de gatos do Colony Resort teria que ser reduzida. Não era sem tempo. Larry passava horas todos os dias enchendo potes de comida, inspecionando os gatos à cata de feridas ou sinais de doença, e consertando coisas que haviam sido destruídas por eles. Aqueles que ficavam do lado de fora, embora bem cuidados, eram menos saudáveis do que os gatos domésticos, e a leucemia e a FIV, a forma felina da AIDS, se espalharam amplamente pela população de felinos. A expectativa de vida média no Colony Resort era de oito ou nove anos, e sacrificar tantos gatos era um fardo emocional para Larry e Mary Nan.

Era mais difícil para Larry, que sempre levava os gatos para a derradeira injeção. Sacrificar Facinha, a gata favorita do caseiro Carl, foi especialmente difícil. Ela estava velha e fraca, seu sistema circulatório entrara em colapso e Larry teve de segurá-la enquanto a veterinária espetou diversas vezes suas costas. Ela chorou e olhou para Larry com um olhar de medo e de acusação, até Larry se sentir o pior dos homens. Depois, ela fechou os olhos e morreu. Ele saiu do consultório chorando, com o corpo mole dela nos braços, e a trouxe para casa para ser enterrada. Ficou tão atordoado que esqueceu de pagar o veterinário.

Lentamente, por morte natural, ou por adoções ocasionais, Mary Nan começou a diminuir o número de gatos vivendo no resort. Com a ajuda de uma doação da amiga de Gail e benfeitora dra. Kimling, e com os comprovantes doados pelo Hospital de Animais South Trail, em Fort Myers, ela começou a castrar os outros gatos da colônia. Uma organização sem fins lucrativos chamada PAWS Rescue[8] fora então

8. "PAWS" quer dizer "patas", e "rescue" quer dizer "salvamento" ou "ajuda". (N. T.)

criada para castrar e encontrar casas para os gatos selvagens de Sanibel, de modo que, em toda a ilha, a população de felinos estava sendo contida. Mary Nan disse uma vez para um membro da organização: "Eu gostaria de poder ajudar mais".

"Não se preocupe", respondeu a mulher. "Você tem sua própria organização de ajuda aos animais."

A maioria dos gatos do Colony Resort ia calmamente para o veterinário, ou porque confiava em Mary Nan e Larry, ou porque ignorava sublimemente o que esperava por eles. Alguns gatos resistiam. Os mais selvagens eram simplesmente difíceis de pegar. Levou semanas para que Mary conseguisse capturar Dengo, um gato enorme e musculoso que recebeu um nome completamente equivocado. Lutando, ela conseguiu colocá-lo dentro da caixa de transporte para levá-lo ao veterinário, mas foi um erro quando colocou a mão lá dentro para ajeitar a manta que deixava a viagem dos gatos mais confortável. Dengo atacou Mary Nan, causando um talho que ia do cotovelo ao pulso. O corte foi tão feio, e sangrava tanto, que ela foi correndo para a emergência. Como Mary era diabética e arranhões de gatos tendiam a infeccionar, os médicos decidiram tirar o tecido machucado. A operação custou 8 mil dólares e chamou a atenção dos oficiais locais de controle de animais, mas Mary insistia em que não havia sido culpa de Dengo. Ele nunca estivera preso antes, estava com medo e talvez, secretamente, tivesse raiva do nome que recebeu. Algumas semanas depois, Larry pegou Dengo, também levou um arranhão terrível e pensou em ir ao hospital. Mas, eles tinham certeza, como essa já era a segunda infração de Dengo, ele seria condenado. Então, no dia seguinte, puseram tranquilizantes na comida dele. Ele deve ter dormido muito bem, porque Mary Nan e Larry não o viram durante dois dias. No total, 25 gatos do Colony Resort foram castrados. Dengo não.

Com a maioria dos gatos castrada e graças à organização PAWS, menos gatos selvagens perambulando pelas belas ruas enfileiradas com palmeiras e pelas dunas cobertas de plantas marinhas da Ilha de Sanibel, a colônia de gatos do Colony Resort começou a diminuir. O gato preferido de Mary Nan, Chimilee, morreu de leucemia e foi enterrado ao lado da varanda protegida por telas, ao lado de Tabita, a amada gata siamesa que tinha começado tudo aquilo. Um gato listrado, com lábios tão pretos que pareciam desenhados com caneta hidrocor, foi enterrado do lado de fora da janela do banheiro, onde muitas vezes ficava sentado. Dois gatos foram enterrados perto do chafariz no centro do pátio, que eles sempre consideraram ser um pote de água particular. A dra. Kimling parou de aparecer no final dos anos 1990, depois que seu marido morreu. Sua amada gata Gail morreu logo depois, aos doze anos. Ela foi enterrada do lado de fora da porta da unidade 34, que a dra. Kimling alugava todos os anos.

O último gato que viveu no Colony Resort foi Maira, uma descendente direta de Boogie, o gato malhado cinza para quem Mary Nan havia tão inocentemente dado um prato de leite vinte anos antes. Maira era uma solitária e mesmo quando a colônia de gatos estava no auge, ela gravitava ao redor de Mary Nan e Larry. Depois dos outros irem embora, Maira se mudou para o bangalô e entrou mais profundamente na rotina das suas vidas. Não era uma gata muito sentimental, mas estava sempre por perto, como uma sombra que os seguia nos seus dias ocupados. Com o passar dos anos, ela ficou mais quieta, mas também mais doce, como se soubesse que representava o último vínculo deles com dias preciosos e que era sua obrigação conduzir, lentamente, para o seu final, duas décadas de alegria, risos e confusão na comunidade de peludos. Ela morreu em 2004, depois de passar cinco anos na casa de Mary Nan e Larry como a última representante da amada comunidade de gatos do Colony Resort.

***

Mary Nan e Larry Evans ainda tomam conta do Colony Resort na ponta leste da Ilha de Sanibel. Grande parte dos hóspedes de longa data ainda volta para passar uma semana no paraíso, e muitos deles ainda falam dos gatos que um dia encheram suas férias de diversão e alegria. Eles são uma comunidade, os hóspedes e as pessoas que trabalham no Colony Resort, e, como qualquer comunidade, eles dividem uma série de experiências em comum. Gail, Boogie, Chimilee, Maira e os outros ainda estão com eles, como ancestrais ou como programas de TV favoritos, e continuam vivos nas conversas que acontecem nas noites tranquilas, debaixo do céu encantado e estrelado da Ilha de Sanibel.

Não é só no Colony Resort. Em toda a Ilha de Sanibel, antes coberta por gatos selvagens, não há mais gatos vira-latas, e também acabaram aqueles bombardeiros que jogavam veneno para insetos. Vinte anos atrás, quando eu comecei a frequentar a ilha, não se podia andar um quarteirão sem ver gatos mordiscando lagartos ou catando sobras nas calçadas dos cafés. Agora, é possível dirigir por toda a ilha sem ver nenhum. Mary Nan sabe que é melhor assim. É melhor para os gatos selvagens, pois muitos estavam doentes, esquálidos e lutando para sobreviver. É melhor para os gatos domésticos, que não ficam tão expostos às doenças espalhadas pela comunidade selvagem. É melhor para os outros animais da Ilha de Sanibel, especialmente para os pássaros e para os animais nativos, vítimas frequentes do instinto natural dos gatos de caçar e matar. Infelizmente, se entre os animais protegidos estão os ratos, esse é um preço pequeno a se pagar pela restauração do equilíbrio natural da vida no paraíso.

Mesmo assim, em seu coração, Mary Nan ainda sente falta deles. Ela fica com saudades dos quase quarenta quilos de gatos dormindo em sua cama toda noite. Sente falta dos rituais de alimentar, limpar e fazer carinho nos gatos. Sente falta de olhar pela janela e ver gatos descansando, espalhados por todo o caminho até o topo da escada, ou deitados nos bancos, pegando Sol, com seus amigos guaxinins. Sente falta de vê-los fugindo em todas as direções quando o bombardeiro barulhento sobrevoava a ilha. Sente falta de ver as portas se abrindo e os gatos saindo lá de dentro, violando todas as regras de higiene e da administração da propriedade. Mais que tudo, ela sente saudades do companheirismo, da sensação de fazer parte de algo especial, de pessoas misturadas com gatos, com todos se divertindo profundamente.

Não haverá mais gatos. Ao menos não no Colony Resort. Mas Mary Nan e Larry estão pensando em se aposentar e voltar ao continente. E eles têm certeza de que, quando isso acontecer, eles vão adotar outro gato. Larry sempre gostou de cachorros – de cocker spaniels, para ser mais precisa –, mas, após dividir o jantar de Ação de Graças com Tabita, em 1969, sua opinião mudou para sempre. Ele amava Tabita, e amava todos os 28 gatos do Colony Resort, tanto quanto Mary Nan. Como ela, ele sabe que não há nada que ele gostaria mais do que passar as últimas décadas de sua vida sob o Sol da Flórida, relaxando ao lado de um amigo peludo e lembrando dos dias intensos, mas felizes, quando o mundo parecia pouco mais do que palmeiras, amizades e gatos.

5
Gato de Natal

"Enquanto eu o segurava nas mãos e conversava com a dona sobre o que devíamos fazer, o gatinho tossiu. Ou melhor, regurgitou. Aquela pequena cuspida conduziu-nos a um capítulo de nossas vidas que ainda traz lágrimas a meus olhos e um sorriso a meu rosto."

Vicki Kluever nunca gostou de gatos. Não cresceu perto de gatos, nunca teve amigos que tinham gatos, mas já havia convivido com eles o bastante para saber que não eram sua praia. Gatos ficavam sempre se esfregando. Sempre queriam sentar no colo. Sempre queriam carinho ou algum tipo de atenção. Vicki nasceu e cresceu em Kodiak, uma grande ilha montanhosa próxima à hostil costa sudoeste do Alasca, onde só existia leite em pó, e a carne mais em conta era a de peixe, que se retirava do mar gelado com as próprias mãos. Ela se considerava uma mulher forte e independente, vinda de uma longa linhagem de mulheres independentes, e se tivesse que ter um bicho, teria de ser forte e independente como ela. Gatos? Não, eram frágeis demais.

Mas sua filha, Docinho, tinha quatro anos de idade, e queria muito um bichinho de estimação. Vicki sugeriu um cão. Afinal de contas, foi criada entre cães. Uma das fotos favoritas de sua infância a mostrava com dois olhos roxos, um para cada vez que o entusiasmado cão da família a havia derrubado do alpendre com seu rabo. Mas seu senhorio foi firme: nada de cães. Com gatos, no entanto, não tinha problemas. Se a garotinha quisesse, ele disse, podiam até adotar dois, o que Vicki achou bom, pois um poderia fazer companhia ao outro, e talvez nem lhe dessem tanto trabalho. Portanto, quando a gata de uma colega de trabalho teve filhotes em novembro, Vicki Kluever pensou ter achado o presente de Natal perfeito. Ou, pelo menos, o melhor presente que seu feioso prédio de quatro andares em Anchorage permitia.

Duas semanas antes do Natal, enquanto desmamavam os filhotes, ela pegou o carro e foi à casa da colega conhecê-los. Eram tão fofos que chegava a ser ridículo, pequeninos, destrambelhados, cheios de energia, aninhados ao lado da mãe. Mas havia um que se destacava; aquele que ficava mordiscando o rabo dos irmãos e pisando em suas cabeças enquanto tentavam mamar. Ele tinha muita atitude, era elétrico. O tipo independente. Então Vicki o escolheu. Logo em seguida, escolheu seu exato oposto: uma fêmea pequenina que parecia siamesa e aparentava ser a mais dócil da ninhada.

Planejou a adoção para a noite de Natal. Ela e a filha iam jantar com um amigo, Michael, então Vicki pediu que ele buscasse Docinho na creche. (Por sinal, o nome verdadeiro da garota é Adrienna, mas Vicki a chama de Docinho desde suas primeiras semanas de vida.) Vicki pegaria os gatinhos. Sua filha dormia no máximo às sete, portanto, quando voltassem para casa de carro depois do jantar, ela estaria dormindo tão profundamente que nem notaria a caixa no banco de trás. Docinho só conheceria os gatinhos quando acordasse na manhã seguinte e os encontrasse embaixo da árvore.

Era um plano perfeito, pensou Vicki. A surpresa ideal. Mas quando foi buscar os gatinhos, não conseguiu encontrá-los. Nenhum deles. Sua colega havia entrado de férias no dia anterior e nas 24 horas que se seguiram a sua partida, todos os filhotes conseguiram escapar da caixa. A irmã da moça, que encontrou com Vicki para lhe abrir a porta, não pareceu muito contente com o desdobramento, mas ajudou a procurá-los. Passada meia hora, já tinham encontrado todos, menos um. O todo negro, elétrico, havia desaparecido. Vicki não sabia o que fazer, mas tinha que tomar uma decisão rapidamente, pois tinha um jantar marcado na casa de Michael. Será que deveria adotar apenas um gato? Será que deveria escolher outro?

Relembrando a história, Vicki nunca soube ao certo como ou por que aquilo aconteceu – tinha que ir ao toalete, suponho –, mas, em algum momento, encontrou-se no banheiro da casa. Acendeu as luzes, olhou para o vaso sanitário, e seu coração foi até o chão. O gatinho negro estava no fundo do vaso.

Ela enfiou as mãos lá dentro e o tirou para fora. Devia ser do tamanho de uma bola de tênis, cabia perfeitamente em uma mão. Ele ficou na sua palma, tão frio e sem vida quanto um pano de prato molhado. Não respirava nem tinha pulso, e suas pálpebras estavam abertas o suficiente para ver que ele estava perdido. Fora um filhote tão cheio de energia. Vicki tinha certeza de que ele comandara a fuga da caixa. Quando o viu pela primeira vez, ele golpeava e se jogava contra os lados da caixa; quem mais teria sido? Ele devia estar se esticando na beirada do vaso, ou talvez quisesse um gole de água, quando caiu lá dentro. Era tão pequeno que a água cobria sua cabeça e as tentativas de subir pelos lados úmidos devem tê-lo exaurido. Seu espírito aventureiro e a intrepidez, que tanto a atraíram, custaram ao gatinho sua vida. Na noite de Natal.

"O que você vai fazer?"

A pergunta deu-lhe um susto que a fez parar de ruminar. Devia ter gritado ao ver o gato morto, percebeu Vicki, pois agora a irmã estava ao seu lado, olhando por cima do seu ombro aquele corpinho sem vida.

"A gente devia enterrá-lo", disse Vicki.

"Não posso. Estou atrasada para o serviço."

"Bom, não podemos deixá-lo assim", disse Vicki. "Não podemos deixar um gatinho morto por aí..."

O gatinho tossiu. Ou melhor, regurgitou. Olhando para baixo, Vicki se deu conta de que estivera inconscientemente massageando o estômago e o peito do gatinho com seu dedão. Teria feito pressão o suficiente para a água sair dos pulmões? Seria aquele cuspe um sinal de vida, ou apenas o último espasmo de um corpo à beira da morte? Ele não se mexia. Parecia tão frio e sem vida quanto antes. Como poderia ser...?

Regurgitou novamente. Era uma tosse seca que lhe estrangulou a garganta assim que começou. Mas, desta vez, o filhote moveu-se e cuspiu um pouco de água.

"Está vivo", disse Vicki, continuando a massageá-lo com o dedão. O gatinho regurgitou, cuspiu um pouco mais de água, mas não se moveu novamente. Seus olhos continuavam entreabertos e o olhar inerte, as orelhas estavam retraídas. "Ele está vivo", disse Vicki, quando ele regurgitou pela quarta vez, molhando um pouco sua mão.

A irmã da colega não estava impressionada. Olhou para o relógio com cara feia, num sinal bem pouco sutil de que não tinha tempo para lidar com a possível ressurreição de um gato há pouco falecido. Seria possível dizer, em sua defesa, que ela achava que o gatinho estava apenas agonizando. Não havia como aquele bichinho surrado, submerso embaixo da água sabe-se lá por quanto tempo, ainda estar vivo.

Vicki embrulhou o gatinho numa toalha de mão, sempre massageando-o com força o bastante para que continuasse cuspindo água, e ligou para uma amiga de longa data que morava ali perto, Sharon. Vicki e Sharon já se haviam apoiado em diversas ocasiões, como empregos difíceis, famílias disfuncionais, casamentos insatisfatórios e filhos típicos. Quando Vicki disse que era uma emergência e precisava de ajuda, Sharon sequer perguntou do que se tratava.

Ela deixou a gatinha dócil e correu para a casa de Sharon. Não podia dar aquele gatinho doente para a filha, pensou. Estava vivo, mas com um aspecto terrível. Quase assustador. E suas chances de sobrevivência a longo prazo eram pequenas. Quando você cresce numa cidade de pescadores no Alasca, acaba se inteirando de coisas como hipotermia e água nos pulmões, e sabe que as chances não são boas. Mas esse gatinho era um lutador; apesar de sua aversão a gatos, Vicki não podia abandoná-lo.

Mesmo que sua amiga ficasse chocada ao ver o corpo minúsculo do gato. "Encontrei-o na privada", contou Vicki. "Debaixo da água. Mas ele tossiu e cuspiu água."

"Ele está gelado", disse a amiga. "Precisa se aquecer."

Elas puseram uma manta de aquecimento, ligada no mínimo, ao redor da toalha e colocaram o gatinho sobre a bancada da cozinha. Enquanto Sharon fazia carinho na cabeça do gato para reconfortá-lo, Vicki o secava cuidadosamente com um secador de cabelo. No meio do processo, o gatinho começou a ter convulsões. Sua boca se abriu, suas pálpebras vacilaram, parecia estar tendo um ataque epiléptico. Ele se contorceu, depois começou a tremer e a tentar vomitar, mas não saía nada. Parecia doloroso, como se seu corpo estivesse sendo repuxado em todas as direções, como os campos de gelo do Alasca durante o degelo da primavera, mas eram apenas reações involuntárias. O gatinho, exceto por seus espasmos, não fez um movimento sequer. Mais de uma hora já havia se passado desde seu resgate e ele ainda não abrira os olhos.

Já atrasada para o jantar, Vicki ligou para Michael. "Estou chegando", disse. "Diga para a minha filha que estou chegando. Só vou me atrasar um pouco. Aliás, hum... Feliz Natal."

Logo em seguida, ligou para todos os veterinários do catálogo. Ninguém atendeu. E por que atenderiam? Já era o final da tarde, logo seria noite de Natal. Ela não podia deixar o gatinho na casa de Sharon, porque sua filha mais velha era alérgica a gatos. Mesmo que não fosse, Vicki não poderia abandonar o gatinho agora. Não depois de tudo que haviam passado. Depois de uma hora, quando as convulsões diminuíram, ela o colocou numa caixa de sapato, ainda embrulhado na toalha e na manta de aquecimento, e dirigiu até a casa de Michael para a ceia.

"Este é o gato da Sharon", Vicki disse a Docinho quando a menina foi conferir o que a mãe trazia na caixa. "Ele está bastante doente. Mas Sharon teve que ir trabalhar, então prometi que cuidaríamos dele hoje à noite." Docinho encarava o pequeno gato negro, sua boca aberta e seus olhos inchados e seu corpo sem vida como um trapo, e Vicki sabia que ela ia chorar.

"É provável que ele morra, Docinho", disse ela, abrindo os braços para a filha. "Lamento. Ele está muito, muito doente, e não queríamos que ele ficasse só."

"Ok", disse Docinho, abraçando a mãe.

Colocaram a caixa de sapato no banheiro, perto do aquecedor, e sentaram-se para a ceia. A refeição transcorreu sombria, nada parecida a uma típica noite de Natal, transbordando com a ansiedade barulhenta de uma criança. Comeram lentamente e a conversa estava desanimada. A cada poucos minutos, Vicki e Docinho iam na ponta dos pés até o banheiro dar uma olhada no gatinho negro. Ele já tinha parado de se contorcer e de tentar vomitar, mas seu fôlego era tão raso que mal podiam saber se ele estava vivo ou não. Parecia lutar por cada fôlego. E quatro horas após seu resgate, ainda não havia aberto os olhos.

Saíram da casa de Michael logo depois das nove. Vicki finalmente conseguira falar com um serviço de emergência veterinária 24 horas e eles recomendaram que comprasse algum tipo de proteína, de preferência líquida, e visse se o gatinho conseguia tomar algumas gotas. Então, a caminho de casa, pararam numa loja de conveniência que estava quase fechando. Docinho, bem desperta ainda, esperou com o gatinho no carro. "Não podemos deixá-lo sozinho, mamãe."

A loja tinha um pote de papinha para bebês à base de carne. Vicki a comprou, junto com um colírio. Tentou dar ao gatinho uma gota da papa amarronzada, mas ele engasgou. Ela diluiu a papinha repetidamente, até quase se tornar água, e finalmente, lá pelas onze horas, ele conseguiu reter duas gotas. Esse era o seu limite: duas gotas de água proteica.

"Hora de dormir, Docinho", disse Vicki, uma vez o gatinho acomodado em sua toalha.

"Mas, mãe...", a menina, não querendo abandonar o gato, esboçou um protesto, mas estava tão exausta que não podia mais resistir. Dormiu antes de chegar à cama.

Vicki deu-lhe um beijo de boa noite – *Feliz Natal*, pensou – e fez uma xícara de chá. De hora em hora, durante a noite toda, Vicki deu para o gatinho duas gotas de papinha diluída. A cada vez, ao vê-lo deitado de lado e imóvel, seu coração apertava e ela temia por sua vida. Mas, conforme ela se aproximava, ele movimentava a cabeça. Deixava que ela abrisse sua boca (ainda não conseguira abrir os olhos) e pingasse duas gotas em sua garganta. Depois, ela voltava para o sofá, colocava alguma música natalina e tentava se manter acordada por mais uma hora.

Ela deve ter adormecido após a papinha das quatro da manhã, porque, de repente, era manhã de Natal. Ela saltou do sofá e correu até o banheiro, onde havia deixado o gatinho num cobertor próximo ao aquecedor. Assim que olhou para ele, perdeu o fôlego. Ele estava apoiado sobre as quatro pernas, ainda trêmulas, e tentava sair da caixa de sapato.

"O que há de errado, mãe?" Sua filha tremia à porta.

"Ah, Docinho, veja! Ele está vivo. O gatinho está vivo."

Vicki pôs os braços ao redor da filha e juntas assistiram ao gatinho colocar, com muito esforço, uma pata para fora da caixa de sapato. Conseguiu colocar outra pata para fora, descansou um instante e olhou para as duas com olhos cansados. Depois retomou sua tarefa e, com um último salto trêmulo, estava livre.

Brinquedos e presentes foram esquecidos. O chá russo (o preferido de Vicki, uma mistura de chá em pó, suco de laranja de caixinha e temperos) e o chocolate quente foram negligenciados. Durante o resto do dia, ficaram a observar seu milagre natalino. O gatinho passou a maior parte do tempo deitado de lado, mas sempre que Docinho e Vicki traziam o conta-gotas, ele tentava se apoiar sobre os joelhos e esticava o pescoço. Vicki nunca tinha visto uma criança de quatro anos tão gentil e cuidadosa, ou um gatinho tão determinado a superar as dificuldades. À tarde, Gato de Natal (ou GN, como o nomearam) já estava engolindo três ou quatro gotas de água proteica de cada vez. Elas o estavam mantendo vivo gota a gota, e a cada hora ele ficava um pouco mais forte. Quando Docinho adormeceu aquela noite, sua última pergunta foi sobre GN, o Gato de Natal.

"Ele vai ficar bem?"

"Espero que sim, Docinho. Você foi ótima."

A menina sorriu. Vicki a cobriu, desligou todas as luzes da

casa salvo as da árvore de Natal, ligou o rádio e acomodou-se no sofá, massageando o gatinho magricelo com o dedão. *Ele vai sobreviver*, pensou, enquanto a música flutuava ao redor e a árvore cintilava na escuridão arroxeada de uma noite invernal de dezoito horas no Alasca. *Ele vai sobreviver*. Ela balançou a cabeça, admirada, surpresa não só com a sobrevivência do gatinho, mas também com sua própria capacidade de se importar.

No dia seguinte, um sábado, Vicki finalmente conseguiu entrar em contato com uma veterinária. Sua agenda estava ocupada até dali a três dias, mas assegurou Vicki de que estava fazendo tudo certo. "Continue esse regime", ela disse. "Funcionou até agora."

Na segunda-feira, Vicki voltou ao trabalho. Já tinha gastado todas as folgas por conta de complicações de saúde recentes, e, como era mãe solteira, não podia se ausentar do serviço. Portanto, durante a pausa da manhã, a hora do almoço, e a pausa da tarde, ela corria para casa para dar a Gato de Natal algumas gotas de sua refeição aquosa. Seus colegas achavam aquilo hilariante. Durante semanas, ela havia reclamado sem parar da adoção. "Não sei por que estou fazendo isso", dizia, balançando a cabeça. "Espero que minha filha valorize este sacrifício", proclamava, como se estivesse doando à menina um de seus rins, ou algo do tipo. Agora lá estava ela, correndo para casa a intervalos regulares para cuidar de um gatinho que quase morrera.

"Pensei que você não gostasse de gatos", diziam seus colegas, morrendo de rir enquanto ela tirava o cachecol e o casaco.

"Não gosto", ela dizia. "Realmente não gosto. Mas o que posso fazer?" Ela estava falando a verdade: ainda não *gostava* de gatos. Mas calhou de gostar de GN. Por quê? Porque ajudá-lo tornara-se um projeto para ela. Porque ele provara seu valor. Porque ele tinha personalidade, coragem e uma incrível gana de viver. Assim que conseguiu se equilibrar sobre as quatro patas, mesmo trêmulo e fraco, já estava tentando sair da caixa. Ele não estava partido; ele não estava jogando a toalha. Ele não era... frágil. E Vicki Kleuver admirava isso.

Quando visitou a veterinária, quatro dias já se haviam passado desde o acidente. Em quatro ocasiões, Vicki tentara dar de comer ao gato algum alimento de mais substância, mas todas as vezes ele vomitou imediatamente, portanto, ela ainda estava alimentando-o com algumas gotas de papinha diluída. Quatro gotas do líquido eram tudo que ele conseguia reter.

"Há algo errado", disse a veterinária. Ela apalpou os lados do gatinho e sua barriga quase inexistente. Gato de Natal não devia pesar mais de um quilo. "Ele nunca vai conseguir botar peso numa dieta líquida. Não vai conseguir nutrientes o bastante. Lamento", ela disse, balançando a cabeça, "mas ele está morrendo de fome." Ela anotou algo no prontuário e olhou para Vicki, que estava visivelmente chocada. "Por que você não deixa ele aqui comigo?"

"Por quê? O que você pretende fazer?"

"Vamos fazer alguns exames", ela respondeu. "E vamos fazer o que é melhor para ele."

Imediatamente, Vicki pegou GN da mesa e o envolveu em seus braços. Ele estava tremendo e é possível que Vicki também. "Não", ela disse, virando o ombro na direção da veterinária num gesto de proteção. "De maneira alguma. Já chegamos até aqui, agora vamos até o fim." Ela sentia sua raiva aumentando, sua indignação. Aquela mulher não lhe dava crédito. Aquela mulher queria matar o seu gato!

"Não", ela disse, "não vamos desistir." Depois, quase trêmula de fúria e incapaz de pensar em outra coisa para dizer, deu meia-volta e saiu do consultório.

Vicki foi a uma loja especializada e encontrou uma pasta de proteína para gatos. Comparou as etiquetas. A pasta tinha todos os nutrientes da papinha que estivera usando, portanto ela começou a diluí-la com água e dar a mistura para GN com o conta-gotas. Docinho ajudava e era sempre gentil, cuidadosa e entusiasmada, mas era Vicki quem se incumbia de pingar a solução na boca expectante de GN. Ele tinha apenas dez semanas de vida, um pequeno saco de pele e ossos, portanto, seis ou sete vezes ao dia, ela o segurava na palma de uma mão, e com a outra manejava o conta-gotas. Enquanto pingava, ele a encarava com os olhos ainda sem vida e depois fechava a boca sobre a comida com um delicado suspiro. Ela já se sentia ligada ao gato – no momento em que regurgitou em sua mão, quando o viu tentando sair da caixa de sapato, no consultório da veterinária –, mas tê-lo em sua mão dia após dia uniu os dois de uma maneira que Vicki Kleuver jamais pensara ser possível. Ela salvara a vida dele. Porém, mais do que isso, GN havia salvado sua própria vida.

Depois de uma semana, ele já estava tentando guiar as mãos de Vicki até sua boca com as patinhas. Vicki podia ver sua garganta apertando a cada vez que engolia e jurava poder sentir cada grama que ele ganhava. Seu pelo engrossou e ficou lustroso e a cada dia seus olhos pareciam mais vivos. Ela estava tão confiante em sua recuperação que, afinal, contou a Docinho que GN não era de sua amiga Sharon, e, sim, seu presente de Natal. A alegria nos olhos da menina! Alguns dias depois, Vicki o levou a outro veterinário para ser vacinado. O doutor ficou maravilhado quando ouviu a história. "Você fez tudo certo", ele disse.

GN também, ela pensou.

"Ele ainda não consegue comer alimentos sólidos", contou ao doutor. "Nada com textura."

"Talvez ele tenha nascido desse jeito", disse o veterinário, "ou talvez seus órgãos tenham sido danificados quando seu corpo entrou em colapso. De qualquer modo, ele está com ótimo aspecto. Continue fazendo o que está fazendo."

Continue fazendo o que está fazendo. Era essa a vida que esperava Vicki Kleuver e GN. *Continue mimando um gato doente*. Há dois meses, ela pensaria nisso como o seu pior pesadelo. Agora, não a incomodava em absoluto. Que tipo de "odiadora" de gatos era ela?

Em março, GN já estava plenamente recuperado e de volta ao seu antigo eu, o aventuroso rufião que mordia o rabo dos irmãos e sentava em suas cabeças enquanto tentavam mamar. Seu pelo tinha um lindo tom preto-azulado e havia um brilho travesso em seus olhos. Era para ser o gato de Docinho, mas ele e Vicki criaram um vínculo forte ao longo de tantos jantares a conta-gotas e a pobre Docinho nunca entrou no radar afetivo de GN. Ele vigiava Vicki e só dava ouvidos a ela. Mas ele não era desses gatos que estão sempre no seu colo ou a seus pés. Ele continuava destemido e independente, intrépido diante da morte e aparentemente convencido de que poderia sobreviver a tudo que o mundo lhe arremessasse. Em suma, era seu gato ideal.

Mas mesmo depois de um semestre, quando Vicki recebeu a oportunidade de trabalho de sua vida (fundar uma filial de seu escritório), GN ainda não conseguia comer nada além de soluções líquidas servidas no conta-gotas. Ele melhoraria com o passar dos anos, até conseguir ingerir pequenas quantidades de proteína e água misturadas num liquidificador, mas Gato de Natal nunca se recuperaria totalmente de seu quase afogamento no Natal.

***

QUANDO VICKI KLEUVER ME ESCREVEU, mencionou como tinha ficado comovida com as similaridades entre nossas vidas. E prometeu: não era só porque tínhamos o mesmo nome, escrito da mesma maneira esquisita. Depois de ler sobre Gato de Natal, reconheci a familiaridade entre ele e Dewey. Ambos os gatinhos quase morreram jovens – um num vaso sanitário, outro no cano gelado de devolução de livros da biblioteca. Ambos foram resgatados por mães solteiras com uma lacuna em suas vidas que podia ser preenchida por um gatinho. Não estávamos procurando por gatos, ou amor, ou companhia, mas eles nos encontraram. Eles nos dedicaram suas vidas e nunca pareciam deixar que as tragédias do início de suas vidas os definissem. Eles mantiveram suas personalidades. Tiraram proveito das oportunidades que lhes foram dadas. Encontraram seu lugar. Venceram, no final, não por causa das Vickis (muito embora tivéssemos ajudado), mas por conta de sua própria força interior.

Quando falei com Vicki, percebi que ela e eu tínhamos em comum essa mesma força interior. Nós duas passamos por péssimos empregos e casamentos ainda piores, mas não perdemos nossos valores morais e profissionais e encontramos nossas vocações: eu na biblioteca, Vicki no ramo de hipotecas. Nós duas vencemos porque nos recusamos a aceitar o comum; pelo contrário, tentamos encontrar um caminho melhor.

Embora não a conheça pessoalmente, posso vê-la em seu sofisticado terno de trabalho na noite em que recebeu o prêmio de Afiliada do Ano, concedido pela comunidade imobiliária do Vale Matanuska. Vicki ganhou o prêmio por ter conseguido recuperar um escritório de hipotecas à beira da falência na cidade de Wasilla, no Alasca. O escritório, que estava prestes a fechar quando ela assumiu sua chefia, era agora um dos mais lucrativos do estado. Mas o mais importante para Vicki era a vitória de ter transformado os valores e atitudes – a própria missão – do escritório. Num mercado mergulhado em corrupção desde o *boom* imobiliário (isso foi no Alasca na década de 1980, não na América de 2005, mas a história se repete), ela se mostrou irredutível em seus princípios. Recusou-se a autorizar empréstimos que envolvessem negociatas antiéticas; avisava aos requerentes quando um empréstimo não era aconselhável, mesmo que isso significasse o fim da transação; expulsava de seu escritório corretores imobiliários dados a práticas desonestas. Ela escolheu os doze corretores mais éticos e confiáveis, aqueles que realmente se importavam com seus clientes, e lhes disse que sempre teriam o seu apoio porque ela também se importava. E com esse tipo de posicionamento, os negócios prosperaram.

Ela chegou a Wasilla com nada além de experiência conquistada a duras penas. Ela fora desacreditada por toda a comunidade imobiliária local, pelo simples fato de que estava lá para assumir um escritório que eles desprezavam. Agora, era uma das líderes do Rotary Club e figura proeminente em eventos de caridade e campanhas de doação de alimentos. Era membro da diretoria do Jantar da Amizade Natalina, associação que servia um banquete gratuito aos necessitados na época das festas de Natal. Durante o momento mais negro de sua vida, perdeu a fé em Deus, mas através do exemplo de sua filha voltou a ser um membro ativo e entusiasmado da Igreja. Era bom ter o prêmio de Afiliada do Ano porque honrava não apenas sua perspicácia financeira – a habilidade de apresentar lucros –, mas seus serviços comunitários. E poucas honras são mais importantes do que o reconhecimento e o respeito da comunidade.

Mas Vicki jamais mencionou o prêmio. Foi só depois de perturbá-la bastante que descobri. Em vez disso, ela preferia falar sobre as pessoas a quem tinha ajudado: os corretores que haviam perdido seus valores na trilha do dinheiro e que ela foi capaz de reabilitar; os jovens de quem tornara-se mentora; os clientes cujos sonhos auxiliara a realizar. Ela trabalhou por mais de dois anos com uma mulher que não falava inglês, no intuito de ajudá-la a quitar suas dívidas e lhe garantir um empréstimo acessível. Um ano depois, o filho dessa moça veio vê-la.

"Lembra de mim?", perguntou.

"Claro."

"Bom, estou na faculdade agora", disse, "e queria que você soubesse que estou estudando economia porque vi o que você fez por minha mãe, e isso mudou nossas vidas."

Esse era o tipo de reconhecimento que Vicki prezava. Era o tipo de história que embargava sua voz. Essa era a missão que a ajudava a se levantar pela manhã e ir trabalhar todos os dias.

"Acredito que a casa seja um fator estabilizador", ela me contou. "Ajuda na criação de uma vida familiar saudável. É isso que estou fazendo quando autorizo um empréstimo. Estou dando a uma família uma chance maior de ser feliz."

Sinto algo similar com relação a bibliotecas. Creio que são fatores estabilizantes numa comunidade. Creio que, no melhor dos casos, elas reúnem pessoas como poucas instituições conseguem. Esse sempre foi meu objetivo: fazer com que a biblioteca funcionasse em Spencer atuando em cada indivíduo que vivia lá. Não queria dinheiro ou fama; que pessoa se tornaria bibliotecária com isso em mente? Mas acreditava que, se trabalhasse de maneira correta e pelas razões certas, poderia mudar o meu cantinho do mundo. O mesmo pensava Vicki Kleuver. No fim, ambas cumprimos nossos objetivos.

No entanto, apesar de todos esses pontos em comum, seguia cética quanto à nossa similaridade. Vínhamos de partes tão diferentes do mundo, o que podíamos ter em comum de fato? O noroeste de Iowa, onde vivi a maior parte da vida, é espetacularmente plano. O oceano mais próximo fica a mais de 1,6 mil quilômetros. Temos invernos gélidos como no Alasca, mas eles são sucedidos por verões escaldantes. E mesmo que os vastos milharais e campos de soja sejam bonitos à sua maneira, dificilmente você achará algo mais interessante em nosso infindável horizonte que umas poucas árvores.

A ilha de Kodiak, onde Vicki Kleuver passou grande parte da sua vida, é um lugar de natureza selvagem e inóspita, açoitado pelo oceano Pacífico e coberto de densa e úmida vegetação. Suas montanhas despontam diretamente do oceano e frequentemente descem em ladeira íngreme até a água do outro lado. O litoral varia de tamanho ao longo do ano e é marcado por piscinas naturais cavadas na rocha vulcânica da ilha ao longo de séculos. A paisagem é espetacularmente diversificada, passando de plana e deserta a montanhosa e coberta de enormes abetos. Os campos relvados e pradarias montanhosas, enterrados pela neve metade do ano, ficam verde-esmeralda na primeira oportunidade, depois rebentam em flores silvestres no verão, e os nativos colhem framboesas selvagens no outono. Em Iowa, a vida é lenta, definida pela acumulação e pelas extrações sazonais do solo; em Kodiak, a vida é dramática, moldada pelas ferozes tempestades oceânicas. Em Iowa, o ciclo é determinado pelo plantio, pela ceifa e pela rotação das colheitas; em Kodiak, o ciclo começa com os salmões, que são devorados pelos ursos, que deixam restos para as águias e raposas, que deixam escamas e ossos para enriquecer o solo. Em Iowa, a terra é domada, delimitada por balizas de quilômetro em quilômetro, e vendida a quem paga mais; em Kodiak, ela é selvagem e impiedosa, dominada pelos cervos Sitka e pelos ursos Kodiak, o maior mamífero terrestre da América do Norte e um dos maiores ursos do mundo. E, ouço dizer, o lugar todo cheira a peixe.

E, no entanto... Vicki e eu tínhamos mais ou menos a mesma idade. Fomos criadas em ambientes operários, onde rapazes eram todo o futuro; e meninas, muletas para amparo emocional. Éramos boas filhas de famílias grandes e unidas. Quando a vida na fazenda me entediava ou assoberbava, buscava refúgio nos milharais, onde nem mesmo o Sputnik me encontraria; Vicki encontrava abrigo nas florestas e na praia, longe das brigas e dos cigarros dos pais. Kodiak e Spencer, separados por quase 5 mil quilômetros, eram cidadezinhas clássicas, com escolas pequeninas e linhas telefônicas partilhadas. Se não te conheciam diretamente, pelo menos sabiam de você; ou seja, ora fofocavam a seu respeito ora te ajudavam; frequentemente ambas as coisas. Em Iowa, vivíamos do solo. Em Kodiak, do oceano. As idas e vindas dos barcos de pesca eram o seu trânsito; a barcaça de mantimentos vinda do continente, constantemente detida por mares intempestivos e carregando apenas enlatados ou itens em pó, era sua mercearia; as piscinas naturais e praias eram o playground. Seria essa vida tão diferente assim da vida na fazenda, onde o rumor do trânsito se traduzia ao barulho dos tratores, e os melhores alimentos eram retirados diretamente do campo?

Éramos fortes por necessidade, eu e Vicki, orgulhosas da longa linhagem de mulheres independentes da qual fazíamos parte. Minha tia-avó Luna Morgan Still fundou e lecionou na primeira escola de Clay Country, um casebre feito de grama e terra, porque naqueles tempos nem árvores havia por lá. Minha avó era a rocha da família, mantendo-a junta após a morte precoce de seu marido com uma dureza e uma generosidade que me inspiraram. Minha mãe gerenciava o restaurante da família quando devia estar no ensino fundamental; criou seis filhos numa fazenda sem ar-condicionado ou máquina de lavar; lutou contra um câncer durante trinta anos, sofrendo a dor e a degradação sem reclamar. Ela se apoiou em mim, a filha mais velha. E, ao fazê-lo, fez-me mais forte.

A linha ancestral de Vicki Kleuver estende-se por seis gerações na Ilha Kodiak, até chegar ao povo alutiiq, que havia sobrevivido naquela terra inóspita por 10 mil anos. Ela tem boas memórias das caminhadas pelas florestas de Kodiak com seu cão e de passeios pelos campos no fim do verão, quando ia com a mãe e as tias colher frutas, mas sua grande fonte de inspiração era a avó. Laura Olsen tinha sangue alutiiq, russo e norueguês, um autêntico produto do imenso caldeirão que é Kodiak. Aos 62 anos, já viúva, mudou-se da cidade de Kodiak para sua terra ancestral na diminuta Ilha Larsen. A ilha recebeu esse nome em homenagem ao seu pai, Anton Larsen, um norueguês que imigrara para Kodiak sozinho num barco a vapor aos doze anos. Para Vicki, ir até a casa da avó significava uma longa viagem de carro por montanhas e estradas de terra que levavam até a baía Anton Larsen, um passeio de esquife de vinte minutos e uma trilha que subia a praia até dar numa barragem íngreme. Vó Laura não tinha telefone, luz elétrica, aquecimento central ou água encanada. Tinha um imenso jardim e um poço, lavava suas roupas numa geringonça que funcionava à mão, cortava sua própria lenha, cuidava de galinhas e de um bode. Ela montava suas próprias redes de pesca e fazia a manutenção de todos os seus apetrechos de pescaria. A porta de sua pequena casa estava sempre aberta, os cômodos sempre limpos, e Vicki raramente descia do esquife sem sentir cheiro de biscoito ou pão. Vó Laura não queria saber de cigarros, leite em pó ou luz elétrica, componentes básicos da vida na casa dos Kleuver. Dependia da terra e do oceano para a sua subsistência, como o povo alutiiq e os primeiros colonos, e era a pessoa mais feliz que Vicki já tinha conhecido.

Velhos casebres escolares. Cabanas de madeira sem aquecimento. Vicki e eu nunca vivemos de maneira tão dura, mas isso não significa que tivemos vidas fáceis. A vida em lugares de pesca e plantação sempre foi marcada pela tragédia. Mortes precoces. Acidentes. Execuções hipotecárias. Crises financeiras. A cidade de Spencer sofreu um incêndio nos anos 1930, evento que ainda define tanto a precariedade da vida rural quanto a robustez da comunidade que, com músculos e força de vontade, a reconstruiu de maneira ainda melhor.

Em Kodiak, os eventos mais marcantes foram a erupção do monte Novarupta em 1912, que atapetou a ilha de cinzas, e o terremoto de 1964. Os tremores daquele abalo chacoalharam a ilha, fazendo com que a terra subisse quase dois metros. Mas foi o grande maremoto da Sexta-Feira Santa que, com suas três ondas gigantescas, realmente destruiu a cidade. O pai de Vicki, que trabalhava na hidrelétrica local na época, ficou preso com água até o pescoço por dois dias. Um dia depois de seu resgate, no domingo de Páscoa, o primo de Vicki foi até a casa dos Kleuver com seu caminhão e os avisou que outra onda gigantesca estava a caminho. Foi a primeira vez que Vicki viu o medo. Ela o viu estampado no rosto da avó. A cidade inteira passou o dia no topo do monte Pillar, observando o oceano. Finalmente, ao entardecer, a mãe de Vicki disse: "Preciso dos meus cigarros". E entrou no caminhão do sobrinho. O resto da cidade a seguiu e de noite todos já estavam em suas casas. A última onda havia sido um alarme falso.

As casas foram demolidas e reconstruídas. Os barcos foram para o ferro-velho ou recuperados, dependendo de seu ponto de ancoragem. Foi então que a avó de Vicki, cuja casa havia sido posta abaixo pelas ondas, resolveu construir sua primitiva residência na Ilha Anton Larsen e deixou Kodiak. Vicki, que então tinha apenas sete anos, sentiu sua inocência se distanciar com a maré. Ela tinha testemunhado o poder da natureza e a fragilidade da vida humana.

Aos dezoito anos, Vicki e eu saímos de casa. A vida era curta e as oportunidades em nossas cidades natais eram limitadas. Queríamos ir além e ver o mundo. Como diz a própria Vicki: "Eu precisava machucar os joelhos, ralar o rosto, cometer erros – e não ter a família de minha mãe sempre por perto. Em Kodiak, não podia fazer nada sem que minha mãe já tivesse tomado conhecimento antes mesmo de eu voltar para casa".

Eu queria ir para a universidade, mas meus pais não tinham dinheiro. Como oradora da turma, Vicki recebeu uma bolsa na Universidade do Alasca, mas preferiu trabalhar e se sustentar em vez de viver sob a vigília e as regras dos pais. Ambas encontramos cargos menores em cidades maiores – eu, numa fábrica de caixas em Mankato, Minnesota, e Vicki, num banco em Anchorage – e começamos uma vida independente. Alguns anos mais tarde, com vinte e poucos anos, nós duas nos casamos. Estávamos apaixonadas? É difícil dizer. No nosso tempo, garotas de cidade pequena casavam cedo. O que mais sabíamos? Só quando ficamos grávidas é que percebemos o quanto um casamento nos define, para o bem ou para o mal. Infelizmente, no nosso caso, foi para o mal.

Pouco depois de seu casamento, o marido de Vicki aceitou um emprego de segurança no oleoduto do Alasca e mudou-se com a mulher para Valdez, cidade situada no leste, a 160 quilômetros de distância (quase quinhentos pela única estrada que ligava as cidades), numa região montanhosa conhecida como os Alpes do Alasca. Sua filha, Adrienna – conhecida como Docinho –, nasceu lá, durante uma terrível nevasca no Dia de Ação de Graças. Duas semanas depois, o marido de Vicki aceitou um cargo de policial numa cidade situada em um dos extremos das Aleutians, uma longa cadeia de ilhas que se estendia por mais de 1,5 mil quilômetros depois da extremidade sudoeste do Alasca. Valdez era longínqua e coberta de neve, mas Unalaska, para onde estavam se mudando... era praticamente depois do fim do mundo. Consistia num terreno rochoso ligado ao mar de Bering, uma das mais negras, hostis e letais porções de água do planeta. O serviço de barcas do estado do Alasca navegava até a ilha só três vezes por ano e a viagem levava sete dias. O único avião que viajava até ali era proibitivamente caro e levantava voo apenas duas vezes por semana. As compras tinham de ser enviadas por correio.

Vicki estava horrorizada com a ideia de ir para Unalaska, ainda mais com uma filha pequena. Mas seu marido estava determinado. Quando ele saiu da cidade quase imediatamente a fim de assumir o novo posto, deixando Vicki em Valdez para tomar conta de Docinho e arrumar a casa, ela percebeu pela primeira vez o quanto aquele casamento havia perturbado sua percepção de si mesma. Ela já deixara para trás sua carreira, seus amigos, sua família, seu lar. Agora, também estava perdendo sua independência e sua liberdade de ir e vir.

Porém, esposa prestativa que era, embarcou na jornada de duas semanas pelo mar de Bering até a casa nova, a filha pequena a tiracolo. Achou o lugar ainda mais inóspito e ameaçador do que havia imaginado: rochoso, estéril e entrecruzado de velhas trilhas. Um imenso armazém do Exército, abandonado após a Segunda Guerra Mundial, deixara a ilha salpicada de pistas de decolagem em desuso, docas em ruínas e peças de artilharia enferrujadas. À medida que se adaptava à sua nova vida, Vicki observava as velhas cercas de arame farpado cerceando o horizonte. Havia beleza ali, isso era inegável. Ficar acima das ondas furiosas, em meio aos ventos uivantes, era como estar nos confins da terra e quantas pessoas tinham tido a oportunidade de pôr os pés lá? Mas mesmo que a ilha oferecesse uma solidão bela, ainda assim era solidão. E isolamento. Com aquelas cercas de arame farpado, Unalaska era como uma prisão no meio do mar.

Naquele inverno, Vicki sofreu um aborto natural. Foi uma época de trevas, literalmente, com poucas horas de luz solar por dia. Seu casamento estava em pedaços havia anos; naquele longo crepúsculo, parecia quebrar-se e vagar para longe como um galho sob a água gelada. Quando eu era casada com um homem alcoólatra, costumava pensar em minha casa como um caixão. Dia após dia, era como se estivesse sendo enterrada pela negligência de meu marido. Mas, pelo menos, tinha amigos e familiares por perto. Para Vicki Kleuver, o mundo inteiro era um caixão. Ela não tinha a quem recorrer. Pediu ajuda a Deus, um sinal que fosse, e quando não ouviu resposta alguma além do uivo do vento, perdeu sua fé também. Quando o inverno finalmente cedeu, ela tomou uma decisão difícil, uma decisão que já angustiou a mim e a muitas outras mulheres: disse ao marido que estava indo embora. Quando a barca vinda do Alasca aportou um mês mais tarde, ela voltou para Anchorage com sua filha e alguns poucos pertences.

Há uma força que vem quando somos criados numa cidade pequena. A força é a percepção, que nos vem com muito pouca idade, de que nada na vida é dado. Na maioria das vezes, as coisas são tomadas de você por eventos incontroláveis: uma enchente, uma seca, uma tempestade, uma onda de poluição, ou redes que voltam vazias. Não dá para ficar se preocupando com as coisas ruins. Sim, elas machucam. Mas você segue em frente. Você compreende, como um código vital, que não temos direito a dinheiro ou felicidade ou mesmo a estabilidade. Se você quer essas coisas, precisa merecê-las.

De volta a Anchorage, Vicki dedicou-se completamente ao merecimento de sua felicidade. Assumiu um cargo baixo na indústria de hipotecas, onde havia trabalhado antes de seu casamento, e começou a construir uma carreira. Isso foi no início dos anos 1980; as taxas de juros estavam caindo vertiginosamente e o Alasca foi tomado por uma onda de refinanciamento de empréstimos. Não raro Vicki trabalhava setenta horas por semana e levava arquivos para casa. Seu chefe era dado a explosões de raiva, mas ela era uma das profissionais mais inteligentes e hábeis de sua área. Vicki contornou a hostilidade e concentrou-se no aprendizado. Progrediu rapidamente de escrivã a analista de crédito, e depois de um ano já conhecia cada detalhe do programa de moradia do Alasca, um dos melhores da nação. Ela não estava apenas experimentando o sonho da autossuficiência, ajudava outras pessoas a alcançarem seus sonhos também.

Mas isso não era uma tarefa fácil. Suas comissões, especialmente nos primeiros anos, quase não cobriam suas necessidades básicas. Ela não podia comprar um carro confiável e frequentemente pulava refeições para ter o que dar de comer à filha. Ela dedicava a Docinho o máximo de tempo que podia, mas em várias ocasiões, Vicki via a menina o tempo suficiente para cobri-la, dar um beijo na sua bochecha e dizer "Mamãe te ama, Docinho. Boa noite". Ela se cuidava. Era fisicamente forte. Mas estava cada vez mais inclinada a oscilações de humor, pensamentos mórbidos e fadiga.

Creio firmemente, de acordo com a minha própria experiência, que o estresse é um fator decisivo para os problemas de saúde, e nenhum estresse se compara ao de uma mãe solteira que trabalha fora. Mas o estresse não causa problemas de saúde: ele apenas piora problemas que já estão presentes. O último obstáculo para a nossa geração de mulheres talvez tenha sido convencer os médicos – na maior parte dos casos, homens – de que nossa indigestão, inchaço, perda de memória e fadiga muscular não estavam apenas em nossas cabeças. "Acalme-se", diziam-nos os médicos. "Relaxe. É apenas retenção de líquido. Tome um tranquilizante."

Vicki sabia que havia algo fundamentalmente errado. Em vez de desistir, passou horas na biblioteca (isso foi antes da internet) estudando sua própria doença. Depois de anos de leitura, pesquisa e a manutenção diligente de um diário onde detalhava suas refeições e sintomas físicos, descobriu um médico em Londres que estudava desequilíbrios hormonais em mulheres. Uma de suas discípulas, por acaso, trabalhava em Anchorage, portanto Vicki agendou uma visita. A doutora estudou os diários de Vicki e realizou uma série de medições hormonais. O problema, assegurou à jovem, não estava em sua cabeça. Após o aborto espontâneo, seu corpo não conseguira reiniciar a produção hormonal satisfatoriamente. O tratamento envolvia uma dose muito alta de hormônios, ministrada por um conhecido médico. O procedimento, embora empregado na Inglaterra, ainda não havia sido aceito pelo FDA (Administração de Drogas e Alimentos).

Vicki aceitou o tratamento. Até hoje, lembra nitidamente de assinar o termo de responsabilidade. Estava tão feliz de ver seu problema levado a sério, depois de tantos anos de sofrimento, que teria assinado qualquer coisa. Seu plano de saúde não cobria esse tratamento específico, e ela teve que se endividar para pagá-lo.

Felizmente, o tratamento funcionou. Por três meses. Ao cabo desse período, Vicki começou a sentir dores agudas no abdômen. Logo depois, foi diagnosticada com tumores uterinos. Poucos dias depois, com 27 anos, ela estava na mesa de operação, seu abdômen aberto, o útero removido.

Era um revés terrível, mas significava outra coisa também: liberdade. Na primavera, apesar da cirurgia, Vicki Kleuver sentiu-se mais forte e equilibrada do que se sentia há anos. Seus sintomas pararam de todo. Mas, o que era mais importante, a sensação de ter um propósito – de vislumbrar um futuro – havia retornado. Ela tomou algumas decisões difíceis que custaram um bocado, mas sobrevivera. Estava confiante de que teria êxito em sua carreira; sabia que poderia ser uma boa mãe. Estava pronta para a sua chance.

Havia um passo ainda. Ela gostava do ramo em que se inserira, mas não queria mais trabalhar num ambiente tóxico. Além disso, percebeu também que não desejava criar sua filha em Anchorage. Gostaria que Docinho tivesse a experiência de vida com a qual ela crescera; a comunidade unida, as mulheres fortes, a beleza e o poder do oceano. Quando soube que sua companhia estava recrutando pessoas para trabalhar nas filiais, pleiteou um cargo de gerente. Eles ofereceram Kodiak ou Ketchikan.

Ela sabia para onde queria ir: para casa.

***

Foi pouco antes da cirurgia de Vicki, no verão de 1986, que ela e Docinho se mudaram para o apartamento em Anchorage, onde lhe permitiram adotar um gato. Elas já tinham tido um gato selvagem em Unalaska, mas era para caçar ratos (que eram numerosos e imensos, tendo viajado até aquela terra inóspita nos cascos dos navios) e talvez tenha sido isso que fez Docinho insistir tanto. Vicki, que nunca gostara daquele gato (tampouco dos ratos), não ficou tão entusiasmada com a ideia. Mas, naquele momento, teria feito praticamente qualquer coisa por Docinho. Ela ainda estava convalescendo, em novembro, quando escolheu Gato de Natal. E ainda não estava inteiramente recuperada, tanto física quanto emocionalmente, quando o resgatou do vaso sanitário na noite de Natal.

Seria difícil, então, negar os paralelos entre a jornada pessoal de Vicki e o dramático resgate de GN. As pessoas vivem dizendo que o amor é questão de sorte e *timing*. A pessoa (ou felino) certa aparece na hora certa e – bang! – sua vida se transforma. Muitos creem que isso se aplica a Dewey e a mim; que nosso amor baseou-se em fatores circunstanciais. Afinal de contas, eu era nova no cargo de diretora de biblioteca e estava ansiosa por me firmar. Queria desesperadamente tornar a biblioteca um lugar mais convidativo e havia trabalhado meses com esse objetivo em mente.

Então, Dewey caiu em meus braços e, imediatamente, eu soube que poderia transformar meu mundo. Ele era amigável, confiante e extrovertido. Ele tentava incluir todos, mesmo aqueles que não gostavam de sua presença. Era carinhoso. Era perspicaz. Ele se dedicava, de corpo e alma, à Biblioteca Pública de Spencer. Ele era, por assim dizer, a melhor parte da minha alma. Ele inspirou e serviu de exemplo. Não apenas para mim – para uma cidade inteira.

Talvez seja isso que tenha acontecido com Vicki e GN. Talvez ela tenha se reconhecido no gato: aventureiro, independente, determinado. E quando ele passou por uma tragédia e sobreviveu? Talvez ela tenha se reconhecido ali também. Afinal de contas, não é fácil quando o seu corpo se rebela contra você. Não é fácil perder o caminho, esquecer seus objetivos, ver que seus maiores atributos (a confiança e o desejo de explorar) acabaram sofrendo as piores perdas. Mas Gato de Natal não desistiu. Assim que recobrou as forças, GN pôs-se de pé e caiu no mundo outra vez. Talvez fosse essa atitude, essa vontade de vencer, as coisas que Vicki realmente admirava. Mais que sua personalidade extrovertida, seu lindo pelo negro e seus travessos olhos dourados, Vicki via um espírito gêmeo naquele gatinho preto. Ela me disse isso inúmeras vezes, embora não tenha usado essas mesmas palavras.

O fato de que GN se encaixava perfeitamente naquela nova vida em Kodiak também ajudava. A subsistência, contou-me Vicki, é um conceito importante no Alasca. Transmite tanto a simplicidade da vida nas pequenas cidades que pontilham a costa quanto a fortaleza interior necessária para sobreviver ali. A subsistência, em sua forma mais pura, significa viver da natureza e produzir com as próprias mãos. Era esse o único modo de vida conhecido por inúmeras gerações de nativos de Kodiak. Era o modo de vida que o bisavô de Vicki, Anton Larsen, praticou quando habitou a ilha que agora levava seu nome, e era a vida que sua filha, a vó Laura, retomou após as devastadoras ondas de 1964.

Vicki não viveu como sua avó, mas certamente abraçou um estilo de vida mais simples quando voltou a sua cidade natal. Alugou uma pequena casa na floresta e tocava o novo escritório de hipotecas sozinha, trabalhando duro para criar bases sólidas antes de chamar mais funcionários. Com a ajuda da mãe, ela dava a sua filha uma infância do tipo "joelho ralado", livre da superproteção e do excesso de compromissos tão caros aos pais modernos. Naquele lugar, Docinho desfrutava de longos passeios pelas florestas e caças ao tesouro pela enseada rochosa de Kodiak.

Gato de Natal, como ela, adorava explorar a vasta floresta que se estendia para além da cerca nos fundos da casa. Ele caçava ratos e aranhas e outras coisas que podia tirar dos arbustos, e não era raro que os trouxesse para casa como presentes ou brinquedinhos que lhe preenchiam as tardes. Ele trepava em árvores com Docinho e costumava segui-la e à mãe pelos primeiros metros das trilhas que faziam, até desaparecerem na floresta. Há uma solidão e uma imensidão muito características no Alasca, estado que tem o dobro do tamanho do Texas e uma população de pouco menos que 700 mil pessoas (a mesma população de Louisville, no Kentucky, e metade da de Columbus, Ohio). Em Kodiak, Vicki amava a maneira como as árvores se erguiam sobre os rios e os vales e o voo das enormes águias no céu infinito. Mas ela também apreciava o modo como a floresta a cerceava e a familiaridade das lojas na cidade. Quando ela e Docinho andavam na praia, sentiam-se atraídas pelo oceano. Mas havia também as lesmas que se agarravam às laterais das piscinas naturais, as marcas impressas nas rochas, a maneira como as marés, quando baixavam, "punham a mesa" ao descortinar mexilhões. Quando os salmões começavam sua corrida, Vicki e Docinho ficavam fora de casa por dias. Apesar de gostar muito de pescar, Vicki tinha predileção pelos salmões, porque salmões são bons de briga. Acima de tudo, ela amava o sorriso que explodia no rosto de Docinho toda vez que a menina pescava um peixe.

Após um ano, quando já tinha um pouco de dinheiro guardado, Vicki comprou uma casinha na cidade. O teto gotejava e as paredes estavam visivelmente inclinadas, mas era dela, o que a fazia se sentir enraizada e completa. No primeiro inverno, um cano estourou e o porão inundou. Alguns dias depois, uma tempestade derrubou três árvores sobre o telhado, e ela e Docinho tiveram que passar um ano espalhando panelas e baldes pela casa nos dias de chuva. Quando conseguiu um pouco mais de dinheiro, consertou a casa, pouco a pouco, e nunca se alarmou. Afinal, Gato de Natal amava beber água de chuva daquelas panelas, pelo menos quando não estava correndo na escada para cima e para baixo. E, contanto que Docinho estivesse confortável, Vicki poderia sobreviver alegremente, como sua avó, dentro dos limites de suas próprias capacidades.

Casa nova, floresta nova, donas longe por dias: não importa o que acontecesse, GN parecia nunca se incomodar. Não era um gato carente. Ele tinha sua própria vida e hábitos e, exceto pelos problemas digestivos – ele ainda não conseguia comer nada que não fosse pastoso e, possivelmente, insetos –, podia cuidar de si mesmo. Metade do tempo, Vicki não sabia muito bem onde ele estava, mas o que quer que fosse, Vicki sabia que ele o estava fazendo com estilo, mesmo se estivesse cavando o vão entre a casa e o gramado atrás de grilos. Frequentemente, ao retornar da praia, ou durante domingos preguiçosos, ela via GN sentado no seu lugar favorito, no topo de uma estaca de dois metros que delimitava o fim do quintal, atormentando os cães do vizinho. Eles latiam e pulavam, em tentativas fúteis de alcançá-lo, enquanto ele observava a floresta, vez por outra lançando-lhes um olhar de confiante desprezo. GN sabia que eles nunca conseguiriam tocá-lo.

Mas era um gato leal, ainda que independente. Assim que Vicki chegava do escritório, GN aparecia no parapeito da janela da cozinha. Não raro seus pelos negros estavam cobertos de seiva, lama ou poeira. Vicki trazia uma toalha para a porta a fim de limpá-lo, mas GN sempre corria para dentro deixando pegadas de imundície por toda a casa.

Mas não se esfregava nela. Vicki era muito ciosa de sua imagem profissional e permitia-se o luxo de gastar muito com roupas. GN sabia que ela não toleraria pelos de gato em seus ternos de trabalho, muito menos marcas de pata lamacentas. Então ele esperava ela se trocar, e quando ela aparecia de jeans e suéter, ele se apoiava nas patas traseiras e punha as dianteiras em suas calças, esperando que ela o apanhasse. Quando ela o fazia, ele colocava suavemente uma pata em cada bochecha da dona, como se pedisse sua atenção, e olhava em seus olhos.

"Olá, GN", ela sussurrava. "Como vai?"

Ele colocava seu queixo contra o queixo de Vicki, depois se inclinava para a frente e se aconchegava em seu pescoço. Ela o colocava em seu ombro, onde ele ficava ronronando baixinho, e era assim que passavam os cinco minutos iniciais de cada noite. Ele não era um gato de colo por natureza, mas se Vicki quisesse companhia, bastava sentar-se em sua cadeira de balanço, comprada quando soube que estava grávida de Docinho, e GN vinha correndo para se enrodilhar no seu colo. Passaram várias longas noites de inverno naquela cadeira perto do fogão a lenha; Vicki lendo um livro e GN ronronando de leve em seu sono, depois que Docinho já havia se retirado.

"Era o seu amor incondicional", disse Vicki, quando perguntei o que tornava aquela relação tão especial. "Ele sempre estava lá. Mas ele me deixava ser a chefe."

Um belo dia, ela começou a namorar um homem chamado Ted (não é seu nome real). Ele era charmoso e atraente e, para falar a verdade, ela gostava da sua atenção. Fazia com que se sentisse desejada, suponho. Os amigos de Vicki não levavam muita fé em Ted e o relacionamento entre ele e Docinho era por vezes turbulento, mas Vicki não ficou preocupada. Mesmo a óbvia antipatia que Gato de Natal sentia por ele não a deteve. Mais tarde, ela aprendeu a confiar nos instintos do felino. Se o gato não gostasse de um homem, ou vice-versa, ele estava fora. Mas naquela época, como não tinha muita familiaridade com gatos, ela tomou a atitude de GN por ciúme e só. Durante três anos, ele havia sido o homem de sua vida. Era ele que a fazia se sentir desejada. Agora, ele tinha que compartilhá-la.

Alguns meses mais tarde, quando Ted começou a abrir sua correspondência e a ler sua agenda, Vicki inventou desculpas para ele. Quando começou a aparecer em restaurantes onde ela tinha reuniões de negócios, rompeu com ele. Duas vezes. Mas a cada vez, ele voltava implorando perdão, dizendo que estava apenas preocupado com sua segurança já que a amava tanto, mas havia aprendido a lição, e não faria mais aquilo de novo. Ela não percebia que a situação estava fora de controle até ele começar a xingá-la. Mas aí já era tarde demais.

"Um mau relacionamento é como um funil", diz Vicki. "É fácil cair lá dentro, mas muito difícil sair. Ele estava sempre me puxando para baixo. Quanto mais eu lutava por independência, mais ele tentava me controlar."

Para o mundo lá fora, Vicki estava ótima. Seus negócios prosperavam, sua equipe aumentou e silenciosamente ela se tornava umas das melhores do estado. Ela havia nutrido um certo medo de voltar para sua família, onde as lembranças ruins suplantavam as boas, mas Docinho se apegou tanto à avó que as duas passavam todas as tardes juntas, o que dava à menina um vínculo com o seu próprio passado e desobrigava Vicki durante o expediente. Ela jogava boliche às quartas-feiras; se juntou a um time de softball. Após dois anos de trabalho, até mesmo sua residência, que já tinha sido um trambolho desconjuntado e gotejante, estava prestes a se tornar a casa de seus sonhos. Mas sua vida amorosa desestabilizava essas raízes sólidas.

"Posso dar conta de um negócio milionário", sussurrava frequentemente a Gato de Natal quando ele pulava na beirada da banheira onde ela mergulhava o cansaço do dia, "mas não consigo ter uma vida amorosa saudável. O que há de errado comigo?".

Gato de Natal se inclinava para fungá-la e ela sempre notava a poeira que ainda cobria seu pelo negro como piche.

"Quer entrar?"

Ele se limitava a encará-la. Não, ele não entraria, mas também não parecia ter medo da água.

"Como quiser." Ela ria, fechando os olhos para não ter de ver os machucados nos braços e sentir que sua ansiedade em relação a Ted se dispersava para longe, no suave ronronar de um gatinho.

Até que, em abril, seu irmão cometeu suicídio. Conheço bem essa dor, pois meu irmão também cometeu suicídio. Há o horror de subitamente perder alguém que se ama. Há o terror dos detalhes; no meu caso, a lembrança de dirigir até a casa de meu irmão e ver todo aquele sangue. E há a incômoda sensação de que você poderia ter feito mais, a sensação de que você tinha o poder de impedir aquilo. Lembro do dia em que, dez anos antes de sua morte, meu irmão andou oito quilômetros no frio, noite adentro, sem casaco, numa temperatura ártica, para bater à minha porta e dizer: "Há algo de errado comigo, Vicki. Não conte para os nossos pais". Eu tinha apenas dezenove anos. Não disse uma palavra. Queria ter dito.

Para Vicki Kleuver, os meses que se seguiram ao suicídio de Johnny resumiram-se em névoa. Ela quase não tem lembrança daquele verão, nenhuma recordação de nada afora uma terrível escuridão, apesar das 24 horas por dia de Sol. Ela estava no Havaí com Docinho – as primeiras férias de verdade que tiravam em anos – quando seu irmão morreu. E ele havia ligado para dizer que a amava, para pedir que se cuidasse. Ela teve uma premonição sinistra, mas o que podia fazer? Estava a mais de mil quilômetros de distância. Algumas horas depois, ele se matou.

O peso foi devastador. Ela se afogou no luto. E não tinha como consolar nem sua filha nem sua mãe. Docinho amava seu tio Johnny. Ele andava de moto, usava jaqueta de couro, era bacana. Ela não conseguia entender sua morte. Sua mãe não podia lidar com a perda do filho. Apoiou-se em Vicki, como sempre. Lembro disso também, a obrigação de ser uma boa filha, a necessidade de ser forte. Quando cheguei à casa do meu irmão após o seu suicídio, a primeira coisa que ouvi de minha mãe foi: "Você não pode chorar. Se começar a chorar, vou começar a chorar também, e não sei se algum dia conseguirei parar".

Portanto, Vicki Kleuver tentou manter a compostura, como sempre. Por todo um terrível verão, enquanto outros quatro casos de suicídio abalavam a comunidade de Kodiak, ela manteve a compostura por conta de sua filha e de sua mãe. Ela se apoiava onde podia: trabalho, amigos, até mesmo em Ted. Mas, sobretudo, em seu gato.

E então, em agosto, Gato de Natal sumiu. Ficou desaparecido por três dias até que Vicki encontrou seu corpo mutilado sob um arbusto a quatro metros de sua cerca. Imediatamente entendeu o que havia se passado: GN estava sentado na estaca, atormentando os cachorros do vizinho, quando foi atacado por uma águia. As águias carecas de Kodiak tinham asas de quatro metros ou mais; para elas, não era nada pescar um peixe de seis quilos de dentro do oceano... ou um gato de quatro do topo de uma estaca. Ela olhou para o céu, tão vazio e sem limites, mas não sabia o que procurava. Lembrou-se de GN naquela longínqua noite de Natal, sua tosse, a golfada, as tentativas de se libertar da caixa de sapatos. Ela era Vicki Kleuver, mulher de negócios forte e independente. *Ela* não chorava. Decididamente não chorava por conta de gatos. Mas estava chorando agora. Estava chorando com tanta vontade, e com tanta força, que no dia seguinte sentiu dores físicas. Talvez isso pareça um exagero, tanto choro por causa de um gato, mas se você já pertenceu a um animal algum dia, entenderá o luto. Ela perdera um membro da família. Ela perdera o amigo que a consolava. E agora, o que fazer?

Notando seu desespero, Ted trouxe-lhe um gato novo. Vicki, justificando, diz que ele encontrou Sombra do lado de fora de seu escritório; Docinho, que, como GN, nunca gostou de Ted, afirma que ele a encontrou na saída de um bar. De qualquer modo, a verdade é que, apenas um mês após a morte de GN, Vicki não estava com vontade nenhuma de adotar outro gato. Qualquer gato. De parte alguma. Acredite se quiser, mas ainda havia nela alguma coisa que não gostava da ideia de um gato, e certamente ela achava que não poderia substituir GN assim. Mas ela aceitou o presente duvidoso, o pé de cabra que Ted estava usando para entrar em sua vida novamente. Estava exausta e solitária demais para recusar.

Portanto, Vicki surpreendeu-se ao perceber, alguns meses depois, quando sua névoa começou a se dissipar, que tinha se afeiçoado um bocado à gatinha. Sombra era bastante parecida com GN – especialmente os olhos travessos e a natureza aventureira – e fazia Vicki lembrar das coisas que amara nele. Sombra era muito independente também. Mas, diferentemente de GN, não gostava muito de natureza. Não tinha a dignidade superior de GN. E ela não deixava, para falar a verdade, Vicki ser a chefe. E Vicki amava ser a chefe. Em lugar disso, Sombra tinha uma energia incontrolável; corria, pulava, jogava-se nas paredes, desarrumava a vida de Vicki da melhor maneira possível. Ela estava sempre por perto, mas nunca a seus pés. Sua brincadeira favorita não envolvia sentar no colo; era pique. Se Vicki estivesse em seus trajes casuais – a proibição quanto a pelos no terno ainda era vigente –, Sombra se acercava sorrateiramente e a cutucava no calcanhar. Depois saía correndo. No mais das vezes, Vicki corria atrás e mexia no seu rabo ou fazia cócegas em sua barriga, depois punha-se a correr enquanto Sombra a perseguia. Vez por outra, no entanto, Sombra subia correndo as escadas. Na casa havia inúmeros esconderijos, e Vicki nunca conseguia encontrá-la. Sombra não tinha pressa, esperava por uma hora. Depois saía toda prosa para receber parabéns. Era apenas uma brincadeira tola, mas Vicki gostava. Fazia-a rir. Primeiro Gato de Natal a comoveu... agora Sombra também? *Talvez*, Vicki pensou, *eu seja mesmo a louca dos gatos*.

Olhando para trás, a parte seguinte era inevitável. Ted foi se tornando cada vez mais abusivo e controlador, e Vicki finalmente juntou coragem o suficiente para romper com ele definitivamente. A princípio, ele levou a coisa bem, mas depois começou a beber muito. Ted passou a aparecer em seu escritório perto do fim do expediente. Quando ela ia a almoços de negócio, frequentemente reparava que ele a estava observando de longe. Ele sempre estava no campo de softball ou no beco perto do boliche onde ela jogava toda semana. Quando ela se recusou a reatar, o abuso transformou-se em ameaça. Ela pediu uma medida cautelar. Seu pedido foi negado até que ele a puxou da mesa onde jantava com amigos e arrastou-a pelo restaurante na frente de uma dúzia de testemunhas. A medida cautelar foi concedida no dia seguinte.

Por um tempo, ele parou de aparecer. Os negócios de Vicki prosperavam; os barcos apitavam; as montanhas se cobriram de gelo e os ursos hibernaram. Na costa, o oceano esmurrava as piscinas naturais de Kodiak. Vicki se aconchegou com Docinho e Sombra, aliviada com a perspectiva de longas e calmas noites de inverno. Até que um dia, ao voltar do trabalho, viu que a porta de sua casa estava aberta. Ela vasculhou a casa. Um casaco, presente de Ted, havia desaparecido. Ela trocou a fechadura, mas as coisas que ele lhe dera continuaram sumindo da casa, uma de cada vez.

Pouco antes do Natal, ela e Docinho fizeram a viagem de carro, esquife e trilha até a cabana da vó Laura na Ilha Larsen. Vó Laura havia sido diagnosticada com câncer, mas o que quer que fosse que a estava destruindo estava muito bem escondido. Naquele dia, ela parecia forte como sempre. Assou pães, serviu drinques, colocou toras de lenha na lareira como fizera a cada inverno dos últimos trinta anos. Seu único desejo, ela disse à família, era morrer do mesmo modo como vivera, na Ilha Larsen. Quando Vicki falou de seus problemas com Ted, sua avó balançou a cabeça e disse: "O amor pode não ser cego, mas que é vesgo, é".

Depois, voltou-se para uma prima de Vicki que também passava por um relacionamento difícil, e disse a ambas: "Vocês não precisam de um homem. Podem querer um homem, mas não precisam de um homem. Lembrem-se disso".

A festa durou dois dias, e, quando Vicki voltou para casa na noite de Natal, sentia-se energizada pela sabedoria e força de sua avó. Alegre, ela cobriu sua filha de nove anos, que já dormia profundamente. Sorriu quando apagou as luzes, lembrando-se de como Docinho ficara acordada, havia exatos seis anos, para cuidar de Gato de Natal. "Não podemos deixá-lo sozinho, mamãe", ela havia dito, "mesmo que vá morrer." Quando ela desceu as escadas, ainda aquecida pelas lembranças, Ted estava de pé na sala.

"Você arruinou minha vida", ele disse. "Agora vou arruinar a sua. Vou pôr fogo nessa casa e espero que você morra nela."

Ela chamou a polícia. O policial que a havia auxiliado a conseguir a medida cautelar atendeu. Quando ele chegou, Ted já havia sumido.

"Conheço o tipo dele", disse o policial. "Conheço seu histórico. Lamento, mas a situação não vai melhorar."

Durante dois meses, o policial checava a casa de Vicki duas vezes por dia, alternando horários. Em abril, quando os blocos de gelo começavam a rachar nos córregos, ele sentou para conversar com ela. Ted estava visitando a vizinhança regularmente, ele disse, quase todos os dias.

"Esse cara sabe arrombar fechaduras", ele disse. "Você pode trocar o quanto quiser, ele ainda vai conseguir entrar. Uma medida cautelar só serve se alguém estiver aqui esperando por ele." O policial se deteve. Em seguida, disse algo que Vicki jamais esqueceu.

"Você tem uma arma?"

"Sim."

"Sabe usá-la?"

"Sim."

"Sabe atirar para matar?"

Vicki o encarou. Seu coração batia forte. "O que você quer dizer?"

"Ele é perigoso."

"Você está me pedindo para atirar e matar o homem com quem passei dois anos da minha vida?"

"Só estou dizendo que, se ele estiver dentro da sua casa, e você tiver uma arma à mão, é melhor atirar para matar."

Naquela noite, Vicki dormiu com a arma debaixo do travesseiro. Sombra dormiu a seu lado, Docinho no fim do corredor. Na noite seguinte, ela resolveu parar de se iludir. Não conseguiria fazê-lo. Ela não conseguiria atirar para matar.

Telefonou para seu chefe em Anchorage. "Detesto ter que fazer isso", disse, "mas preciso ir embora." Ela lhe explicou os motivos. Discutiram algumas opções e, algumas semanas mais tarde, o chefe propôs que ela se transferisse para Wasilla, que, ao contrário do que pensa a maioria das pessoas, não é uma cidade pequena e longínqua como Kodiak, mas uma comunidade próxima de Anchorage. A firma tinha planos de fechar o escritório de Wasilla, que andara causando prejuízos. Vicki, como a nova gerente, teria um ano para reverter a situação.

Vicki alugou um apartamento em Wasilla e começou a fazer as malas. Ela queria partir logo, mas precisava antes falar com os clientes, tratar de negócios pendentes, vender a casa, despedir-se da família e dos amigos e fazer planos para sua filha. Cinco dias antes da partida, Docinho acordou gritando no meio da noite.

"Há algo errado com Sombra", disse, quando Vicki foi correndo ao seu quarto.

A gatinha estava deitada de lado no travesseiro de Docinho, ofegando com força. Havia sangue em seu pelo e na fronha. Por algum motivo, quando Ted lhe deu a gatinha, Vicki pensou que ela fosse castrada. Quando Vicki levou Sombra ao veterinário, já era tarde demais, e nos últimos meses tudo havia sido tão caótico que esse fato não lhe passou pela cabeça. Agora sua gatinha estava dando à luz no travesseiro de sua filha.

"Está tudo bem", disse Vicki. "São apenas bebês, Docinho. Sombra está tendo filhotes."

Ela pegou uma das caixas da mudança. Forrou-a com uma colcha e pôs Sombra lá dentro cuidadosamente, depois levou-a para o closet já vazio. Vicki e Docinho pegaram seus travesseiros e deitaram-se ao lado da gata. Ajudaram Sombra a romper o saco amniótico do último filhote e, apesar do caos em que suas vidas se encontravam, sentiram-se renovadas pelas cinco vidas novas remexendo-se a seu lado, ali no chão, quando a manhã finalmente chegou.

Alguns dias depois, quando Vicki levantou voo para Anchorage, deixou Docinho em Kodiak com a mãe, mas levou Sombra e seus filhotes consigo. Ela havia alugado um apartamento sem tê-lo visto. Não tinha mobília. Não tinha quem cuidasse da filha. Não sabia nem se queria morar em Wasilla. Sabia que, pelo menos naquele momento, Docinho estaria melhor em Kodiak. Mas, e Sombra? Ela não confiava em mais ninguém para cuidar dos filhotes.

O apartamento era horroroso. O carpete estava imundo, não havia telas nas janelas, o fogão estava quebrado e as paredes tinham buracos. Ela levara apenas uma mala, portanto, não tinha pratos para comer ou copos para beber água. A barca de Kodiak estava em manutenção, o que a obrigou a voar com Sombra e os filhotes numa caixa embaixo do assento. Agora, sem seu carro, não tinha como se locomover em Wasilla. (Os seis acabariam visitando Kodiak quatro vezes para visitar Docinho até que a mudança estivesse completa; Vicki sempre brincou que tudo teria sido mais fácil se gatos pudessem entrar no programa de milhagem.) Ela foi até seu escritório novo e percebeu que sua única esperança seria despedir metade da equipe e esperar que os demais conseguissem dar a volta por cima com ela. Naquela tarde, uma terrível tempestade de verão do Alasca jogou o mundo no crepúsculo. Ela sentou no apartamento vazio, sem ter jantado, e ficou ouvindo a chuva. Sentia saudade da velha casa de Kodiak. A que havia comprado e reformado sozinha. Sentia falta de seu antigo emprego e sua comunidade confortável. Acima de tudo, sentia falta da filha.

Os trovões soavam e a chuva, misturada ao granizo de verão, batia na janela. A mala estava jogada num canto, seus dois ternos escondidos no armário para não pegar pelo de gato. Ela estendeu a mão e fez carinho em Sombra, que estava deitada ao seu lado. Seus filhotes tropeçavam ao seu redor sobre o carpete sujo, derrubando-se uns aos outros e tentando mamar. O menorzinho era negro e laranja, mas os outros eram cor de piche, como Sombra e Gato de Natal. Ela mostrou um dedo para um dos filhotes, que o cheirou, rolando no chão. Suas patas eram como lenços de papel, delicadas, quase suaves. Ela começou a chorar. Não sabia que ia chorar, mas de repente as lágrimas já estavam rolando sobre sua face.

Como pudera cometer o mesmo erro duas vezes? Como pudera permitir que outro homem a controlasse daquela maneira? Vicki tinha sido criada por um pai problemático, e nunca havia conseguido se livrar desse padrão. Seu marido. Ted. Ela era forte, independente, esperta, trabalhadora, bem-sucedida e, no entanto, relacionamentos ruins a haviam deixado sentada no chão de um apartamento imundo, sem móvel algum, numa cidade desconhecida. Como pôde ser tão tola? Como pôde ser tão... fraca? A chuva continuava batendo contra a janela. Ela fungou e limpou o rosto. Os filhotes se engalfinhavam no chão, contentes e brincalhões, completamente indiferentes ao que os cercava. Sombra olhou para ela, seus olhos entreabertos numa expressão sonolenta, depois voltou-se novamente para seus bebês.

Por algum motivo, isso fez Vicki sorrir. E depois, como estava sorrindo, começou a rir. Lá estava ela, a maior parte da vida uma "odiadora" – ou ao menos "esnobadora" – de gatos declarada, e havia preferido levar os gatos à própria filha numa viagem de oitocentos quilômetros que mudaria sua vida. Em vez de Docinho, ela estava na companhia de uma gata e seus filhotes no chão de um apartamento vazio. E não era uma gata qualquer – a gata que seu perseguidor havia lhe dado no intuito de conquistá-la de volta. Uma gata que, de algum modo, representava a pior traição de sua vida. Mas uma gata que ela amava de qualquer jeito.

Há quem diga que amar um gato é coisa circunstancial. O gato certo, a hora certa, a história certa. Tem a ver com a projeção de nossos desejos; uma crise grave o suficiente para engendrar uma necessidade. Mas isso não é verdade. Não é verdade no que diz respeito a Gato de Natal, o primeiro gato que Vicki amou. Não é verdade no que diz respeito a Dewey, que me conquistou não ao lançar minha carreira, e sim por sua disposição alegremente obstinada e seu amor doce e duradouro. Certamente não é verdade no que diz respeito a Sombra, que apareceu na vida de Vicki no pior dos momentos e, o mais importante, pelos motivos errados.

Não amamos gatos por necessidade. Não os amamos como símbolos ou projeções. Amamos os gatos individualmente, com a complexidade natural de todo amor humano, porque os gatos são seres vivos. Têm personalidades e idiossincrasias, qualidades e defeitos. De vez em quando encaixam-se em nossas vidas, e nos fazem rir nos nossos piores momentos. E então os amamos. É simples assim.

Durante toda sua vida adulta, Vicki nunca quis um gato. Era divorciada, mãe solteira, não queria ser *esse tipo* de mulher. Mas deixar sua filha para trás e levar os gatos... sentar num apartamento vazio e rir de suas travessuras... ela certamente era uma mulher *desse tipo* agora.

E isso não era um problema. Ela não estava derrotada. Sentada naquele apartamento escuro, com a chuva surrando a janela e os filhotes miando no chão, ela soube que tudo daria certo. Quando limpou as lágrimas do rosto, já não havia dúvida em sua mente. Ela se mudaria daquele apartamento horrendo. Ela iria para o escritório e demitiria o menor número possível de pessoas, depois sentaria com o restante da equipe e lhes mostraria o caminho do sucesso. No final do verão, quando tudo estivesse em ordem, ela traria Docinho para Wasilla e a criaria como uma mãe solteira e orgulhosa. Nada era dado; Vicki Kleuver sempre soube disso. Ela aprendera, em mais de uma ocasião, que as coisas podem ser tiradas de você. Mas as coisas não importam. O que é importante de verdade – sua fé, sua dignidade, sua vontade de vencer, sua capacidade de amar – é todo seu até o momento em que você escolhe abdicar disso.

No dia seguinte, ela encontrou um apartamento melhor. Demitiu dois funcionários, mas conseguiu manter quatro. Em cinco meses, o escritório de Wasilla já estava lucrando. Dezoito meses mais tarde, ela estava de frente para uma plateia de colegas, aceitando o prêmio de Afiliada do Ano. E mesmo agora, dezoito anos depois e a mais de 3 mil quilômetros de distância, tenho orgulho dela, porque sei o quanto trabalhou por essa honra e o quão longe conseguiu chegar.

***

Os TRÊS ANOS SEGUINTES, do ponto de vista profissional, foram os melhores da vida de Vicki. Docinho, a princípio refratária quanto à mudança, logo fez dois grandes amigos e aprendeu a amar Wasilla. Ted ligou algumas vezes, mas Vicki o ignorou. Ele não podia alcançá-la agora, nem mesmo emocionalmente, e aos poucos parou de tentar. Ela ficou com dois dos filhotes da ninhada de Sombra, o menorzinho negro e laranja e um gatinho todo preto idêntico à mãe, e quando Sombra morreu de câncer aos nove anos de idade, Rosco e Abbey fizeram companhia a Vicki. Mas quando isso aconteceu, ela tinha tido vários gatos, a maioria pretos, e mesmo que nenhum a tivesse comovido tanto quanto GN, o Gato de Natal, ela amou cada um deles. Dez anos depois de deixar Kodiak, ela rompeu seu padrão emocional e casou-se com o homem certo: um que seus gatos e Docinho amavam, e que amava a todos eles também.

"Por favor, não me retrate como uma vítima ou uma pessoa assolada pela miséria", ela me implorou após nossa primeira conversa. "Sim, houve muitos momentos difíceis, mas eles não acontecem com todos? Comparada com a vida de algumas pessoas com quem trabalhei, a minha foi moleza!"

Moleza? Não, não é o caso. Uma vida bem vivida e bem-sucedida? Certamente. Em 2005, quando ela se aposentou porque não acreditava mais na indústria em que investira durante 22 anos, Vicki Kleuver era uma das mulheres mais realizadas do Alasca no seu ramo. Foi coautora e implementou um programa de alcance estatal de auxílio a adultos incapacitados, para lhes assegurar financiamento; administrou diversos escritórios que tiveram sucesso sem precedentes; foi mentora de uma geração de oficiais hipotecários; passou a carreira inteira ajudando centenas de famílias a realizarem seus sonhos.

Hoje em dia, Vicki mora com o marido em Palmer, no Alasca, outra comunidade vizinha de Anchorage. É uma mulher feliz. Tem o casamento que sempre quis: o tipo de união que fortalece, em vez de mutilar. Tem liberdade para passar o tempo que quiser em Kodiak, onde o ar salgado, o pulso da vida de uma cidade de pesca e a visão dos barcos partindo pela manhã para águas profundas continuam energizando-a e servindo-lhe de inspiração. Sua filha Adrienna mora a 3 mil quilômetros, em Minnesota, mas elas se falam o tempo inteiro. Depois de alguns anos turbulentos na adolescência, são agora as melhores amigas.

E por toda a jornada, os animais a acompanharam: onze gatos para essa antiga "odiadora" e até mesmo alguns cães. Sempre que Vicki precisava, eles estavam lá, assim como Gato de Natal sempre estivera. Isso até 2006, quando Rosco e Abbey faleceram com alguns meses de distância, ambos com dezesseis anos. Nove meses depois, Choco, um cão de que Vicki havia cuidado após sofrer graves ferimentos devido a um atropelamento e que permanecera devotado a ela por toda a sua vida, faleceu aos doze anos. Pela primeira vez desde que resgatara GN da água havia quase 25 anos, ela se viu sem nenhum bichinho por perto. Dava uma sensação de vazio, especialmente com a filha em Minnesota e as frequentes viagens a trabalho do marido, mas ela estava preparada. Talvez até gostasse. Mas então, numa viagem a Kodiak para cuidar da mãe já idosa, uma amiga a apresentou a um cão velhinho cujos donos haviam falecido recentemente. Bandido, um border collie enérgico e amável, dorme agora em sua cama todas as noites. No fundo, ela sabe que não poderia amar nenhum cachorro tanto quanto o ama.

E, no entanto, naquelas escuras noites do Alasca, quando Vicki Kleuver se senta em sua cadeira de balanço com o fogão a lenha aceso para afastar o frio, uma xícara de chá russo nas mãos, o marido lendo no sofá com Bandido ao seu lado, é à lembrança de GN, o Gato de Natal, que ela retorna. Seu pelo negro lustroso. Seus olhos travessos. A maneira como ele costumava sumir na floresta atrás da cerca dos fundos. O modo como corria até ela e lhe segurava as bochechas e esfregava o focinho contra seu queixo. Você nunca consegue esquecer o primeiro amor, suponho. Especialmente quando a personalidade deste amor é a encarnação de tudo em que você acredita. Especialmente quando ele te ensinou a amar; quando tanto de sua experiência amorosa anterior, afora o amor pela família, foi problemática e mal escolhida. Especialmente quando você salvou a vida dele numa silenciosa noite de Natal.

6
Biscoito

"Eu nunca fui amada por ninguém, nem pela minha filha nem pelos meus pais, tanto quanto fui amada pela minha Biscoito."

Essa é uma história nova-iorquina, e talvez você pense que não há nada mais distante disso do que Spencer, Iowa. Mas não é assim. De certo modo, somos vizinhos. Porque esse não é o tipo de história de Nova York que a gente ouve normalmente. Não tem gente famosa, preços disparatados, magnatas arrogantes do mercado financeiro ou letreiros chamativos de espetáculos na Broadway. Eu admito que nada se compara a ficar no meio do Times Square, olhando para os letreiros luminosos. E não há nada como entrar na estação Grand Central, e ficar na plataforma superior olhando o teto pintado com as constelações do céu noturno. Eu estava perto do MetLife Building, bem próximo à estação Grand Central, quando meu amigo virou para mim e disse: "Sabe, até hoje eu não tinha visto um prédio com mais de doze andares".

Eu olhei para cima e o prédio, que parecia estar inclinado sobre nós, era maior do que o céu. Nada como Nova York para fazer a gente se sentir pequeno – ou parte de algo enorme e maravilhoso, como preferir.

Mas isso não é a cidade de Nova York. Isso é Manhattan. A cidade de Nova York tem cerca de 8 milhões de pessoas e parece que só 20% vive em Manhattan. Esta história é sobre isto: sobre a *outra* Nova York. A cidade que fica do outro lado das pontes, depois das zonas portuárias do Brooklyn e do Queens, depois do aeroporto de La Guardia e do estádio de beisebol, depois do lugar onde aconteceu a Feira Mundial de 1964, depois mesmo das últimas estações das linhas de metrô. Essa história é sobre Bayside, uma comunidade de classe média perto do estuário de Long Island Sound, onde o tráfego é intenso e as casas são amontoadas, umas trinta por quarteirão. Ainda assim, as casas têm varandas e pequenos jardins na frente. É o tipo de lugar em que uma bibliotecária poderia viver em seu próprio quarto, com um gato enroscado na janela e a luz do Sol refletindo no chão. O que faz de Bayside o cenário perfeito para esta história nova-iorquina.

Ou ao menos o lugar ideal para começar, já que Bayside foi onde os avós de Lynda Caira se instalaram quando emigraram da Itália para os Estados Unidos, nas primeiras décadas do século XX. Em 1927, eles compraram um pedaço de terra no que era basicamente uma região agrícola e construíram uma casa. Nessa época não havia muita gente em Bayside, no Queens, mas qualquer um que aparecesse era bem-vindo na mesa dos Caira. Quando a WPA[9] construiu a via expressa de Long Island, no limite do

9. WPA (*Works Progress Administration*) foi uma iniciativa do governo do presidente Roosevelt, em 1933, para criar empregos nos Estados Unidos. (N. T.)

terreno deles, a avó de Lynda servia café para os trabalhadores todas as manhãs – e pagou o custo do terreno e da casa com as gorjetas que ganhava em troca da distribuição gratuita de cafés da manhã quentes. Quando a construção da via expressa terminou, ela preparava o desjejum dos caminhoneiros que paravam ao ver a luz acesa às quatro da manhã. Mesmo em 1950, quando Lynda nasceu, a casa estava sempre cheia de sacos de milho e de cebola que os caminhoneiros davam para a sua avó em troca do café. Muitas vezes, quando Lynda descia para tomar seu café, ela encontrava algum estranho na mesa. O coração da avó não negava nada a ninguém.

Quando Bayside foi dividida em lotes urbanos, sua avó (que assumiu o comando da casa depois que o marido morreu prematuramente) ficou com quatro lotes próximos a uma saída da estrada, no coração da comunidade. Lynda chamava essa área de Fazenda, porque havia cem tomateiros, uma horta de legumes e um pequeno arvoredo com macieiras, pessegueiros e figueiras. A família de Lynda morava no térreo com a avó, que fazia vinho, molho de tomate e ainda acordava às quatro da manhã todos os dias para cozinhar. O tio e a tia de Lynda moravam no andar de cima. Outros parentes apareciam constantemente. No caso de certos familiares que vieram da Itália, a visita durou cinco anos, mas a avó nunca considerou outra possibilidade a não ser acordar às quatro horas para cozinhar para todos. Os pais do pai de Lynda, também imigrantes italianos, moravam bem perto. Outros parentes estavam espalhados pelos quarteirões do bairro. Bayside estava ficando repleto de casas, a maioria comprada por famílias jovens; por isso, as churrasqueiras no quintal estavam sempre acesas e as ruas viviam cheias de crianças. Os vizinhos tomavam conta uns dos outros e os donos das lojas sabiam os nomes das crianças. Mas as características que definiam Bayside, ao menos para Lynda Caira, eram os eventos familiares: as grandes refeições italianas, os vestidos de comunhão e a semana de agosto dedicada a enlatar tomates.

Aos quatorze anos, Lynda foi trabalhar no final da rua, na loja de departamento Gerts. Depois do colegial, cursou enfermagem. Ela se casou e se mudou para uma residência pequena de quatro cômodos na área perto do Bell Boulevard, em Bayside, a menos de dois quilômetros da casa da avó, e trabalhava num consultório pediátrico local. Com dois anos de casamento, teve uma filha a quem deu o nome mais popular dos Estados Unidos nos anos 1970: Jennifer.

Depois de sete anos de casamento, Lynda Caira se divorciou. O divórcio era a coisa certa a fazer, ela nunca questionou essa decisão. No começo, seus pais tiveram dificuldade para aceitar a notícia, mas a avó, então com oitenta e poucos anos, disse simplesmente: "Se é disso que você precisa, eu te apoio". Com a bênção da avó, o "pecado" de Lynda foi absolvido e com o tempo seus pais se conformaram. Ela conseguiu manter duas de suas melhores amigas: a ex-sogra e a ex-cunhada, que ficaram ao seu lado durante o divórcio.

Mas isso não quer dizer que o divórcio tenha sido fácil para a filha de cinco anos de Lynda, que já tinha idade suficiente para saber que a vida estava mudando, mas pequena demais para entender por quê. Um vizinho de Lynda sugeriu que ela adotasse um gato para ajudar Jennifer na transição. Esse vizinho trabalhava numa padaria, e a gata da padaria – apesar do regulamento da saúde pública, muitos gatos moravam em padarias dos bairros pequenos de Nova York para deixar o ambiente livre de ratos – tinha acabado de ter uma ninhada. Havia uma gata muito pequena no meio, e a mãe se recusava a cuidar dela. Se ela não encontrasse um lar, morreria.

"Certo", Lynda disse ao vizinho. "Traga a gatinha."

No dia seguinte, o vizinho chegou com uma gatinha que mais parecia uma bolinha de poeira cinza. Era do tamanho de uma bola de tênis e peluda, com orelhas pequenas e grandes olhos verdes. Ela até tremia um pouco ao olhar para o ambiente estranho, com os olhos arregalados de medo. Como alguém podia não querer esse bebê? Como pôde sua própria mãe largá-la para morrer?

Elas ficaram com a gata. Jennifer, que saltitava de alegria, a chamou de Dengosa. Como a gatinha ainda não podia comer comida sólida, Lynda e Jennifer lhe davam alimentos à base de leite, de mamadeira, várias vezes por dia. Quando ficou um pouquinho mais velha, elas lhe davam, na colher, líquidos e comidas bem molinhas. Jennifer sempre dava atenção à gata. Talvez desse atenção demais, e, com certeza, a apertava demais – afinal ela só tinha cinco anos –, mas Dengosa recebeu amor e carinho desde o primeiro momento em que chegou à casa de Jennifer.

Ela não retribuía a afeição. Não era uma gata má, ela só não era muito... dengosa. Algumas pessoas têm preconceitos contra gatos. Acham que eles são esquivos, arrogantes, autocentrados e que são seres solitários. Infelizmente, Dengosa se encaixava no estereótipo. Não que fosse má. Ela nunca arranhava nem grunhia. Apenas não era um animal sociável. Não queria brincar, não queria ser tocada, não estava emocionalmente envolvida nem com Lynda nem com Jennifer, e, francamente, não ligava se elas estavam em casa ou não. Dengosa preferia seu próprio espaço.

Jennifer ficou desapontada. Adultos podem apreciar a dignidade refinada (e silenciosa!) de um gato imóvel olhando pela janela ensolarada, ignorando completamente o mundo ao redor, mas que tipo de criança quer um gato assim?

"Eu quero ir ao orfanato de bebês!", ela disse à mãe.

"Podemos ir", disse Lynda, "mas você não pode trazer nenhum para casa. Nós já fomos abençoadas com a Dengosa."

Ela apertou os lábios enquanto pensava – será que vale a pena protestar? – depois: "Está bem, mamãe. Não traremos nada para casa".

O orfanato de bebês era a Liga dos Animais de North Shore, o maior abrigo de todo o país que era contra matar animais. Localizado em Port Washington, Nova York, na parte oeste de Long Island, o santuário ficava a apenas quinze quilômetros da casa dos Caira em Bayside. Três ou quatro vezes por ano, Lynda e Jennifer iam de carro até lá para ficar babando pelos gatinhos. Eles eram fofos, brincalhões e cheios de energia, mas, depois de uma hora, Lynda sempre conseguia tirar Jennifer do prédio sem um gato e sem papéis de adoção na mão.

Até 31 de agosto de 1990. Era só mais um verão no subúrbio de Queens. Só mais uma visita de mãe e filha ao "orfanato de bebês" de que elas tanto gostavam. Jennifer estava com doze anos e, portanto, já havia sete anos que as duas visitavam a Liga dos Animais sem nunca se entregar aos olhos grandes, aos focinhos rosas e às patinhas dos bichinhos carentes. Mas, dessa vez... uma gatinha miou.

Imediatamente. Assim que elas entraram. E ela não miava apenas. A gatinha esticava sua pata pela grade e gritava por atenção. Ela tinha listras pretas e cinzas, como um tigre, um peito branco, um rosto quase todo branco e enormes orelhas de morcego que faziam sua cabeça parecer bem pequena. Ela era inegavelmente fofa, tão fofa que Lynda teve que se esforçar para ignorá-la. Mas Jennifer foi seduzida.

"Ah, mamãe, olha para essa", ela disse.

Lynda continuou a andar, metendo os dedos em algumas gaiolas para brincar com os gatinhos.

"Ah, por favor, volte e olhe para esse bebê", implorou Jennifer. "Por favor, mãe. Olha como ela está gritando. Ela quer muito que eu a segure."

Lynda deu meia-volta e olhou para a pequena gatinha magra que tentava, desesperadamente, escapar da grande gaiola. Um cartão na frente dizia: BISCOITO. FÊMEA. DOMÉSTICA. PELO CURTO.

"Está bem", Lynda disse para a voluntária. "Tire ela lá de dentro. Jennifer, você pode segurar a gata, mas só por um minuto. Depois, ela volta para a gaiola."

Biscoito tinha outra coisa em mente. Assim que saiu, pulou das mãos de Jennifer para a blusa de Lynda, e, depois de uma escalada desesperada, apertou suas patas com força ao redor do pescoço de Lynda. Em seguida, inclinou-se para trás e, olhando para cima com seus enormes olhos verdes, miou com força bem na cara de Lynda. Uma voluntária veio ajudar, mas a gatinha apertou uma pata na outra e não soltava. Ela implorava e suplicava – por atenção? Por amor? Por um lar? Fosse o que fosse, a gata era intransigente. Sabia o que queria, e queria Lynda. Foi preciso que viessem dois voluntários para arrancar a gata (que não pesava nem um quilo) do peito de Lynda.

"Ah, mamãe", implorou Jennifer. "A gente tem que levá-la para casa, a gente *tem*."

"Não, Jennifer", disse Lynda. "Não vamos levá-la para casa. Já temos a Dengosa. Não podemos ter outro gato." Ela não estava realmente preocupada com a Dengosa. Dengosa não se importava com nada, então por que se importaria com outro gatinho em casa? Mas a casa delas era pequena. Não parecia grande o suficiente para outro gato.

Estava prestes a dizer aos voluntários para colocarem a gatinha de volta na gaiola quando notou que ela tinha vários colares coloridos, cada um com diversas etiquetas.

"Por que ela está usando isso?", perguntou Lynda.

"Por causa dos medicamentos", disse a voluntária, que então contou a história de Biscoito.

Quando tinha cinco semanas, Biscoito foi atropelada por um carro. Foi encontrada na rua sangrando, e sentia muita dor quando foi levada à liga dos animais, onde seu ombro quebrado passou por duas cirurgias. Uma parte dos remédios servia para a dor no ombro, que ainda não tinha sarado. Além das feridas, havia as consequências da vida dura nas ruas sem uma mãe para ensinar ou proteger: desnutrição, gengivas inflamadas, vermes nos ouvidos, parasitas no aparelho digestivo e o olho esquerdo tão inchado por causa da conjuntivite que ela mal conseguia abrir (agora estava quase bom). Tudo precisava ser tratado. Além disso, havia o corte profundo no quadril. O carro abriu Biscoito ao meio quando a atropelou, e o estrago foi tão grande que o veterinário não conseguiu fechar totalmente a ferida. Tinham que limpar e colocar novos curativos na gata várias vezes por dia. Foram muitas semanas de tratamento intensivo e até agora ela estava relegada à "prisão solitária" de sua asseada gaiola particular. A pobre gatinha estava sozinha, traumatizada e ferida. E ela só tinha nove semanas de vida.

Lynda olhou de novo para Biscoito. Dessa vez, reparou no olho coberto de remela e no jeitão esquisito do ombro. Seu quadril não estava com curativos, mas dava para ver a crosta de pomada no seu pelo. Lynda viu os ouvidos infeccionados e o bumbum machucado. Mas o que Lynda de fato percebeu foi a fome no olhar de Biscoito. Biscoito não era Dengosa. Na verdade, ela era o exato oposto da Dengosa. Essa gata queria alguém que cuidasse dela. Desesperadamente. Dessa vez, quando Biscoito esticou sua patinha através das grades, Lynda teve certeza de que Biscoito a havia escolhido. *Me ame*, ela dizia, *e eu te amarei também.*

O voluntário pousou suavemente a mão no ombro de Lynda e disse: "Ela nunca agiu assim com ninguém antes".

Lynda acredita nisso até hoje. Biscoito a *escolheu*. Mas devo admitir que sou cética. Afinal, Biscoito provavelmente se manifestava para qualquer um que passasse por sua gaiola. Tenho tendência a pensar que quem agiu de modo diferente naquele dia foi Lynda, foi ela quem abriu o coração para o animal ferido. Foi Lynda quem pensou: *Eu preciso ajudá-la. Não sei se ela vai sobreviver. Mas ela vai para casa comigo.*

Foi realmente um compromisso, pois Biscoito estava mesmo doente. Seus papéis de adoção vinham acompanhados de uma tonelada de remédios e uma caixa de curativos maior do que ela. A liga dos animais disse que, se Lynda não conseguisse fazer a ferida no quadril de Biscoito cicatrizar, ou qualquer outra ferida, eles teriam que pegá-la de volta e deixá-la no abrigo para viver sua (curta) vida. Mas Lynda não desanimou. Na verdade, encheu-se de energia. Todo dia, ela colocava à força cinco ou seis comprimidos na garganta de Biscoito. Duas vezes por dia, ela passava uma pomada no machucado. Então, colocava um curativo e depois amarrava outro maior ainda ao redor do pequeno bumbum da gatinha, para que ficasse bem seguro. Em seguida, ela abraçava e fazia carinho em Biscoito e dizia que a amava. Após alguns meses, Biscoito estava boa. Não tinha mais conjuntivite, nem vermes no intestino, nem infecções nos ouvidos, nem ferida alguma. Olhando para ela, parecia que o acidente de carro e as doenças nunca haviam ocorrido. Era simplesmente uma bela gata.

Jennifer queria muito, muito, muito que Biscoito fosse sua gata. Dengosa deveria ser sua gata, mas Dengosa não era de ninguém. Biscoito foi sua segunda chance. Toda noite, Jennifer levava Biscoito para dormir com ela na cama e fechava a porta para ela não sair. Mas, na quarta noite, quando Jennifer se esqueceu de fechar a porta, Biscoito fugiu do quarto, subiu na cama de Lynda e deitou num dos travesseiros dela. Jennifer não podia fazê-la prisioneira todas as noites, e, quando deixava a porta aberta, a gatinha ia correndo para a cama da mãe. Já disse isso antes e repito: quando você dá seu coração a um animal ferido, ele nunca se esquece. Quando Lynda finalmente deixou Biscoito ficar com o travesseiro extra, a gata passou a dormir na cama de Lynda todos os dias, até o final da vida. Não era a gata de Jennifer, era a gata da mamãe. A pobre menina frustrou-se outra vez.

Mas, em parte, por sua própria culpa. Afinal, de vez em quando Jennifer fantasiava Biscoito com vestidos de bonecas – mais exatamente com as roupas daquelas bonecas Repolhinho, que vestem melhor e vêm com os melhores acessórios. A única foto que sobrou desses espetáculos humilhantes mostra Biscoito no sofá vestindo uma blusa azul clara com babado branco e um cômico minichapéu de cowboy. A expressão facial de Biscoito não engana: *nunca fui tão humilhada*.

Mas não se deve culpar Jennifer. Ela só tinha doze anos. E Biscoito pode ter sido humilhada, mas nunca lhe fizeram mal. Ela nunca reclamou. Nunca relutou. Ela vestia os vestidos, brincava de "hora do lanche" e era uma boa amiga. Ela amava Jennifer apesar do chapéu de cowboy. Mas tinha adoração por Lynda. Desde que vira Lynda entrar na Clínica de Animais de North Shore, Biscoito era a sua gata. Ou, mais correto seria dizer: Lynda era a humana de Biscoito. Como Lynda sempre disse: Biscoito sabia que ela era uma trouxa.

Mas isso não é verdade, e Lynda sabia disso. Biscoito não pensava que ela era trouxa, assim como Dewey não me tomou por trouxa durante o tempo que passamos juntos. Sim, nós mimamos os nossos filhos, mas nossa ligação era genuína. Não era uma situação como a de Dengosa, não era do tipo "me dá comida e cai fora". Gatos como Dewey e Biscoito dão tanto quanto recebem.

Qual a diferença? Dewey dava para a comunidade, Biscoito dava para Lynda Caira.

Ela dava amor. Ela dava atenção. Ela queria ficar perto, ficar perto dos seus pés, queria receber carinhos. Não, ela não insistia em receber carinho. Quando Lynda saía do quarto, Biscoito ia atrás dela e se esfregava em suas pernas. Sentava nos pés de Lynda. Pulava no colo dela. Se não recebesse carinho suficiente, ela cutucava o braço de Lynda com a cabeça e depois se mexia, mostrando exatamente onde queria ser acariciada. Ela adorava subir no peito de Lynda e lhe dar um beijo. Isso mesmo, um beijo. Volta e meia, Biscoito se esticava e colocava seus lábios sobre os lábios de Lynda, como uma filha pequena dando um beijinho tímido de boa-noite na mãe.

Até quando Lynda saía, Biscoito às vezes ia atrás dela. Lynda tentava evitar isso, claro, mas Biscoito era esperta. Ela se escondia atrás da porta e passava correndo logo que Lynda abria a porta, quase sempre com um saco de lixo na mão. Uma vez do lado de fora, Biscoito corria. Lynda soltava o saco e corria atrás dela, gritando para que parasse. Quando alcançava metade do quarteirão, Biscoito decidia que já tinha sido o bastante. Ela parava, virava e esperava Lynda vir pegá-la. Então elas voltavam devagar para casa, Lynda dizendo para seu bebê nunca, nunca mais fazer aquilo de novo, e Biscoito se esfregando em seu queixo, como se dissesse: *Não se preocupe, mamãe, eu nunca iria muito longe de você.*

Para algumas pessoas, isso tudo pode parecer demais. Mas a vida de Lynda era ocupada. Depois do divórcio, ela se tornou gerente geral da empresa de bufês da família. A empresa tinha suas bases na comunidade de Bayside, dando apoio e sendo apoiada pela família e pelos amigos que tinham amparado Lynda através dos anos. Ela trabalhava cinquenta horas semanais, mesmo antes de um administrador do Hospital de Crianças St. Mary perguntar se ela poderia doar um bufê para a festa de Natal das enfermeiras. Ela ficou tão impressionada com o hospital que, no ano seguinte, organizou e ofereceu um jantar beneficente, no qual cada convidado pagava quarenta dólares. No primeiro ano, ela conseguiu levantar mais de 12 mil dólares. No ano seguinte, ela convenceu uma estrela de novela a comparecer – muitas novelas eram filmadas a poucos quilômetros dali, na parte industrial de Queens –, duplicando o número de pessoas e de doações. Em pouco tempo, ela estava levantando mais de 50 mil dólares por ano com os jantares beneficentes que oferecia em fevereiro e seu evento de caridade era tido como o preferido das estrelas do dia na revista *Soap Opera Digest*.

Quando não estava trabalhando, Lynda estava em casa, preparando o jantar, limpando, ajudando com o dever de casa e empurrando sua jovem adolescente para a cama. Seus pais traziam toneladas de macarrão caseiro, seus amigos a levavam ao cinema e a shows, mas a maior parte do seu tempo era dedicada a Jennifer.

"Você sabe como é", ela disse. "Era tudo para a minha filha. Tudo que eu fazia era por ela."

Eu sabia. Quando Lynda Caira falava de sua vida de mãe solteira, eu lembrava da minha época trabalhando cinquenta horas por semana na biblioteca. Lembro dos finais de semana com meus amigos e a acolhida calorosa da minha família, como me sentia protegida e apoiada. Eu era feliz. Eu tinha minha própria vida. Mas aquela vida, na verdade, era devotada à minha filha, Jodi. Quando eu trabalhava, era para dar uma vida melhor a ela. Quando voltei a estudar, a fim de me qualificar para o cargo de diretora, meu objetivo era fazer dinheiro suficiente para poder colocar Jodi em uma universidade. O tempo inteiro, quando eu estava sozinha na biblioteca pelejando para escrever uma monografia de final de curso, ou quando tentava convencer Jodi a arrumar o seu quarto bagunçado, estava sempre pensando na minha filha.

E eu sei o que Lynda quer dizer quando afirma que Biscoito estava lá para ela, porque Dewey estava lá para mim também. Quando me sentia frustrada ou cansada, Dewey pulava no meu colo. Quando eu me perguntava se o esforço valia a pena, ou se estava fazendo as escolhas certas, Dewey me tirava da letargia brincando de pega-pega. Toda manhã, Dewey ficava na porta da frente da biblioteca me esperando. Quando me avistava, ele acenava – e qualquer coisa que estivesse me incomodando se evaporava. Dewey estava presente. Ele acenava. O mundo era bom.

Biscoito fazia isso com Lynda. Sempre que ela chegava em casa, vindo de um longo dia de trabalho ou de uma noite fora com os amigos, Biscoito estava no banco acolchoado perto da porta da frente. Ela sempre seguia atrás de Lynda como um cachorro, esperando-a largar as bolsas, arrumar as coisas e se abaixar para fazer carinho nela. Lynda não resistia. Não importava quantas vezes Biscoito fizesse isso, Lynda sempre gostava da atenção que a gata lhe dava. Ela nunca teve nada contra Dengosa, que continuava reservada. Ela nunca teve esse tipo de expectativa em relação a outro gato. Percebia que essa devoção era algo especial, algo particular a Biscoito.

Biscoito adorava roupa recém-lavada, quentinha, saindo do secador. Lynda deixava-a se enroscar na cesta sempre que tinha uma chance. Ela não conseguia enxotar Biscoito, então muitas vezes tinha que lavar as roupas duas ou três vezes. (Foi o que ela me contou na primeira vez; mas, depois, confessou que nunca lavava de novo.) Biscoito não aceitava qualquer fronha de travesseiro. Toda vez que Lynda mudava uma fronha, Biscoito pulava na cama para testá-la com uma soneca. Se não gostasse do tecido, choramingava e saía de cima, esperando Lynda trocar a fronha. O que ela sempre fazia, claro.

Biscoito também adorava ficar na cozinha quando Lynda cozinhava. Ela tinha, particularmente, o hábito de ficar aos seus pés enquanto ela usava o fogão. A gata adorava pão de soda irlandês e pão de abóbora, e Lynda sabia que devia cortar um pedaço para Biscoito quando pegava uma fatia para si. Biscoito também amava brócolis "raab", uma verdura italiana que fazia Lynda lembrar sua infância, a família e os verões com vinho caseiro e tomates em lata na cozinha da casa de sua avó. O brócolis "raab" parece um brócolis fibroso, e seu gosto amargo é algo que a maioria dos americanos come com relutância. Mesmo muitos ítalo-americanos não gostam de seu amargor, embora ele seja uma das matérias-primas da culinária italiana. Biscoito adorava. Assim que ela sentia o cheiro do brócolis "raab" cozinhando, corria para a cozinha e ficava ao pé de Lynda miando até receber uma mordida. Ou duas. Ou três. Lynda nunca se importava. Ela não era solitária. Longe disso. Mas Jennifer comia muito fora de casa, com os amigos, ou passava os finais de semana com o pai, como estabelecido pela Justiça, e era bom ter alguém com quem comer todas as noites.

Houve um dia em que Lynda notou não a presença, mas a ausência de Biscoito. Se a gata desaparecesse por um tempo, Lynda dava uma volta pela casa para procurá-la. Biscoito quase sempre vinha trotando assim que Lynda a chamava, mas certa noite ela sumiu por algumas horas. Isso não era de seu feitio. Lynda deu algumas voltas pela residência até perceber que a tela do quarto principal havia sido empurrada para fora. Ela olhou pela janela e lá estava Biscoito, suja e desgrenhada, tentando loucamente escalar a parede. A gata devia ter aberto a tela acidentalmente, caindo pela janela num salto-mortal. Felizmente, era o primeiro andar. Biscoito só tinha caído um metro e meio. Ainda assim, quando Lynda a encontrou, suas garras estavam quebradas e suas patas sangravam de tanto arranhar a áspera parede de tijolo.

Alguns anos depois, Lynda decidiu terminar a construção do porão. Jennifer estava no ensino médio e sem o porão não havia espaço suficiente no pequeno sobrado para ela ficar com os amigos. A obra duraria alguns dias e como os homens da obra ficariam entrando e saindo de casa, antes de sair Lynda se certificava de que Biscoito e Dengosa estavam trancadas no seu quarto. No segundo dia, depois que os homens foram embora, ela destrancou a porta para deixar as gatas saírem. Dengosa estava sentada no parapeito da janela, desdenhosa como sempre. Mas Biscoito não veio correndo. E não estava no quarto. Enquanto procurava no armário e embaixo da cama, ocorreu a Lynda que a espertinha da Biscoito devia ter escapulido assim que ela havia fechado a porta de manhã.

Ela chamou Jennifer. Imediatamente, ambas começaram a procurar pela casa, chamando Biscoito. Olharam nos guarda-roupas, debaixo do sofá, nos armários da cozinha. Nada de Biscoito. Lynda olhou na estante da televisão e debaixo do material de costura. Limpou os restos de obra empilhados no porão. Examinou as janelas, mas todas as telas estavam fechadas. Não havia um canto no qual ela não tivesse procurado, depois procurado de novo, e ainda uma terceira vez.

"Nossa!", ela me disse. "Eu fiquei completamente histérica."

Jennifer chorava. Lynda estava pior. Sua Biscoito tinha sumido. Os homens da obra tinham aberto as portas externas. Tinham mexido o dia inteiro com placas de gesso, serras e caibros, fazendo barulho e dando pancadas. Sem ter como voltar para o quarto trancado, Biscoito deve ter ficado aterrorizada. Claro que ela correu. Por que não correria? E uma vez que estivesse lá fora...

Meu Deus!, a gata sumira. Ela era um bebê e Lynda tratara de todos seus terríveis males e Biscoito amara Lynda e agora, meu Deus, como ela podia sumir? Como que o seu bebê podia desaparecer?

"Procure mais uma vez", Lynda disse a Jennifer.

Vinte minutos depois, histérica, cansada e desesperada, empurrando pedaços de placas de reboco no porão, Lynda ouviu algo. Primeiro pensou que estava imaginando coisas. Depois ouviu de novo. Um som fraco de passos. Depois um miau, muito fraco e muito longe. Ela se embrenhou entre os restos da obra, gritando "Biscoito! Biscoito!". Ouvia um miado, ainda bem longe, como se viesse do primeiro andar. Mas seria possível? Ela procurou e procurou e... olhou para cima e, bem em cima dela, havia uma camada fresca de gesso.

"Meu Deus do céu", gritou para Jennifer. "Ai, meu Deus, ela está no teto!"

Lynda subiu numa pequena escada. "Biscoito", chamou, batendo com a mão no reboco. "Biscoito!" Então ela ouviu o som de passos vindo em sua direção, e depois um miau fraquinho. Toda vez que dizia Biscoito, recebia como resposta um miado bem sobre sua cabeça.

Ela ligou para um dos homens que trabalhava na obra. "O teto", ela gritou no telefone. "No teto!"

"O que tem o teto?"

"A minha Biscoito."

"A sua o quê?"

"Minha gata. Ela está presa no teto."

Ela ficou tão histérica que o homem veio imediatamente. Certamente, Biscoito tinha pulado no teto ainda não concluído e ficara presa entre as vigas quando os homens colocaram a última leva de reboco. O homem abriu um buraco em cima da janela, onde o reboco ainda não tinha sido selado e juntos, ele e Lynda, batendo no teto e chamando Biscoito, conseguiram convencer a gata a se aproximar do buraco. De repente, lá estava ela, a pequena Biscoito de Lynda, olhando pela beirada do reboco. Ela olhou em volta, como se visse o porão pela primeira vez, e pulou para os braços de Lynda, completamente coberta de poeira e de restos de construção. Lynda chorava e beijava Biscoito, tomada de medo e alívio. Biscoito não se importou. Ela pulou e saiu correndo, como se já soubesse que Lynda iria encontrá-la.

Antes de o homem ir embora, Lynda o fez fechar o buraco no teto e selar cada centímetro. Não se importava que já fosse tarde da noite. Não queria correr mais nenhum risco.

***

O PRIMEIRO TROPEÇO NA VIDA DE BISCOITO foi quando Dengosa morreu. Um tumor se formou ao redor do seu coração e do pulmão, e em 48 horas Dengosa passou de uma saúde aparentemente perfeita para o seu último suspiro na mesa do veterinário. Ela se foi antes de Lynda entender o que estava acontecendo.

Logo depois, ela notou que uma gatinha minúscula e trôpega estava bisbilhotando na porta da frente. A gata era obviamente pequena demais para não precisar de leite materno, mas nenhuma mãe parecia estar por perto, e então Lynda começou a lhe dar comida. Deu comida para a gata na entrada da casa durante nove meses, sem intenção alguma de deixá-la entrar. Ela tinha Biscoito. Não queria e nem precisava de outro gato. Mas, depois de um tempo, ela percebeu que Chloe – o nome que deu à pequena – estava morrendo de medo do enorme cachorro de caça do vizinho. Diversas vezes por dia, ele saía de casa feito um louco e perseguia a gata pela rua, latindo intensamente e assustando-a. Tanto quanto Lynda, o vizinho também não gostava disso. Temia que seu precioso cão fosse atropelado por um carro. Então apareceu com a solução perfeita: atirar na gatinha com a sua espingarda de caça. Nem preciso dizer que, imediatamente, Lynda trouxe Chloe para dentro de casa, fazendo dela um gato doméstico.

Biscoito não ficou nem um pouco feliz com isso. Ela tinha seis anos e estava acostumada a ter a casa só para ela. Não atacou Chloe – Biscoito não era uma gata agressiva –, mas torceu o nariz para a novata e se recusou a lhe dar qualquer atenção. Chloe era uma gata tímida, do tipo que baixa a cabeça e olha para você com grandes olhos tristes. Ela aceitou prontamente o papel de segundo gato na casa da família Caira. Parecia ter entendido que podia viver na casa, desde que aceitasse as condições que Biscoito impunha. Biscoito comia primeiro. Biscoito bebia primeiro. E Biscoito não dividia Lynda. Esse era o limite, a regra que estava acima de todas as outras. Biscoito olhava com desdém quando Chloe tentava se aproximar de Lynda e certa vez não hesitou em lhe dar um safanão para mostrar que tal comportamento era inaceitável. E se Chloe tentasse pular na cama de Lynda? Isso era imperdoável. Se ela colocasse uma pata na colcha, Biscoito fazia um arco com as costas e grunhia. Ela não era muito de briga, mas brigaria para defender aquela cama, porque Lynda, bem, Lynda era sua. Lynda era sagrada.

Apesar disso, aos poucos, Biscoito amoleceu. No fundo ela era uma gata amigável; aquela vigilância constante não fazia parte da sua natureza. Ela era uma amante e uma companheira despreocupada, e logo que entendeu que ainda era o amor da vida de Lynda, passou a ser mais calorosa com a doce e subserviente Chloe. Veja bem, isso levou muitos anos. Três anos exatamente. Mas acabou que Biscoito e Chloe se tornaram grandes amigas.

O segundo tropeço veio alguns anos depois. Lynda já tinha estabelecido uma vida confortável havia muito tempo: estava há vinte anos na sua casa, completara dezessete anos como mãe divorciada, dezesseis anos cuidando de uma empresa de bufês bem-sucedida e dez anos com sua amada Biscoito. Depois de doze anos fazendo jantares beneficentes, ela doou mais de um milhão de dólares para o

Hospital de St. Mary, que usou esse dinheiro para abrir uma unidade de tratamento de traumatismo cranioencefálico em crianças, a única com essa especialidade na costa Leste. No ano seguinte, Lynda organizou um evento beneficente para a esclerose lateral amiotrófica (também conhecida como doença de Lou Gehrig), que não só havia matado sua tia como também atingira uma das estrelas de novela que havia sido providencial na ajuda aos seus eventos beneficentes: Michael Zaslow. Depois de sua doença ser revelada, ele foi despedido da novela *Guiding Light*. Como sua saúde se deteriorou rapidamente, ele disse à esposa que o que mais lamentava era não poder rever seus amigos uma última vez. Trinta e cinco desses amigos apareceram para vê-lo no evento organizado por Lynda, que levantou mais de 26 mil dólares. Michael Zaslow morreu dez dias depois.

Ao recrutar a ajuda dos seus amigos e de sua família unida, como sempre fazia por uma boa causa, Lynda sabia que sua vida estava mudando. Com o pai parcialmente aposentado, a empresa de bufês reduziu o número de empregados e o espaço de trabalho. Lynda teve que começar a trabalhar mais e também teve que parar de fazer eventos beneficentes. Sua filha estava crescendo e em breve viveria por conta própria. Quando a avó morreu, a família vendeu a casa onde Lynda passara tantas tardes maravilhosas, entre parreiras, tomates em lata e uma matriarca que nunca dizia não a ninguém, dos trabalhadores da época da construção da estrada a estranhos em dificuldades, precisando de uma xícara de café. Foi como se a morte da avó colocasse um ponto-final no bairro de Lynda Caira, uma comunidade onde há muito as hortas e as pérgulas de parreiras haviam sido aterradas com cimento e onde ninguém mais falava com desconhecidos – muito menos os convidava para entrar e comer uma refeição. Os primeiros imigrantes já estavam se retirando de lá havia algumas décadas, pois se sentiam esmagados por imigrantes recém-chegados e pelos refugiados que vinham da "City" (como os locais chamavam Manhattan) procurando lugares com um custo de vida mais em conta. O século chegava ao fim na velha Bayside e Lynda Caira decidiu lucrar com a venda da sua casa. Vendeu-a por um valor dez vezes maior do que pagou em 1973 e comprou a única casa vitoriana de Floral Park, com três quartos e dois andares.

Floral Park ficava só a onze quilômetros de distância, mas para Lynda Caira era outro mundo. Bell Boulevard, a principal via pública de sua antiga região em Bayside, era cheia de avisos chamativos, fios elétricos e quatro vias de tráfego barulhento. Tulip Avenue, a rua principal de Floral Park, tinha apenas duas vias cercadas por pequenos estabelecimentos comerciais com placas ordenadas de madeira na frente: a padaria, a loja de doces, o pequeno supermercado independente, o escritório de advocacia no segundo andar. Floral Park foi fundada em 1874 por um comerciante atacadista de sementes de flores, que deu a todas as ruas nomes de flores. Em 1908, tornou-se uma divisão administrativa autônoma, ocasião esta que foi comemorada com a inauguração de uma biblioteca com um campanário branco no final da avenida e jardins centenários no seu outro extremo. Todo ano, o gramado na frente do Memorial Park recebia uma árvore de Natal. Uma multidão sempre aparecia para ver o acender das luzes e seguia depois para a Igreja católica ao lado, onde era servido chocolate quente. Dá para imaginar uma árvore de Natal na rua principal de Bayside, Queens? Com chocolate quente? Nunca!

Para Lynda, Floral Park era um paraíso, uma pequena cidade cheia de árvores no estilo Norman Rockewell,[10] que ficava a ape-

10. Norman Rockwell foi um importante pintor e ilustrador americano do século xx. (N. T.)

nas um passo da bagunça dispersa do subúrbio de Queens. Certo, era preciso dirigir quase cinquenta quilômetros em qualquer direção para conseguir sair da teia sem fim da cidade de Nova York. Mas, ali, dentro do labirinto de ruas e prédios altos, havia um pequeno pedaço do estilo de vida do Meio-Oeste americano. Um lugar com festas de bairro, gramados verdes, crianças andando de bicicleta e adultos comendo cachorro-quente ao som da estação Light FM no rádio. Um lugar onde ela podia pendurar um belo arranjo de flores na entrada de sua enfeitada casa vitoriana, onde podia cuidar dos narcisos roxos e das suzanas-dos-olhos-negros nos bem cuidados canteiros de flores. No final do Floral Boulevard ficava um prédio escolar grandioso, que existia desde a primeira década do século XX. No outro extremo do bairro, atrás de uma faixa estreita de árvores e de um santuário de pássaros – um santuário de pássaros! – ficava a pista de corrida onde acontece uma das três maiores corridas de cavalo do mundo, a Belmont Stakes. Nos finais de semana do verão, o eco da voz do narrador das corridas fazia um murmúrio agradável por trás dos barulhos de cortadores de grama e de bolas de basquete.

Na esquina do Chestnut Boulevard e do Floral Boulevard, a um quarteirão da casa de Lynda, ficava a estação Bellerose da ferrovia de Long Island. Ficava a apenas quinze minutos da estação Grand Central, mas Lynda nunca ia à City. Talvez uma vez por ano, se houvesse algum espetáculo na Broadway que ela quisesse ver. Como para a maioria das pessoas de Floral Park, sua vida não se orientava por Manhattan. A maior parte dos seus amigos – até sua melhor amiga, que tinha dois anos de idade quando empurrou a pequena Lynda num carrinho de bebê em Bayside – morava agora em Floral Park. Foram criados nos subúrbios de Queens e depois migraram alguns quilômetros para o leste, em direção a ruas mais quietas e mais residenciais. Naquele bairro, recriaram entre eles o que a família de Lynda fora em Bayside: uma comunidade de apoio e amor. Ela não mudou para longe. Ao menos, não geograficamente. O círculo de quinze quilômetros de vizinhança onde Queens encontra Long Island era, afinal, o mundo de Lynda. Ela ficou maravilhada ao encontrar seu pequeno pedaço do estilo de vida do Meio-Oeste bem no meio disso.

Jennifer... bem, nem tanto. Ela tinha 23 anos, ainda morava com a mãe na casa onde cresceu, e foi intransigente quanto a sair do seu antigo bairro. Ela se recusou a empacotar suas coisas, sequer uma escova de dentes; acabou que Lynda precisou pagar os encarregados da mudança para arrumarem as coisas da sua filha.

Chloe e Biscoito foram ainda piores. Principalmente Biscoito, que era mestre em comunicação. Seu sistema de sinais incluía empurrar, sentar no pé, provocar tropeços e parecia ter um miado diferente para cada ocasião. Ela tinha um miado que queria dizer que estava incomodada. Um miado que queria dizer que estava feliz. Um miado que dizia *Me deixe em paz*. Um miado que significava *Vem aqui*. Um miado para *Me dá um pouco, por favor*. Um miado mais forte que significava *Eu quero*, sem o *por favor*. E tinha um miado que era, *Eu quero, eu quero, eu quero* para pedir brócolis "raab". E também um miado agudo para quando realmente queria a atenção de Lynda, que soava exatamente como um *mãe*. Lynda não se iludia pensando que sua gata a estava chamando de mãe. Ela devia estar imaginando coisas. Mas quando seus amigos ouviam Biscoito clamando por atenção, ficavam de queixo caído.

"Ela disse mãe?", todos perguntavam.

"É, parece que sim, não é?", dizia Lynda, corada de orgulho.

Mas não dessa vez. Dessa vez, enquanto Lynda empacotava as coisas para a mudança, os miados de Biscoito não significavam pedidos, perguntas ou beijinhos na "mãe". Dessa vez, ela estava berrando com Lynda.

Quando o dia da mudança chegou, Biscoito parou de miar e desapareceu. Ela não tinha nenhuma intenção, nenhuma mesmo, de sair daquela casa. Lynda lutou durante horas para conseguir enfiar os gatos no carregador. Biscoito, frustrada, ficou batendo com a cabeça e esfregando seu rosto na grade do carregador. Quando chegaram a Floral Park, depois de apenas vinte minutos, o nariz dela estava ferido e coberto de sangue. Lynda mal podia olhar para ela. Sentia-se muito culpada.

Quando Lynda abriu a grade do carregador, Biscoito e Chloe nem pararam para falar com ela. Foram correndo para o segundo andar e se esconderam embaixo da cama de hóspedes. Jennifer melhorou logo. Depois de dois dias, ela fez novos amigos e já se sentia em casa em Floral Park. Biscoito e Chloe levaram bem mais tempo. Exceto por necessidades fisiológicas, elas se recusavam a sair de baixo da cama. Quando Lynda tentava convencê-las a sair, Chloe voltava para um canto e Biscoito dava uns passos para a frente para reclamar. E assim foi, durante três meses.

Depois, tudo foi perdoado. As reclamações pararam alguns dias depois de Biscoito sair de baixo da cama? Ou foram meses depois? Um ano depois? Eu sei que levou tempo para Biscoito se acostumar, mesmo quando parou de protestar, mas será que importa quanto tempo levou? No final, Biscoito amava a casa nova tanto quanto Lynda. Ela gostava tanto que não conseguia definir qual era o seu lugar preferido. Durante algumas semanas, foi o banco acolchoado. Ela ficava em cima dele todas as noites enquanto Lynda via televisão. Depois foi a cadeira de balanço, o que durou umas seis semanas. Depois foi o topo do sofá, depois uma cadeira da sala de jantar, depois um canto atrás de um móvel, depois sua pequena cama de gato em cima da escada. Lynda costurava e Biscoito tinha vários lugares no novo quarto de costura. Durante um verão, ela se apaixonou pela prateleira de baixo de uma estante. Lynda colocava um monte de colchas na estante, colchas que ela fazia para presentear os amigos e parentes. Claro que ela também fez uma para Biscoito, com desenhos de flores no meio, alternando com gatos e cachorrinhos nas bordas. Biscoito deitava em todas as colchas, mas nunca em cima da sua colcha. Por que estragar sua colcha especial se, afinal, ela podia encher de pelos as coisas em que todo mundo também sentava?

Aos poucos as estações mudavam. As folhas na Floral Avenue explodiam em tons verdes, depois em dourado e vermelho, até serem levadas pelo vento do inverno. Os cavalos corriam em Belmont; o trem com passageiros ia e voltava da cidade. Jennifer passava a maior parte do tempo com os amigos e namorados, até que se mudou para uma casa a uns cinco quilômetros dali. Quando era mais jovem, Lynda pensava em se casar novamente. Ela teve companheiros, mas nenhum de seus relacionamentos acabou como queria. Ela gostava do romance, claro, mas nunca encontrou alguém com quem quisesse dividir a sua vida.

"Se aparecesse um homem agora", Lynda me disse, "eu provavelmente diria a ele: não quero, obrigada."

Mulheres jovens (e homens) podem ser céticos quanto a esse tipo de declaração – como pode uma mulher solteira não querer um homem? –, mas eu entendo perfeitamente. Eu senti o mesmo durante décadas da minha vida; apenas colocava de modo diferente. "Só quero um homem", eu sempre dizia, "se puder pendurá-lo no armário, como uma roupa que eu só uso quando quero sair para dançar." Quero o romance. Quero a diversão e quero dançar. Mas não me faça ter que limpar todos os dias, pelo resto da minha vida, os pelos de barba de algum homem da pia do banheiro. Sou perfeitamente feliz do jeito que sou e agradeço.

Então, eu entendo exatamente o contentamento de Lynda, porque eu mesma experimentei isso. E por que ela não seria feliz? Ela era confiante. Tinha uma filha ótima. Era realizada. Tinha amigos, família e o companheirismo de Biscoito, que, ao longo de anos de devoção, sabia tudo que havia para saber sobre a dona e amiga. Quando Lynda se sentia sozinha, Biscoito brincava com o seu nariz, dava beijinhos na sua boca ou sentava no seu colo. Quando Lynda estava feliz, elas dançavam pela casa. Quando ela queria ficar sozinha (raramente), Biscoito dava espaço. Quando estava costurando, Biscoito sentava quietinha ao seu lado, em vez de ficar brincando com os fios (o que era normal). Não eram apenas os seus humores, Biscoito entendia como Lynda se sentia. Quando Lynda não estava bem, Biscoito se deitava sobre a parte do corpo de Lynda que doía. Se fosse um vírus no estômago, ela sentava na barriga de Lynda. Se fosse uma dor no joelho, ela deitava no joelho. Quando entrou nos quarenta, Lynda começou a sofrer de estenose do canal espinhal na coluna lombar, devido a uma degeneração vertebral. Quando a dor obrigava Lynda a se deitar, Biscoito engatinhava cuidadosamente sobre suas costas e se esticava sobre o ponto que doía, fazendo como que uma compressa quente para as fortes dores.

Mesmo quando o problema era insônia, Biscoito reagia. Ela percebia o desconforto de Lynda com o silêncio noturno de Floral Park – algo com que não era fácil se acostumar após quarenta anos morando numa cidade barulhenta – antes de a própria Lynda perceber. Toda vez que Lynda se mexia na cama, Biscoito pulava do seu travesseiro para ficar de guarda. Se uma bobagem como uma mosca vinha zunir na janela, Biscoito se levantava atenta, com as orelhas em pé para trás.

"Volte a dormir, Biscoito", dizia Lynda com um carinho. Biscoito ficava olhando na direção do inimigo – geralmente para a janela –, depois dava uma volta no travesseiro, se enroscava como uma bola e dormia instantaneamente. Lynda ficava acordada pensando *como pode essa gatinha me amar tanto*?

Infelizmente, enquanto seu desconforto com o silêncio diminuía, a dor nas costas piorava. Lynda dedicou-se aos exercícios e a sua dieta. Tentou trabalhar menos, mesmo adorando seu trabalho. Visitou médicos, procurando tratamentos, mas suas costas continuavam a piorar. Quando ela sentia dor, Biscoito fazia tudo o que podia para confortá-la. Fazia carinho na sua mão, beijava seu nariz e ficava em cima das costas de Lynda o tempo que fosse preciso. Aqueles quatro quilos sobre sua coluna, tão quentinhos e macios, eram como uma compressa de água quente para seus nervos machucados, mas isso não impedia que seus ossos fossem lentamente se deteriorando. Até o médico lhe dizer que, se ela não fizesse uma cirurgia, poderia estar em uma cadeira de rodas em um ano. Uma cadeira de rodas! Ela só tinha 47 anos.

Foi uma época difícil, mesmo que Lynda tentasse não demonstrar isso. Ela manteve sua rotina normal, divertindo os amigos, visitando a família e indo semanalmente ao seu clube de costura. Dava apoio a Jennifer quando ela precisava. E trabalhou em período integral no bufê até o dia anterior à cirurgia. Mas, de noite, ficava acordada e preocupada, mesmo com Biscoito ao seu lado atenta a qualquer pequeno movimento e roçando de leve a sua lateral, como se dissesse: *Está tudo bem, mamãe, está tudo bem.*

Mas, um dia, sem prestar muita atenção, ela estava fazendo carinho em Biscoito e pensando na sua cirurgia, quando um monte de pelos saiu na sua mão. Lynda olhou para baixo um pouco confusa. Virou o corpo de Biscoito e a pele da gata estava manchada, inflamada, e ela estava praticamente sem pelos na barriga e na região interna das patas de trás. "Ah, não, Biscoito", disse, "ah, não." Biscoito tinha quatorze anos e não tinha muito tempo, Lynda teve de admitir que a audição da gata estava piorando. Agora, a pobre gata tinha desenvolvido uma doença de pele.

Alarmada, Lynda foi correndo com Biscoito ao veterinário. Eles fizeram uma bateria de testes, mas não acharam nada de errado. Finalmente, o veterinário retirou o seu estetoscópio e olhou para Lynda.

"Você está bem?", ele disse.

"Eu estou bem", ela respondeu.

"Você está doente?"

"Não, mas estou com um problema nas costas. Vou fazer uma cirurgia séria daqui a poucos dias."

O médico sacudiu a cabeça. "Há quanto tempo você sabe disso?"

"Seis meses."

O médico guardou seu equipamento. "Não é um problema físico", ele disse. "É psicológico. Biscoito está tão preocupada com você que está arrancando os próprios pelos para aliviar o estresse."

Lynda olhou para a gatinha, para a sua carinha doce, sua barriga sarnenta e suas pernas sem pelos, e começou a chorar. Biscoito tinha saído como uma gatinha machucada da gaiola. Ela viu dúzias de pessoas passarem por ela todos os dias. De todas essas pessoas, Biscoito escolheu Lynda. Num instante, Biscoito decidira dedicar sua vida a ela. Lynda nunca entendeu o motivo. O que ela havia feito para ganhar sua confiança? O que havia feito para merecer esse amor tão extraordinário e genuíno?

A cirurgia acabou em algumas horas, mas a recuperação foi longa e lenta. Biscoito se recusava a sair da cama de Lynda. Nem por um momento. Uma noite, mais ou menos uma semana depois da cirurgia, Lynda ficou muito doente. A casa começou a girar vertiginosamente ao seu redor e ela sentiu que estava morrendo. Com muito medo, gritou pela ajuda da filha. Biscoito olhava para Lynda, depois olhava para Jennifer, depois olhava para Lynda. Ela emitiu um novo miado – urgente e inseguro. Em vez de ligar para o hospital, Jennifer ligou para os avós, que vieram correndo. Mas, assim que a mãe de Lynda se aproximou da cama, Biscoito pulou e gritou para ela. A mãe de Lynda se sentou na cama; Biscoito rosnou e brigou até ela sair com medo de ganhar uma mordida. Biscoito ficou onde estava a mãe de Lynda e brigou e rosnou mais. Sua amada Lynda estava com problemas. Ninguém podia se aproximar dela, decidiu a gata, ninguém além de sua filha e ela própria.

Foi apenas um caso sério de vertigem, provocado pela manipulação da coluna de Lynda durante a cirurgia, mas que mudou a relação de Lynda e Biscoito para sempre. Suponho que "mudou" não é uma boa palavra, porque eu não acho que a atitude de Biscoito tenha mudado muito. "Revelou-se" talvez seja uma palavra melhor, porque pela primeira vez Lynda compreendeu a profundidade do amor de Biscoito. Sim, Biscoito sabia tudo dela e fazia tudo que podia para deixá-la feliz. Sim, Biscoito literalmente ficou doente de tanto se preocupar com a saúde da amiga. Mas, naquela noite, Lynda viu o sacrifício. Ela viu que, para protegê-la, Biscoito não se preocupava consigo mesma. Ela sofreria qualquer dano para defender sua amiga.

Depois daquela noite, o amor de Biscoito tornou-se insaciável. Quando Lynda estava na cama, ela se deitava ao seu lado; quando Lynda se sentava, Biscoito permanecia ao seu lado; quando Lynda finalmente conseguiu ficar de pé, a gata passou a andar ao seu lado. Como parte da recuperação, Lynda ficava em uma cadeira ortopédica, que era alta e estreita como uma cadeira de bebê. Biscoito aprendeu a subir atrás do sofá, e dali a pular na cadeira e depois no colo de Lynda, onde ficava o dia inteiro. Relutante, Lynda pedia à mãe ou à filha para tirarem Biscoito quando o peso ficava demais para a sua coluna que ainda estava se recuperando.

Mesmo depois que Lynda melhorou, Biscoito não relaxou. Lynda mal podia ler um livro porque sua gata teimava em deitar sobre ele. Ela não podia abrir uma porta sem que Biscoito corresse na sua frente e tentasse impedi-la de sair. Biscoito nunca gostou de televisão. Quando Lynda via televisão antes, Biscoito entrava e saía do quarto, sentava um pouco, depois se levantava, agitada. Agora ela ficava sentada no sofá com Lynda e via televisão. Se Lynda queria se deitar, ela tinha que dar espaço para Biscoito poder se esticar em cima de sua cabeça. Exatamente às dez horas da noite, Biscoito saía do sofá, ficava na frente da televisão e miava.

Na primeira noite, Lynda ficou chocada. "Biscoito", disse, "qual é o problema?"

Biscoito saiu da sala. Pensando que algo estava errado, Lynda a seguiu. Biscoito foi direto para a cama. Lynda olhou por toda parte, mas não percebeu nada de errado. Até que voltou para a sala. Biscoito voltou gritando e levou Lynda de volta para a cama. Demorou um tempo até Lynda perceber que não havia nada de errado. Biscoito havia simplesmente decidido que estava na hora de dormir. Daquela noite em diante, a não ser que houvesse algo especial, dez horas era a hora de dormir na casa dos Caira. Biscoito insistia nisso.

Não que dormisse muito. Biscoito era uma pilha de nervos na cama, ficava pulando em cima de Lynda, brincando com os seus pés, andando ao redor do travesseiro. Ela esfregava o nariz nos lábios de Lynda, nas suas bochechas, no seu nariz, em qualquer lugar do rosto que pudesse alcançar. Quando Lynda apagava a luz e fechava os olhos, Biscoito esperava um minuto e depois colocava sua patinha sobre o rosto de Lynda. Se Lynda não reagisse, Biscoito vinha e empurrava sua pálpebra com a pata.

"Querida, estou viva", Lynda dizia suavemente, fechando os olhos.

Alguns minutos depois, Biscoito esfregava a pata sobre o rosto de Lynda novamente. Isso começou na noite da vertigem, depois acontecia toda noite. E não parou. Muito depois de Lynda já estar bem, Biscoito continuava acordando-a todas as noites para verificar se estava viva. Lynda não se incomodava. Ao contrário, ficava comovida. Mas Biscoito... a vida inteira de Biscoito definia-se por sua devoção a Lynda. Era uma experiência de humildade e de ternura ser amada daquele modo. Mesmo que fosse "apenas" o amor de um gato.

Mas enquanto Biscoito se preocupava com a iminência de morte de Lynda, Lynda estava absolutamente convencida de que Biscoito viveria para sempre. Biscoito perdera a audição – um teste confirmou isso –, mas, por outro lado, estava saudável e bonita como sempre quando chegou aos dezoito anos. Estava um pouco mais lenta, mas, bem, isso era natural. Afinal, um relógio podia bater para sempre sem nunca parar.

Então Lynda leu *Dewey*. Jennifer lhe deu o livro de Natal e (surpresa!) Biscoito até deu espaço suficiente para que ela pudesse ler. Conforme ia lendo os últimos capítulos, foi ficando mais e mais chateada, até ficar, como disse em sua carta para mim, "nada menos que histérica". Todos os sinais de idade que Dewey demonstrou no seu último ano de vida estavam acontecendo com Biscoito.

Como Dewey, Biscoito ficou com hipertireoidismo. E, como Dewey, ela não era muito boa com a coisa de tomar comprimidos. Lynda pensava que ela tinha realmente engolido os remédios, mas depois os encontrava atrás dos móveis. Ficou com crostas no pelo que quase não saíam, porque as farpas na sua língua estavam gastas e ela já não podia se limpar tão bem. Como Dewey, de repente Biscoito começou a se interessar por carnes frias, provavelmente porque tinham muito sal. Lynda comprava duzentos gramas de peito de peru por vez. Quando a gata se cansava de peito de peru, Lynda mudava para frango, sem se importar se ainda havia peito de peru sobrando. Aí Biscoito parou de comer carnes frias. Não queria mais aquela ave velha. Então Lynda tentou um frango assado de padaria, que tinha acabado de ser feito. Biscoito gostou. Então Lynda dividia um frango assado com Biscoito toda semana.

Jennifer pensou que sua mãe estava estragando a gata, mas Lynda discordava. *Dewey* partiu seu coração. Ela chorou todas as noites em que leu os últimos capítulos sobre a velhice e a morte de Dewey, não só pensando no meu precioso gato da biblioteca, mas também na sua preciosa Biscoito. Ela viu o futuro e entendeu que o fim estava próximo. Biscoito estava mais lenta. Andava com dificuldade e não se alimentava direito. Depois de dezenove anos de amor extraordinário de Biscoito, não havia nada que Lynda não fizesse pela gata.

Naquele mês de fevereiro, Biscoito ficou com problemas nos rins e na bexiga. O veterinário tirou um raio X e fez endoscopias, sem economizar em nada porque Lynda não queria que fosse de outro modo, mas a situação de Biscoito não melhorou. Em abril, o veterinário interrompeu o tratamento. Também retirou o medicamento para hipertireoidismo, que estava provocando irritações na pele das orelhas e da barriga.

"Ela não precisa desse incômodo", disse o médico.

Ele estava dizendo para Lynda se desapegar, que deixasse Biscoito em paz, mas Lynda não conseguia aceitar totalmente o fato de Biscoito estar morrendo. A pequena gata ainda a seguia bem pertinho a toda parte, querendo amar e ser amada. Ela ainda esperava, todas as noites, no banco acolchoado na porta da frente, Lynda chegar do trabalho. Todas as manhãs, quando saía para trabalhar, Biscoito a fitava com olhos pidões, como uma criança pequena, como se dissesse: *Como você pode me deixar, mamãe?*

Em julho de 2009, comemoraram os dezenove anos de vida de Biscoito. Lynda disse que gostaria de celebrar os vinte anos da gata no ano seguinte, mas nem ela mesma acreditava mais nisso. Biscoito nunca foi grande, pesava quatro quilos e meio quando adulta e saudável. Agora, pesava menos de três quilos. Passava a maior parte do dia debaixo da mesa da cozinha. Lynda trouxe sua comida e água para a cozinha, e seu banheiro para o quarto ao lado. Ela não tinha mais controle da bexiga, mas, mesmo no estado delicado em que se encontrava, Biscoito se segurava e ia até o objeto mais próximo para se aliviar, uma sacola de supermercado, um par de sapatos, até mesmo a bolsa de mão de Jennifer. Por mais doente que estivesse, Biscoito nunca iria fazer bagunça no chão.

A mãe de Lynda estava convencida que Biscoito se mantinha viva só por não suportar a ideia de deixar sua amiga sozinha. Em seu coração Lynda sabia que isso podia ser verdade, que a pequena gata a amava tanto assim, mas ela queria acreditar que Biscoito ainda gostava de viver, que sua existência não era uma luta pela sobrevivência. Ela tocava na gata, fazia carinhos. Preparava brócolis "raab", trazia frango assado da padaria e conversava com ela num tom suave, amoroso e gentil. Quando Biscoito não conseguia mais subir as escadas, Lynda a levava para a cama e a colocava no travesseiro que foi seu lugar especial por tanto tempo. Todas as noites durante dezenove anos, Biscoito dormiu naquele travesseiro. Na terceira noite em que levou Biscoito para a cama, Lynda percebeu que, assim que ela dormia, Biscoito se esforçava para descer as escadas e ir para o chão da cozinha. Na quarta noite, ela deixou Biscoito embaixo da mesa.

"Descanse aqui, minha pequena amiga", Lynda disse. "Não precisa se preocupar comigo."

Biscoito não voltou mais para a cama. Alguns dias depois, enquanto Lynda estava trabalhando, Jennifer ligou aos prantos.

Ela encontrara Biscoito no chão da cozinha, numa pequena poça com seus próprios dejetos. Quando Lynda chegou em casa, Biscoito estava limpa, mas seu corpo estava sem energia, com um olhar vazio e sem profundidade alguma. Ela levantou a cabeça para olhar para Lynda, sua companheira de vida. Talvez tenha até sorrido um pouco, fraquinha, antes de deixar a cabeça cair no chão.

Lynda a segurou nos braços e, do modo mais terno possível, aconchegou Biscoito no carro. "Vai ficar tudo bem", falou baixinho, enquanto sua mente corria e suas mãos tremiam no volante. "Nós vamos pegar algum remédio e você vai ficar bem." Ela continuou falando, reconfortando Biscoito, mesmo que sua voz começasse a falhar, com lágrimas escorrendo por seu rosto. Ela sabia que era o fim e rezava para que fosse sem dor e natural. Rezava para que, não importa o que acontecesse, ela estivesse lá para Biscoito. Sua última obrigação, o mínimo que ela poderia oferecer em troca por uma vida de dedicação, era fazer com que esses últimos momentos fossem os mais confortáveis para sua preciosa pequena garota.

E assim foi. Chegou com segurança ao veterinário, mesmo que mal conseguisse enxergar através das lágrimas, e segurou Biscoito nas mãos, com leveza e amor, até seu último suspiro. Ela a segurou até a gatinha olhar para cima uma última vez como se dissesse *Eu te amo, desculpa*, antes de se dobrar e Lynda sentir, com sua alma, tanto quanto com as pontas dos dedos, a última batida de seu coração.

Eu nunca fui amada por ninguém, Lynda escreveu na carta que me mandou, *nem pela minha filha nem pelos meus pais, tanto quanto fui amada pela minha Biscoito.*

Apesar de a carta ser breve, dava para ver que Lynda não era solitária. Sua vida estava cheia de amor e alegria. Eu quis incluir uma história como essa – uma história comum –, porque a maioria das cartas que recebi era de pessoas comuns como Lynda. Por que ela?, os leitores podem se perguntar. Por causa de uma frase linda, que celebrava o amor extraordinário dessa gatinha sem um pingo de desespero:

Eu nunca fui amada por ninguém, nem pela minha filha nem pelos meus pais, tanto quanto fui amada pela minha Biscoito.

"Eu sei que isso parece estranho", Lynda me disse, embora depois de minha vida com Dewey isso não me soasse nada estranho. "Parece quase triste, eu sei. Mas é a mais absoluta verdade. Por mais que minha filha me ame, por mais que meus pais me amem, por mais que outras pessoas tenham me amado, eu nunca senti... Eu nunca senti o que aquela gata sentia por mim."

E era um amor retribuído. Não estou dizendo que Lynda amava sua gata mais do que as outras pessoas neste livro, porque o amor se manifesta de inúmeras maneiras, mas ela foi a única que disse: "Obrigada, Vicki, por fazer isso *pela Biscoito*. Ela era uma gata tão boa. Ela merece ter sua história contada". Ela foi a única que, em outras palavras, explicitamente colocou sua gata na frente de si mesma e eu a admiro por isso.

"Era uma gatinha normal", admitia Lynda. "Cinza e branca, listrada, uma gata como qualquer outra. Não fazia coisas extraordinárias. Não era nenhuma heroína. Não dá nem para dizer que salvou alguém de algum desastre."

Nem mesmo Lynda. Biscoito, afinal, não salvou Lynda Caira de sua doença... tampouco de sua solidão ocasional. Esta não é uma história de redenção. Não é uma história de necessidade. Lynda Caira foi e provavelmente sempre será feliz. Esta é apenas uma história sobre ser escolhida e ser amada tão intensamente por alguém que isso muda a sua vida.

Dewey. Biscoito. Todos os outros gatos que nos emocionam e mudam as nossas vidas. Como podemos agradecê-los? Como podemos explicar?

Depois da morte de Biscoito, Lynda escreveu uma homenagem a sua preciosa gatinha. Terminava assim: "Não há nada mais a dizer – a vida continua, mesmo que eu vá sentir saudades dela todos os dias! Jennifer vai se casar, eu terei netinhos maravilhosos e eu amarei e perderei outros animais. Mas uma coisa é certa: nunca haverá outra gata que será a minha melhor amiga, nunca haverá outro animal capaz de trazer a alegria que Biscoito trouxe para a minha vida".

Amém.

7
Marshmallow

"Ele era um gato durão. Para um gato que nasceu tão raquítico e fraco, acabou se tornando um homem bem forte. Ele lembra um pouco o Grizzly Adams – sua aparência assusta, mas seu coração é enorme. Marshmallow raramente deixava transparecer quem ele realmente era."

"Só para você, né?"

"Sim, só para mim."

Eu conheço Kristie Graham desde que ela nasceu. Estava ao seu lado quando fez sua primeira comunhão. Eu fui à sua formatura no final do colégio. Eu fiz arranjos de flores para o seu casamento. Eu até troquei suas fraldas. Quando era pequena, claro, quando era apenas uma doce bebezinha. Quando eu tinha trinta e poucos anos e comecei a faculdade em Minnesota – depois de passar por um casamento ruim com um alcoólatra que estraçalhou a minha vida pessoal e financeira –, a mãe de Kristie,

Trudy, foi uma das primeiras amigas que fiz. Enquanto eu assistia às aulas, ela tomava conta da minha filha, Jodi. Quando eu não estava trabalhando, passávamos horas a fio juntas, bebendo café, enquanto nossas filhas brincavam. Ao menos é disso que Kristie se lembra, de sua mãe e eu bebendo litros de café. Na época, ela só tinha uns quatro ou cinco anos, e por isso suas lembranças são bem aleatórias. Ela lembra que a minha máquina de lavar roupa não batia e então eu tinha que mexer a roupa com uma enorme colher de pau (talvez isso tenha acontecido uma vez, durante uma semana). Ela lembra que o meu carro enferrujado nunca pegava (só às vezes); que eu caí em prantos quando Elvis morreu (não é verdade, foi a mãe dela que chorou); e que eu era, nas suas palavras, "uma mulher muito, muito, muito trabalhadora". (E com isso preciso concordar. Eu tinha que trabalhar!)

Eu lembro apenas de uma menina maravilhosa. Kellie, a filha mais velha de Trudy, tinha a idade de Jodi. Era uma criança linda e extrovertida. Kristie, três anos mais nova, era tão linda e extrovertida quanto a irmã, mas nunca achou que podia se comparar a ela – mesmo que depois tenha sido coroada a rainha do baile na escola. Mas aos três anos a história era outra. Kristie era a garota cheia de meleca do nosso pequeno "clube do café". Literalmente. Aquela menina sempre tinha coisas dentro do nariz. Se a vestíssemos com um vestido branco para ir tirar foto na Sears, ela saía do carro coberta de manchas escuras. Por mais limpo que estivesse o carro, ela sempre conseguia estragar o vestido. E isso não é invenção minha. Essa foto de fato aconteceu. A própria Kristie confessa (com algum orgulho, creio) que naquela época estava sempre suja de "alguma meleca pegajosa". Talvez por isso eu a tenha apelidado de Kristie Chiqueiro. Eu amava aquela menina. *Chiqueiro* era o meu jeito carinhoso de chamá-la.

Mas o que mais lembro da Kristie Chiqueiro não era a sua cara suja ou os seus vestidos amassados. Era como a gente se divertia. Ela e Kellie eram as crianças mais risonhas, mais bobas e mais brincalhonas que eu já conheci. Lembro de Kristie e outras crianças tentando convencer Susan (ou melhor, forçando), a filha de outra amiga, a escorregar pelo tubo de roupa suja. Ainda bem que havia uma pilha de roupas embaixo, porque a queda era de uns quatro metros. Lembro de ficar tomando conta de umas doze meninas pré-adolescentes em noites festivas, quando todas iam dormir juntas, e que eu sempre tinha de entrar no quarto às duas da manhã para mandá-las calar a boca. Lembro da vez em que caiu uma tempestade de neve muito forte, ficamos presas dentro de casa e eu convenci Kristie, Kellie e Jodi a dançar fazendo mímicas de baladas de rock dos anos 1970. Depois Trudy e eu nos fantasiamos e "cantamos" hits de bandas femininas dos anos 1950. Anos depois, a gente ainda dava risadas ao relembrar o "final de semana da tempestade" e de como sempre arrumávamos um jeito de nos divertir, mesmo em circunstâncias difíceis.

Eu também lembro do gato da Kristie, Marshmallow. Ele era enorme, peludo e tinha uma cor branca meio amarelada que parecia, mesmo, marshmallow. Não que eu o visse muito. Em geral, ele fugia e só dava para ver um pedaço de seu rabo fujão. Eu gostava dele, mas não sei se Marshmallow teria sido especial para mim se não fosse por uma coisa: ele era muito especial para Kristie. Se já houve uma criança que amasse um gato, essa criança era Kristie Graham. Ela amava o seu Marshmallow. Falava nele o tempo todo.

Portanto, quando pensava em histórias para este livro, lembrei de Marshmallow. Pensei como Kristie amava esse gato, como ele era parte da sua vida, como isso era importante para ela e como ele retribuía esse amor. A relação de Kristie e Marshmallow é a mais próxima que já conheci daquela que havia entre Dewey e eu. Claro, isso é parte do legado de Dewey: a oportunidade de contar histórias sobre outros gatos e outras garotas especiais. Poder mostrar ao mundo inteiro que esse tipo de relação maravilhosa acontece em toda parte, o tempo inteiro, e que é tranquilo – na verdade, perfeitamente normal – ter um gato como melhor amigo.

Eu também sabia que Kristie contava histórias engraçadas. Esperava que suas histórias me fizessem rir. E assim foi. O que eu não esperava era que isso me tocasse de modo tão profundo. Eu sabia que a vida de Kristie não havia sido perfeita. Ela passou por momentos bem, bem difíceis. E quem não passa? A vida é assim. É como Kristie me disse: "Foi um percurso incrível. Hoje não estaria onde estou se não tivesse passado por tudo isso; por isso, é claro, acredito que fui abençoada". Eu também acho. Para mim é uma bênção ter conhecido Kristie. Amo Kristie, Kellie e a mãe delas do fundo do coração. A presença delas fez a minha vida ser bem melhor, mesmo que a minha máquina de lavar roupas não funcionasse e que o meu carro vivesse quebrado. Apesar disso, a história de Kristie me surpreendeu. Eu esperava que ela fosse esperta, mas não que fosse sábia. Quer dizer, a garota só tem 35 anos. O que estará ela armando?

Por isso, Kristie, deixe-me sair de cena ao menos uma vez, e conte a sua história com suas próprias palavras. Quantas histórias já foram contadas neste livro? Seis? Sete? Está mesmo na hora do intervalo do café.

Eu fui abençoada. É isso que sempre digo. Eu sou tão abençoada que, na verdade, todos os anos, faço uma lista de todas as minhas graças no cartão de Natal. É assim:

Sou abençoada porque todos os meus filhos gostam de McDonald's, queijo, cachorro-quente e pizza congelada.

Sou abençoada porque os dois meninos pensam, falam e agem feito valentões, mas ainda dormem com o bicho de pelúcia preferido.

Sou abençoada porque todos os dias recebo quatro ofertas de cartões de crédito pelo correio. Algumas pessoas chamam isso de lixo, eu prefiro chamar de "envelopes gratuitos".

Sou abençoada porque meus filhos vivem perigosamente e topam qualquer desafio, desde que não seja para fazer algo errado. Como beber "o molho especial da mamãe" por cinco dólares. Calda de chocolate, ketchup, mostarda e suco de picles.

Sou abençoada porque quando a Reagan acorda, ela grita "Lucas, D.J., acordei, venham me pegar", e eu posso dormir mais cinco minutos.

Sou abençoada porque meus filhos adoram minhocas e insetos, como eu. Sou abençoada porque eles comem tomates e feijão colhidos diretos do jardim, tiram da terra brotos de cenoura e mordem pimentas, como eu também fazia. Sou abençoada por Sioux City ser suficientemente fria no inverno para se fazer barreiras de neve, e suficientemente quente no verão para se colocar uma piscina temporária no quintal. Sou abençoada porque meus filhos estão sempre sujos de grama e detestam usar sapatos, apesar de a minha filha ter pés de Fred Flintstone como o meu marido. (Me pergunto como ela vai ficar de salto alto.)

Sou abençoada porque Lucas é a criança mais gentil e compreensiva que já conheci. Sou abençoada porque o meu menino do meio, D.J., é *tão* determinado que não apenas se recusou a usar o seu nome verdadeiro (Dawson) como fez todo mundo concordar com isso. Ele se queixava: "Por que você não me chamou de Bruce Wayne ou D.J. Cowboy?". Ele estava numa fase Batman/cowboy e durante três anos se vestiu de Batman ou de cowboy todos os dias. Eu não tinha problemas para andar com Batman no carrinho do supermercado, mas tive que pedir à sua professora do jardim de infância que lhe explicasse que cowboys não eram permitidos na escola. Minha filha de três anos, Reagan, é, por sua vez, uma sereia. Ela usa cabelo laranja da loja de um dólar e sapatos de sapateado três números maior que seu pé comprados na Goodwill e chama o meu marido de Eric (seu nome verdadeiro é Steven), porque esse é o nome do príncipe em *A Pequena Sereia*. "Meu príncipe chegou!", ela grita, sempre que ele chega em casa. Então eles dançam. Reagan nunca dança comigo. "Desculpe, mamãe", ela diz, "você é a Úrsula." (Úrsula é a bruxa do mar.) Ainda assim, sou abençoada, porque ela é oito anos mais nova do que D.J., e eu pensava que da próxima vez que ouvisse passinhos de bebê seria quando fosse avó.

Sou abençoada por Steven, o homem dos meus sonhos. Estamos casados há treze anos, e ainda sinto um friozinho na barriga quando estou me arrumando para um encontro. Sozinha. Com um rapaz. Ui, ui, ui. E quando ele me leva para sair, me deixa pedir "o de sempre": sanduíche de queijo grelhado e batatas fritas. Ele nunca tenta mudar nada em mim. Apenas ri e diz: "Sair com você sai bem barato, meu bem". E eu digo: "Sorte sua".

Sou abençoada porque tenho uma boa casa. Porque tenho um trabalho importante como supervisora de 52 crianças de 16 a 24 anos de idade com dificuldades de aprendizagem. É um trabalho que me permite usar minha experiência para ajudar pessoas com quem me importo, cuja coragem e calor me ajudam também. Sou abençoada porque quando minha cachorra Molly morreu, aos dezessete anos, eu chorei tanto que pensei que nunca ia querer outro animal. Mas sou mentora de alguns jovens que trabalham como voluntários na Sociedade Protetora dos Animais Siouxland e eles me apresentaram a outra cachorra, Princesa, que agora corre comigo todas as manhãs.

Sou abençoada porque no último outono corri na maratona de Sioux City e fiz do jeito certo. Cheguei a ganhar peso *de propósito* para competir na categoria acima de 68 quilos, na qual tirei terceiro lugar. O que foi incrível! Mas não é por isso que sou abençoada. Sou abençoada porque, a cada três quilômetros, o meu marido, a minha irmã e o meu pai estavam lá torcendo por mim e me dando água e estavam chorando, pois sentiam orgulho de mim, porque sabiam o quanto eu tinha batalhado e o quanto eu havia conquistado.

De onde venho? Como cheguei aqui? Não são perguntas que faço com frequência. Sou abençoada por Deus. Toda vez que vejo minha pequena de três anos rezando, me lembro disso. Mas foi um caminho árduo. Eu sempre soube disso, porque sempre batalhei por tudo. Foi só quando comecei a pensar neste livro que me dei conta de que talvez Robert Frost tivesse razão. Talvez existam mesmo dois caminhos que se bifurcam no bosque do outono das nossas vidas, e eu...

Eu casei com o meu gato.

E foi isso que fez toda a diferença.

Se você espera uma explicação, e espero que sim, então provavelmente precisaremos voltar ao começo, que neste caso é o ano de 1984, quando eu era uma criança de nove anos muito moleca (com orgulho!) vivendo em Worthington, Minnesota, uma bonita cidade pequena na beira de um lago. Eu era meio menininho, acho que se pode dizer isso, porque eu adorava cuidar do jardim com o meu pai e cavar a terra à procura de minhocas e fazer corrida de besouros na palma da mão. Quando minha mãe me disse que rabo de cavalo era bonito, eu cortei meu cabelo no meio da noite e o escondi na caixa de joias. Eu amava açúcar e me infiltrava na dispensa e bebia toda a calda de chocolate Hershey direto da lata. Depois eu andava por aí com a cara toda suja de calda de chocolate, negando o crime. Sabe, eu era uma criança. Não me preocupava muito.

Mas, no verão de 1984, meu avô adoeceu com câncer de cólon. Ele era um homem grande de uma cidade muito pequena, Whittemore, em Iowa, onde era dono de um frigorífico, e para mim ele tinha uns trinta metros de altura. Era um homem sem rodeios que tinha mãos enormes e marcadas de cortar carne a vida inteira. Quando minha mãe, minha irmã mais velha e eu nos mudamos para Whittemore para cuidar dele, eu fiquei animada porque era como se fossem férias. E meu avô era um herói para mim. Ainda me lembro de ir de patins todos os dias até a lanchonete, cair na cadeira e dizer "O de sempre, por favor" – queijo grelhado com batatas fritas, claro – e me sentir uma adulta. Mas o câncer acabou com o vovô tão rapidamente que ele começou a definhar diante dos meus olhos. Mesmo criança, eu podia ver suas mãos trêmulas. Elas não podiam mais me segurar. Minha mãe era determinada. Ela sempre dizia: "Eu tenho ombros largos. Aguento qualquer coisa". Quando meu avô parou de lutar, eu vi o medo em minha mãe pela primeira vez.

Quando voltei para casa em Minnesota, duas semanas depois, descobri que meu gato morrera. Eu havia deixado Puff com meu pai, mas, quando voltamos para casa depois do enterro, ele me contou que Puff havia morrido. Olhei para ele e balancei a cabeça. Depois fui para o meu quarto e chorei. Eu tinha nove anos. O que mais podia fazer?

Alguns dias depois, outro gato apareceu na porta lateral da nossa casa. Ela era malhada e tinha a mistura de cores mais louca que eu já vi. Não era listrada nem tinha nenhum desenho, seu pelo era uma combinação de retalhos inusitados que faziam com que ela parecesse várias partes de gatos diferentes costuradas juntas. Não tinha orelhas, talvez tivessem congelado. Tinha um rabo minúsculo. Era feia, maltratada e, de todos os modos, indesejável... então é óbvio que eu comecei a dar comida a ela. Dei leite, dei um nome e até restos de jantar que conseguia esconder nos bolsos. É claro que ela sempre voltava.

"Kristie", meu pai afinal disse, depois de notar Bowser passeando perto da porta lateral, "por que você está dando comida para essa gata?"

"Vovô mandou esse gato *pla* mim", eu disse. Eu tinha um pequeno problema de fala quando era criança, eu era toda "losas velmelhas são folmosas" naquela época. Mas estufei o peito e expliquei: "Vovô qué que eu fique com essa gatinha, papai".

Típico de uma menina de nove anos, certo? Um pouco de manipulação paterna? Talvez, mas eu acreditava que era verdade. E ainda acredito. Se há um vazio que alguém deve preencher, mas não preenche, Deus manda um animal. Bowser foi mandada para mim. E o vovô tinha algo a ver com isso.

Meu pai era muito parecido comigo. Ou talvez eu fosse muito parecida com ele, ao menos quanto à nossa natureza. Ele cresceu numa fazenda. Adorava ficar do lado de fora, adorava o jardim, adorava os animais. Eu era a criança que segurava besouros com a mão e enfiava minhocas no nariz para assustar a irmã que adorava os Ursinhos Carinhosos. Minha mãe ficava do lado da minha irmã; ela não amava os bichos. Meu pai compreendia. Além disso, ele devia se sentir um pouco culpado por causa do Puff. Acho que ele não esperava que eu fosse aceitar tão mal a morte do gato.

Seja lá qual foi o motivo, foi bem fácil convencer meu pai a me deixar ficar com Bowser. Ele colocou uma lâmpada de calor na garagem para ela, porque o inverno em Minnesota era um frio brutal (a lâmpada de calor era o único modo de evitar que ela congelasse, mesmo dentro da garagem) e Bowser não podia, de modo algum, segundo as ordens de mamãe, entrar na casa. Depois de colocar a lâmpada de calor, papai colocou embaixo dela a velha cômoda em que ficavam suas ferramentas e em cima da cômoda uma caixa de papelão e uma coberta. Algumas semanas depois, Bowser teve filhotes, o que nos surpreendeu. Ela pariu do lado de fora, bem embaixo da janela do quarto. A princípio, não se deve mexer em gatinhos recém-nascidos, mas meu pai decidiu tirá-los do fosso da janela e colocá-los dentro da caixa de papelão na garagem. Afinal, nós tínhamos um apartamento para gatos, uma "cobertura". Por que eles iam querer ficar na lama?

Marshmallow, confesso, não era o melhor gatinho da ninhada. Na verdade, ele era o pior. Era raquítico e tímido. Seu cabelo era crespo como se tivesse feito uma daquelas permanentes feias que se via na escola primária de cidade pequena onde eu estudei no outono de 1984. Ele era quase branco. Quase, eu digo, porque infelizmente seu pelo tinha uma camada interna amarela que fazia com que ele parecesse manchado. Pense numa cabra. Agora pense numa cabra flutuando sobre uma bolha enorme de eletricidade estática. Ou pense em um dente-de-leão com suas sementes brancas esticando-se para fora, prontas para voar. Assim era Marshmallow.

Como parte do projeto residencial para gatos, meu pai colocou uma rampa que ia do móvel até o chão. Bowser ficava no chão convencendo seus gatinhos a descerem, um de cada vez, como uma mamãe pássaro ensina os filhotes a voar. Marshmallow era sempre o último. Ele ficava lá em cima, com os olhos arregalados e tremendo de medo. A mãe miava. Seus irmãos e irmãs se entediavam e começavam a brigar. Marshmallow ficava lá em pé, tremendo.

"Vamos, Maushmallow", eu o incentivava. "Cole pla baixo, é só coler pla baixo, é fácil."

Finalmente, ele dava um pequeno passo, daí meio que caía e vinha escorregando em câmera lenta pela tábua até o chão. "Tá tudo bem, Maushmallow", eu dizia. "Amanhã você cole."

Mas quando chegou a hora de doar os gatinhos, Marshmallow ainda não tinha desmamado e ainda não tinha criado coragem para andar (ou *coler*). Ele ainda ia escorregando, em câmera lenta, da gaveta ao chão. Por isso meus pais me deixaram ficar com ele. Acho que meus pais imaginavam que, daquele jeito, ele não duraria muito.

"Não dê leite para esse gato", meu pai disse, quando me viu sorrateiramente tirando o pacote de leite da geladeira. "Ele vai se acostumar e leite é caro."

Então, como uma mãe apaixonada pela cria, fiz uma mistura para substituir o leite: água e farinha. Parecia leite, mas Marshmallow cheirou uma vez e me olhou torto.

"Qual é o ploblema, Maushmallow? Não gostou? Você plecisa, pla ficá folte, Maushmallow. Eu pleciso de você."

Ele nunca bebeu aquela farinha aguada, mas Marshmallow era forte. Quando a neve derreteu na primavera, ele começou a seguir a mãe pelo jardim. E eu os seguia. Em breve, estávamos atravessando a rua para o acostamento perto do campo de golfe (na minha visão de criança, era uma floresta), onde revirávamos folhas e pedras para ver o que havia embaixo. "Olha essa minhoca, Maushmallow", eu dizia, deixando a minhoca subir pelo meu braço. "Olha essa pedla, e essa bolboleta."

Naquele ano, eu finalmente tinha idade suficiente para andar até a escola sozinha. Marshmallow me seguia até a esquina e depois me via desaparecer no final do quarteirão. Quando eu voltava, ele estava sempre me esperando na esquina. "Maushmallow!", eu gritava, correndo para alcançá-lo. Eu não me importava com quem me visse com o Marshmallow. Eu tinha orgulho dele. Quando minha avó, que vinha para longas visitas, me disse que o via andar até a esquina todos os dias exatamente às duas e meia, eu fiquei ainda mais orgulhosa. "Maushmallow me espela depois da escola", eu contava aos meus amigos. Aposto que eles achavam isso bacana, mas não lembro direito.

No outono, eu juntei várias folhas, formando uma pilha enorme, e enterrei Marshmallow dentro delas. Ele vinha bisbilhotando através de um buraco, balançava o bumbum e então pulava com os braços abertos, como se fosse uma grande surpresa. Ou como se estivesse me caçando. Marshmallow era um ótimo caçador. Eu vinha destrambelhada pela calçada na bicicleta e quando eu passava pelo pinheiro ele saltava das sombras sobre as rodas. Talvez o certo fosse eu desacelerar, pois ele podia se machucar feio debaixo das rodas, mas eu só gritava: "Cuidado, Maushmallow, aí vou eu!", e pedalava ainda mais rápido. Aí eu jogava minha bicicleta no chão, enterrava minhas pernas nas folhas, balançava os meus dedos do pé e esperava Marshmallow atacar. Quando estávamos muito cansados, deitávamos no chão, um ao lado do outro. Eu ficava lá um minuto inteiro, olhando para o céu. Para o céu pacífico e calmo. Então, de repente, Marshmallow pulava no meu rosto.

"Por que você tem esses arranhões perto dos olhos?", minhas professoras perguntavam.

"É o meu gato, Maushmallow", eu dizia. "Ele acha que minhas soblancelhas são alanhas."

"Tenha cuidado, Kristie", elas diziam. "Ele pode te machucar."

Marshmallow, me machucar? De jeito nenhum.

No ano seguinte, quando Marshmallow estava com dois anos, sua mãe, Bowser, foi atropelada por um carro. Aconteceu do mesmo modo que aconteceu com Puff, quando eu não estava na cidade. Eu fiquei perturbada. Bowser era minha gata. Era a mãe de Marshmallow. Meu avô a mandou para mim porque eu estava sozinha. Eu a amava. Insisti que ela fosse enterrada debaixo da minha janela, onde tinha parido Marshmallow e os outros gatos que eu nem lembrava mais.

Depois da morte da mãe, Marshmallow mudou. Não sei se ficou deprimido ou se se sentia solitário, mas foi nessa época que ele começou a falar comigo. Você pode achar isso estranho, mas eu sempre conversei com o meu gato. Eu contava para ele como era o meu dia, a escola, falava dos meus brinquedos e das brigas dos meus pais, enfim, coisas de criança. Marshmallow ouvia, mas nunca respondia. Não até sua mãe morrer. Ele começou a pular no parapeito da minha janela e a conversar comigo.

Miau, miau. Marshmallow dizia para chamar minha atenção.

"Oi, Maushmallow, tudo bem?", eu dizia, deixando de lado o dever de casa.

Miau.

"Sim, comigo está tudo bem também."

Miau, miau.

"Eu estava na escola. E você?"

Miau. Miau, miau.

"Sim, já fiz o dever de casa de matemática."

Miau.

"Sim, achei minha meia."

Miau, miau, miau.

"Não, estou com os meus sapatos. Ainda não cabem."

Às vezes eu trazia Marshmallow para o meu quarto escondido, porque minha mãe nunca o deixava entrar em casa. Minha tendência sujismunda se espalhava pelo meu espaço pessoal também, além dos vestidos da Sears, e o meu quarto... bem, o meu quarto era um chiqueiro. Quer dizer, não dava para ver o chão. Marshmallow odiava andar sobre aquela camada de sujeira, mas adorava subir em cima de mim. O problema era que ele precisava atravessar o cobertor. O cobertor deixava Marshmallow louco, porque suas garras ficavam presas a cada passo. Ver Marshmallow atravessar a coberta era como ver alguém atravessar uma piscina com chiclete recém-mascado. A cada passo, a coberta prendia nas suas unhas e ele tinha que empurrar fazendo um "ploc" exagerado. Mesmo quando me alcançava, nunca ficava muito tempo. Depois de dez minutos, ele sempre voltava pelo campo minado do cobertor e miava pedindo para ser solto. A gente ficava mais confortável na "floresta", com as minhocas e os besouros, do que no meu quarto bagunçado.

No terceiro verão, Marshmallow estava no seu auge. Lembra daquele gato frágil, tímido, nanico e com pelo crespo que escorregava em câmera lenta – de propósito! – por aquela rampa assustadora de um metro de altura? Bom, pode esquecer, porque ele não era mais assim. Marshmallow era um gato macho e grande. A gente ainda fazia passeios pela floresta e eu mostrava para ele os besouros e as borboletas que encontrava no jardim, mas ele tinha seu esporte pessoal. De vez em quando, Marshmallow vinha até o degrau do lado de fora da porta da frente e miava até eu sair. Ali, aos seus pés, estava um esquilo desfigurado. Ou um passarinho. Ou um filhote de coelho. Mas eu sabia que Marshmallow não fazia isso por maldade. Ele era apenas um gato colocando em prática técnicas de sobrevivência. Então eu não me incomodava, era a natureza dele, sabe?

Nosso vizinho, um caçador de patos, não era tão tolerante. Certo dia, ele se aproximou de mim e de Marshmallow com todo o seu aparato de caça, com a espingarda no braço, e apontou para um ninho no jardim. "Se o seu gato algum dia matar esses cardeais", disse, "eu atiro, porque são pássaros muito bonitos."

Esse era o mesmo homem que pendurou um comedouro de passarinhos na beira do nosso jardim, no galho mais baixo de uma árvore, bem ao lado de um lugar onde Marshmallow podia se esconder. Quer dizer, era praticamente uma armadilha com isca. Era um matadouro.

Então eu coloquei as mãos na cintura, fiz um bico com a minha boca suja de catarro e disse: "Se você matá os patos, eu atilo em você, polque são pássalos bonitos". O que o pobre homem podia fazer contra a indignação de uma garota da quinta série, toda coberta de terra, e que ainda falava igual ao Hortelino Troca-Letras? Ele ficou olhando para a gente, para a garota maltrapilha com seu gato maltrapilho, e foi embora balançando a cabeça.

Mais ou menos uma semana depois, Marshmallow matou um pato. Ele pegou o pato no campo de golfe, abocanhou seu pescoço e o colocou no degrau da porta da frente como se fosse um chef apresentando um suflê premiado. Eu não me importei. Eu fazia vista grossa para Marshmallow, eu deixaria ele se safar com... bem, com o assassinato. De um pato.

Minha irmã mais velha, que amava Barbie, não foi tão compreensiva. "Meu Deus!", ela gritou ao ver a carcaça. "Tem um pato morto na porta! Meu Deus, tem sangue na cerca! Pai, pai, pai! PAI! Tem... um... pato... morto... na... porta!"

Desnecessário dizer que minha linda, feminina e bem-vestida irmãzinha não entendia o charme singular do maltrapilho e assassino Marshmallow. Como a minha mãe, ela não amava animais, e preferia se arrumar do que caçar minhocas ou brincar com folhas. Mas é preciso lhe dar crédito: ela não era fã do meu gato, mas o tolerava. Às vezes ela até gostava dele. Ela via que a gente era ligado, e mesmo que não gostasse ou não precisasse disso, ficava contente por mim. Ela sabia que Marshmallow era o meu melhor amigo.

"Ei, Kristie", ela dizia. "É o seu gato na janela de novo. Ele está miando, tem certeza que ele não está com fome?"

Foi só na sétima série que as brigas começaram. E falo de brigas sérias. Todos os dias. Kellie e eu gritávamos uma com a outra o mais alto possível com todas as janelas abertas para que os vizinhos pudessem ouvir. Nós literalmente nos batíamos com modeladores de cachos e secadores de cabelo. Ficávamos com queimaduras leves na testa e machucados nos braços. Depois, quando a gente ficava lado a lado em frente ao espelho tentando se ajeitar, ela dizia com o canto da boca: "Você é tão feia".

"Não, você é que é feia", eu dizia. Nessa época eu já tinha me curado do meu problema de fala, então podia cuspir cada letra em cima dela. "Você é que é horrorosa. Não eu."

"Não, eu não sou. E você sabe disso."

Miau, Marshmallow dizia, arranhando a tela para que eu o deixasse entrar no meu quarto. Lá se vão 25 anos, mas ainda fico sentimental ao ver aquela antiga tela no meu quarto de criança. Essa tela, com as marcas das unhas de Marshmallow ainda visíveis, é um monumento da minha juventude.

Miau. Mi-auuuu.

"Eu sei, ela é uma idiota."

Miau miau.

"Você tem razão. Eu sou bonita."

Miiii-au, Marshmallow dizia, subindo no meu colo. Eu não sei se o seu gato faz isso, mas toda vez que Marshmallow ronronava, ele fazia pressão com as unhas, como se estivesse cuidando de mim. Doía, mas também era bom.

"Eu sei, você tem razão, não se deve falar com ninguém daquele jeito."

Miau. Miau. Miau.

"Eu sei, Marshmallow. Também estou ouvindo. Eles deviam se divorciar e acabar logo com isso."

Pode parecer estranho que eu conversasse desse jeito com o meu gato. Quero dizer, que eu fizesse confissões assim ao meu gato. Que eu precisasse do meu gato desse jeito. Que eu achasse os seus miados acalentadores. Mas, sabe, Marshmallow era o meu principal defensor. Ele me dizia que eu era bonita. Ele concordava comigo quando eu dizia que estava tudo bem.

Mesmo que eu fosse a garota mais alta da sexta série.

Mesmo que, na sétima série, um grupo de garotas mais velhas tivessem roubado do meu armário o jeans novo do qual eu tinha tanto orgulho. E também levaram minha roupa íntima. E meus sapatos.

Mesmo que, toda vez que passavam por mim no corredor, as mesmas garotas me empurrassem contra a parede e me dissessem que eu não podia nem olhar para qualquer garoto de quem elas gostavam. Até que minha irmã mais velha as cercou no shopping e lhes garantiu que, se me fizessem mal, receberiam o troco em dobro quando entrassem no ensino médio.

Ela pode ter me batido com um modelador de cachos. Ela pode ter gritado comigo e me xingado. Mas minha irmã mais velha me amava. Até eu sabia disso, mesmo naquela época. Nossas brigas eram o nosso modo de lidar com os nossos medos e frustrações. Eram o nosso modo de conversar sobre o fato de que tudo que nossa mãe fazia era berrar, e tudo que o nosso pai fazia era beber. Começou quando eu tinha uns dez ou onze anos, eu ficava acordada até depois da meia-noite fazendo o dever de casa na sala e esperando meu pai chegar em casa bêbado. Minha mãe lidava mal com isso, com raiva. Eu era quem cuidava. Kellie... ela descontava na sua irmã mais nova. Mas ela também ficava ao meu lado. Não tanto quanto Marshmallow, é claro. Mas ela estava presente.

"Você realmente pensa que esse gato conversa com você, não é?", meu pai me perguntou uma vez.

"Conversa, sim, pai", eu disse. "Eu entendo o modo como ele mia. Ele fala comigo."

E ele é o único.

Mesmo quando não conversávamos, Marshmallow me consolava. Nas noites em que eu ficava esperando pelo meu pai, ficava olhando pela janela e via Marshmallow passeando pelo jardim e desaparecendo por entre as árvores do outro lado da rua. Uma hora depois, eu ouvia um barulho no vidro e lá estava ele, sentado no parapeito. Quando eu ficava de salva-vidas na piscina no final da rua, eu o via, horas a fio, caçando ratos no mato ao redor da incubadora de peixes. (Sim, nós morávamos em um bairro que tinha campo de golfe, piscina e uma incubadora de peixes – mas era um lugar totalmente normal de classe média, eu juro.) Quando eu quebrei a perna jogando basquete, ele afiava as unhas no meu gesso. Quando Marshmallow ia embora, ficavam pedacinhos de gesso caídos por todo lado. Diante disso, como eu poderia ter pena de mim mesma?

Ele não era carente. Não me seguia mais indo para a escola, nem corria atrás de mim pela rua quando eu saía de carro. Nós já não rolávamos na grama nem caçávamos minhocas, mas sempre que eu me cobria com óleo bronzeador e pegava Sol no jardim, Marshmallow ficava ao meu lado. E sempre que eu tentava fazer pedicure enquanto tomava Sol, ele ficava cheirando os meus dedos pintados de rosa, deixando cair pelo no esmalte molhado, o que tornava impossível a tarefa de fazer as unhas dos pés. Porém, cada vez mais, ele ficava satisfeito como espectador da minha vida. Nós ainda conversávamos, em geral sobre esportes (atividade na qual eu me destacava) e sobre rapazes (atividade na qual eu também me destacava, embora sem consciência disso na época), mas ele sempre me deixava conduzir a conversa. Ele tinha sua própria vida, lá no meio do mato, e eu tinha a minha. Mas quando eu precisava dele, Marshmallow estava lá. Meu pai saiu de casa; depois voltou; depois saiu de novo. Frustrada, eu comecei a punir a mim mesma correndo um bocado todos os dias. Quando voltava para casa, Marshmallow estava sempre me esperando no degrau na frente de casa. Ele nunca me desapontava.

Ele também inspecionava todos os meninos com quem eu saía. *Todos* eles. Hoje em dia eu rio, porque, para mim, Marshmallow foi e sempre será o gato mais lindo do mundo. Porém, para um olhar de fora ele parecia acima do peso e inchado. Tinha um cisto no rosto – parecia um pus gigante – que lhe dava uma aura de decadência e doença. Seu pelo crespo branco-amarelado, que nunca foi especialmente atraente, era desigual e emaranhado. Muito emaranhado. Seu corpo inteiro era grumoso e sujo. Imagine grudar vinte pedaços de chiclete em um gato superpeludo. Depois imagine torcer o pelo nos pedaços de chiclete e ainda esperar duas semanas para que o chiclete fique sujo. Assim era Marshmallow na época em que eu estava no ensino médio. Nós o tosávamos toda primavera, um trauma que o deixava parecendo um rato machucado e o fazia sair correndo para se esconder no telhado da garagem, onde ficava durante dias. Mas Minnesota no inverno era fria demais para um gato raspado, e por isso ele estava sempre gordo, peludo e pesado quando as folhas caíam e chegava a época do baile para visitantes da escola. Até confesso que ele talvez fosse o gato mais feio de Worthington, Minnesota.

E sempre que um menino vinha para um encontro, a primeira coisa que eu fazia era pegar o Marshmallow, beijá-lo no nariz (bem perto do cisto), esfregá-lo na cara do meu pretendente e dizer: "Este é o meu gato Marshmallow. Ele não é lindo?".

Miiiii-auuuuu, Marshmallow murmurava, com o hálito fedorento repleto de desprezo e comida de gato.

O menino via um gato acima do peso, cor de mancha de nicotina, com o pelo tão embaralhado que nem dava para lamber, letárgico, com um cisto na cara e ficava... olhando. Cada um deles devia pensar: *O que é isso? Algum tipo de teste?*

E era. Mais ou menos. Se o menino não gostasse do meu gato, eu não queria sair com ele.

Ao menos era isso que eu dizia a mim mesma. Na verdade, acabei saindo com um menino que não gostava do meu gato durante dois anos e meio. O pai dele era um líder comunitário. O meu pai bebia. Ele era um rapaz charmoso e atraente. Eu era a irmã anoréxica mais nova da garota mais bonita da escola. Eu era mesmo um varapau, do tipo que precisava de uma intervenção séria; anoréxica de Unidade de Terapia Intensiva, a menina que extravasava todas suas frustrações e inseguranças em corridas longas e se recusava a comer mais do que uma ou duas colheradas. Externamente, eu era feliz. Eu adorava rir (ainda gosto). Era gregária e atlética. Eu me movimentava com facilidade entre diferentes grupos sociais e podia considerar quase todos na escola como amigos. Cheguei a ser rainha do baile, olha só! Quem é mais feliz na escola do que a rainha do baile?

Mas, internamente, eu estava me despedaçando. A anorexia me fazia sentir como se todos os dias fossem o primeiro dia de aula. Sabe aquela sensação de quando você não consegue dormir porque está com a mente cheia, analisando tudo que pode acontecer no dia seguinte? Quando você fica obcecada pela necessidade de estar bem e com a sensação de que todos podem ler os seus pensamentos e estão observando todos os seus movimentos? As palmas das mãos suadas. O coração palpitante. O momento terrível quando você se sente escorregando no gelo ou prestes a bater o carro. Esse momento era a minha vida 24 horas por dia, sete dias por semana. Não havia calma nem resolução, só medo. Sempre. Medo que alguém percebesse que eu não era perfeita, que eu cometia erros.

Todo mundo achava que o meu namorado era perfeito. Diziam que ele era bom para alguém como eu – quero dizer, alguém com problemas com... comida. Minha mãe o adorava. Meu pai o adorava. Meus pais pensavam que eu poderia morrer por causa do meu distúrbio. Acreditavam que aquele namorado poderia salvar a minha vida. Na primeira vez em que tentei terminar com ele, até o meu professor de educação física me puxou de lado e disse que eu deveria ficar com ele. Para o meu próprio bem.

Meu namorado também sabia que eu tinha que ficar com ele. "Você nunca vai achar alguém tão bom quanto eu." Era o que ele mais gostava de me dizer.

Ele não era mal-intencionado. Era só uma criança, lidando com seus próprios problemas. Mas naquela altura do campeonato, eu já tinha juntado força suficiente para começar uma terapia. Minha mãe me desdenhava. Pensava que eu era fraca, ou ao menos era isso que eu achava na época, quando a minha doença me fazia acreditar que todo mundo pensava que eu era um fracasso. Descobri depois que ela nunca me desdenhou, que ela tinha orgulho de mim. Meu pai? Ele perdeu o emprego e teve que cancelar meu seguro de saúde, porque, disse ele, os tratamentos eram caros demais. Felizmente, minha madrinha do Texas vendeu as ações que tinha na American Airlines; foi esse dinheiro da aposentadoria dela que pagou o meu tratamento. E o tratamento me ensinou que eu não precisava de um namorado que me dizia que uma garota como eu deveria agradecer por ter um namorado como ele.

Mas como uma garota insegura e anoréxica termina com um cara daqueles? Com a ajuda do seu gato, claro. Porque, durante dois anos e meio, eu ficava dizendo a mim mesma: *Ele não gosta do Marshmallow. Ele não é o cara certo. Ele não gosta do Marshmallow.* Toda vez que ele falava coisas como "Não faça carinho nesse gato estúpido. A gente vai sair para comer, e você vai ficar com pelo de gato no suéter", isso fortalecia a minha decisão um pouco mais. Quero dizer, eu fazia carinho em Marshmallow desde a segunda série. Nunca notei, mas devia ter pelo de gato na roupa todos os dias havia dez anos. Eu havia sido, desde a segunda série, uma bola de

Marshmallow ambulante. Eu estava coberta dele. Ele fazia parte de mim. Se um menino não gostasse do pelo de Marshmallow no meu suéter, eu dizia a mim mesma, então ele não gostava de mim. Terminar o namoro com aquele namorado da escola *por causa de pelo de gato* foi o derradeiro e mais importante fato da minha infância.

***

Frequentemente eu me pergunto por que me casei com o meu marido. Quer dizer, eu o amo, disso eu sei. Mas por que ele? Steven é um dos caras mais quietos que conheço. Ele só fala quando falam com ele e, mesmo assim, só para responder estritamente o perguntado. A não ser que esteja conversando comigo. Nós dois falamos o tempo todo. Não temos segredos; eu sei tudo sobre o meu marido, e ele sabe tudo sobre mim. Mas muito poucos o conhecem. Não como eu conheço. As pessoas o veem. Ele é do tipo grandão, que gosta de atividades ao ar livre, é um ótimo caçador e excelente atleta. As pessoas podem ver esse lado dele, mas não conhecem o homem. Não sabem que ele adora um carinho também. Não sabem que ele me abraça quando estou chateada. Não sabem que ele vai comigo a todos os lugares. Ele não me compra flores, mas tudo bem, porque não ligo para isso. "Não me compre presentes", digo a ele, "apenas fique ao meu lado. Eu não quero papo-furado. Eu não quero uma casa grande. Eu não quero anéis enormes. Eu só quero um parceiro com quem possa caminhar pela vida."

Dizem que uma menina sempre quer casar com o pai. Mas será que é assim mesmo? Meu pai bebia. Era muito social. Traía a minha mãe. Repetidas vezes. Quando eu era criança, de vez em quando, ela ia passar com Vicki e outras amigas um final de semana só de mulheres. Kellie e eu brincávamos, dizendo que eram os finais de semanas de raiva dos homens, porque sempre que ela voltava, brigava com o meu pai.

"Eu estava com gente que me ama esse final de semana", ela gritava. "Eu estava com gente que se importa comigo." Eu fazia piada, brigava com a minha irmã, mas só porque eu tinha medo. Eu nunca quis ser despedaçada daquele jeito.

Steven nunca bebe. Ele nunca sai com amigos, muito menos com amigas. Seus pais, até onde eu sei, nunca tocaram em uma gota de álcool. Eles não gritam. Quando ele estava crescendo, eles não viam televisão. Steven e eu vemos televisão (quem não vê?), mas nunca brigamos. Já tivemos nossas desavenças, mas, em quinze anos de vida conjugal, nunca tivemos uma discussão em que levantássemos o tom da voz.

Nossa senhora, Kristie, eu dizia a mim mesma quando pensava na minha vida, *você se casou com o seu gato.*

E isso é tão verdadeiro. Eu não tinha me dado conta disso até começar a pensar neste livro, mas é verdade. A minha vida toda eu fiquei procurando um homem como Marshmallow. Os outros homens na minha vida me desapontaram. Me machucaram e me abandonaram. Então eu me prendi a Marshmallow. Não de modo consciente, é claro, não de propósito, mas aquele feioso bagunçado era o meu namorado ideal. Alguém que me ouvia. Alguém que conversava comigo. Alguém forte e que gostava da vida ao ar livre, não alguém muito mole. Nem pegajoso, nem carente. Nem domesticado. Eu queria um homem que se sentisse bem sendo ele mesmo, mesmo que não fosse um menino de ouro. Um homem que me fortalecesse e não me despedaçasse. Alguém que fosse seguro o suficiente para me deixar ter meu próprio espaço, mas que me amasse o bastante para estar sempre ao meu lado quando eu precisasse. E alguém que eu amasse exatamente do mesmo modo.

Não é estranho que alguém assim existisse? Não é estranho que eu tenha encontrado um homem tão perfeito quanto o meu gato?

E não é estranho que Steven tenha sido a única pessoa na minha vida de quem Marshmallow nunca gostou? Para começar, ele não era uma pessoa que gostasse de gatos e os gatos percebem isso. Steven tinha um amor masculino por cachorros, particularmente por seu labrador amarelo, a Molly, que tinha dois anos quando a gente se casou e se mudou para Sioux City, em Iowa. Mas não é isso. Todos os meus namorados odiavam meu gato. Demorou anos até que eu percebesse isso, pois aquele gato torto e emaranhado era o meu ponto fraco, mas é verdade. Talvez tivessem ciúme dele. Talvez pensassem que eu era estranha por conversar tanto com um gato. Talvez pensassem apenas que ele era feio, ou que havia pelo demais no meu vestido de formatura. Acho que eu pensava que relacionamentos funcionavam assim. Passei a minha juventude dizendo que queria um homem que amasse Marshmallow, mas saindo com rapazes que eram o oposto disso.

Mas Steven... ele não detestava Marshmallow. Não mesmo. Não estou dizendo que o adorava, mas ele era meio como a minha irmã. Ele não tinha uma ligação com Marshmallow, mas ficava contente que eu fosse tão ligada a ele. Ele não deu exatamente pulos de alegria, mas não brigou quando eu insisti que Marshmallow mudasse para Sioux City e dividisse conosco a vida nova. Ele sabia o quanto Marshmallow era importante para mim.

Além disso, assim como os meus pais em 1984, Steven pensava que Marshmallow não viveria muito tempo. Ele tinha onze anos, o que não é particularmente muito para um gato, mas seu pelo estava tão manchado e embaralhado que ele parecia ter 53. Ele tinha artrite e andava de um jeito cambaleante e desajeitado. Tinha pouca energia, seu apetite era lamentável, sua preocupação com higiene pessoal inexistente. Pior que tudo, o cisto em seu rosto se convertera em um abscesso, de modo que o lado esquerdo do nariz parecia arruinado. O veterinário disse que ele estava fraco demais para passar por uma cirurgia; o buraco no rosto não chegava a representar um risco de vida, mas o procedimento para removê-lo poderia matá-lo. Eu mesma não sabia se Marshmallow viveria muito. Mas sabia que, independentemente de quantos dias lhe restassem, eu os faria os mais prazerosos e confortáveis possíveis.

Steven tentou. Preciso reconhecer isso. Ele realmente tentou. De vez em quando ele se agachava e dizia: "Vem aqui, Marshmallow, vem aqui, amiguinho. Deixa eu fazer carinho em você". Marshmallow o olhava com um olhar de desprezo – *Ah, não enche, "amigão"* – e ia embora.

Mas ser ignorado não era ruim, comparado ao que aconteceu na nossa primeira e única tentativa de tosá-lo. Agora que Marshmallow estava mais lento, eu (tolamente) pensei que poderia cortar alguns dos nós desagradáveis de seu pelo. Eu convenci Steven a segurá-lo, enquanto eu cortava. Bom, Marshmallow podia estar velho, mas suas garras ainda eram afiadas. Com as garras dianteiras ele prendeu as mãos de Steven, puxou as patas de trás para cima e começou a arranhar o antebraço de Steven, chutando várias vezes. Ele não estava tentando fugir. Quero deixar isso bem claro. Marshmallow estava esperando pela chance de dar o troco em Steven – por tê-lo trazido a Sioux City, por me tirar dele e possivelmente por uma série de negligências que eu desconhecia e apenas o gato entendia – e não queria largar. Ele retalhou o antebraço de Steven com suas garras, como fizera com o gesso da minha perna quebrada tantos anos antes.

Até que Steven jogou Marshmallow para longe e desceu para o porão, zangado e sangrando. Ele voltou alguns minutos depois vestindo uma jaqueta Carhatt, uma máscara de hóquei e luvas de caça. "Estou pronto", disse, dando tapinhas na perneira protetora, como se fosse um goleiro de hóquei. Steven não ia deixar Marshmallow ganhar.

Mas ganhou. Marshmallow ganhou, é claro. Ele ficou se contorcendo e dando arranhões de um modo tão feroz, e por tanto tempo, que a gente acabou desistindo, deixando o gato em paz com seu pelo emaranhado. Marshmallow podia ser lento e ter artrite, mas ainda estava no comando. Isso era óbvio. Quando Marshmallow chegava, o labrador enorme de Steven, Molly (uma cachorra bem "masculina" a maior parte do tempo!), praticamente lhe prestava reverência. Molly não tinha medo, era mais um respeito tácito por um gato velho e sábio. Depois de muitos anos vivendo do lado de fora, Marshmallow tinha uma certa aura. Era um sobrevivente. Um menino mau. Um gato bacana. Poderia estar aposentado, mas ainda era o Chefão. Ficava satisfeito de passar o dia inteiro sentado debaixo de uma planta na porta de entrada, quase sem se mexer, mas ninguém se enganava. Marshmallow sabia – e aprovava – tudo que se passava na nossa casa.

Como, por exemplo, as minhas corridas. Com muito esforço e com a ajuda do meu amoroso marido (e do meu inacreditável gato, claro!), eu dominei meu distúrbio alimentar. Consegui até usar essa experiência a meu favor, para me aproximar e ensinar meus alunos adolescentes e adultos com dificuldades de aprendizagem. (Dá para entender agora por que eu me senti abençoada por ter ganhado peso, *de propósito*, para competir na categoria mais nobre da maratona? E por que meu marido – e até o meu pai – ficou com os olhos cheios de lágrimas torcendo por mim? Quer dizer, eu posso ter ficado em terceiro lugar, mas... *ganhei*! Para sempre.) Não estou mais doente, mas isso não quer dizer que não cuide do meu corpo. Como bem e corro todos os dias. Molly aprendeu essa segunda parte rapidinho. Toda manhã ela praticamente me perseguia até a porta com a coleira balançando na boca. Enquanto eu amarrava os sapatos e Molly começava a babar e a ficar frenética, Marshmallow, debaixo da planta, nos olhava. Como o Poderoso Chefão, ele não precisava falar; todos sabiam o que ele estava pensando. *O único motivo pelo qual eu deixo você sair com ela, a cachorra, é porque estou muito velho. Algum dia, cachorra, poderei exigir que me pague pelo favor que agora concedo.*

Quando Molly e eu saíamos, Marshmallow se enroscava em cima do sofá, de onde podia nos ver pela janela da frente. Quando voltávamos, arrastava-se até o chão e me olhava enquanto eu alongava. E nessa hora ele falava, falava, falava. Isso era uma coisa muito legal do Marshmallow. Mesmo velho e cansado, ele nunca parou de falar comigo.

Depois de dois anos, ele até ensinou Molly a encontrar sua própria voz. Ela começou choramingando, como uma porta velha com dobradiças barulhentas. Depois começou a fazer um ruído surdo e prolongado, rerrr, rerr, rerr, como um cortador de grama passando por cima de arbustos grossos. Todo dia eu ia para casa almoçar e nós três ficávamos na cozinha batendo papo.

"Como foi a manhã, amigos?"

Miau.

Rerr.

"O meu dia também está indo bem."

Mi-auuu.

"O de sempre, pasta de amendoim e geleia."

Re-rr-rr.

"Não, não vou dar nada para você."

Miau, miau. Mi-auuu.

Re-rerrrrr.

"Ah, não", disse meu marido, quando ele percebeu o que estava acontecendo. "Com a cachorra também?"

Alguns anos depois, eu engravidei. "Eu compro comida para esse gato", meu marido resmungou, ao saber que mulheres grávidas não deviam limpar a areia dos gatos. "Eu limpo o vômito. Eu limpo o cocô. E ele só me ignora. Por que ele não é mais parecido com Molly?"

Ah, me deixa em paz, suspirava Marshmallow, levantando a cabeça por um momento e depois voltando a dormir embaixo de sua amada planta.

Vou sempre lembrar com carinho, até a hora da minha morte, da noite em que comecei a entrar em trabalho de parto, quando estava grávida do Luke. Antes de nos tornarmos mãe, há um período interminável de tempo, muito cedo para irmos para o hospital, mas desconfortável e agitado demais para podermos relaxar. Então eu ficava andando pra lá e pra cá na sala, lutando contra o aperto na minha barriga e tentando me concentrar na respiração. Nessa época, Marshmallow tinha dezesseis anos. Ele morava comigo e Steven havia quatro anos. Ele estava rígido, com artrite e quase surdo. Havia mais de um ano que só saía de debaixo da planta para comer e ir ao banheiro. Mas naquela noite ele se levantou e ficou andando comigo. Ele sempre ficava ao meu lado quando eu ficava doente, mas dessa vez foi diferente. Marshmallow acompanhou cada passo que fiz durante duas horas, miando o tempo inteiro. Molly, agachada perto do sofá, lá pelas tantas acrescentou sua voz, *re-rr, re-rrr, miau, miau, respirar, respirar, miau*, até que a sala inteira ecoava os sons. O amor. O amor desinibido dos animais. Eu conversava com meus dois bichos enquanto começava a entrar em trabalho de parto, andando com pés inchados e cheios de calos, e não podia estar mais feliz. Eu não poderia ter tido ajuda melhor.

Quando trouxe Luke para casa, Marshmallow me surpreendeu novamente. Ele saiu de debaixo da planta e começou a dormir sob a cama do meu filho. Quando Luke estava na sala, Marshmallow vinha meio troncho e ficava ao lado do carrinho de bebê. As pessoas me diziam: "Você tem que tomar cuidado com os gatos. Eles podem pular em cima do peito da criança".

Eu pensei, *Marshmallow? Você tá brincando? Ele nunca machucaria Luke. E mesmo que quisesse... você já olhou direito para esse gato? Ele tem dezessete anos. Ele mal consegue andar. Ele não pula desde que eu terminei a escola.*

Depois do nascimento de Luke, a saúde do Marshmallow continuou a piorar. Cinco anos depois de nossa mudança para Sioux City, ele já não conseguia andar até o banheiro. Ele não conseguia subir nem descer escadas. Alguns dias, ele mal alcançava o prato de comida e parecia estar esquecendo as coisas. Houve vezes que, eu poderia apostar, o Poderoso Chefão sequer sabia onde estava. A artrose havia atingido todas as juntas do seu corpo. Ele não escutava mais nada. Seu rosto estava uma bagunça. Eu sei que ele sentia dor. E não precisei de um veterinário para saber que era a hora. Não foi uma decisão difícil. Não mesmo. Aos dez anos, eu havia visto o meu avô definhar, com muita dor, um dia após o outro. Marshmallow era um amigo tão bom. Eu não deixaria um amigo sofrer.

Tirei um dia de folga do trabalho. Desliguei a televisão. Peguei meu filho pequeno pela cintura, para que pudesse levantar Marshmallow e colocá-lo no meio do meu colo. Enquanto fazia carinho, vi seu pelo solto flutuar através do raio de Sol, pousando em cima de tudo, até no meu suéter. "Maushmallow", eu disse para o meu filho com uma voz de bebê, imitando aquela criança de tanto tempo atrás. "Esse é o Maushmallow, lemble semple dele."

Eu olhei para o meu filho, depois para o meu gato, depois para o raio de Sol brilhando através da janela, os pelos do gato ainda flutuando. Minha janela. Minha casa. Meu mundo de adulta. O quarto estava silencioso, exceto por um ronronar suave. Mesmo aos dezessete anos, Marshmallow pressionava as unhas nas minhas pernas. Eu senti uma ligeira dor e sorri. Foi um dia triste, mas um momento doce, sentada no sofá com aqueles que eu amava.

Eu abri meu álbum de fotografias. Lá estava eu, com uma capa corta-vento roxa de zíper, com o cabelo bagunçado, a pequena menina que eu era. Marshmallow era só um gatinho e eu o mostrava para a câmera. Estava tão orgulhosa dele. Dava para ver pelo meu rosto. Tão orgulhosa. Era apenas uma Polaroid, começando a apagar, mas dava para ver a alegria no meu rosto. A gente não tinha uma câmera Polaroid; a foto deve ter sido tirada por Katherine, nossa vizinha. Era uma senhora mais velha. Ela amava Marshmallow. Ela nos observava da sua janela, ou quando fazia coisas no jardim, e tenho certeza que ouvia as nossas conversas também. Eu sei que ela ouvia os meus pais brigando e minha irmã e eu jogando nossos medos uma na outra. Ela tirou a foto e me deu, tenho certeza, só porque eu era uma menina pequena e tinha tanto orgulho do meu gato.

Eu folheei as páginas. Havia fotos minhas e de Marshmallow afundados nas folhas. Eu e Marshmallow no quintal. Tinha uma sessão só com fotos minhas com vestidos formais, segurando Marshmallow. Lembrei: eu tirava uma foto com Marshmallow antes de todo baile da escola. Eu e Marshmallow deitados sobre a manta no Sol. Eu e Marshmallow quando me formei na escola. Eu com o meu vestido de casamento, sorrindo, segurando o meu gato. "Mãe", eu lembro de dizer muitas e muitas vezes ao longo dos anos. "Pegue a câmera, mãe. Eu quero uma foto com o Marshmallow."

É difícil para mim lembrar desse dia. Desculpe, você provavelmente vai achar que eu sou estranha, mas é difícil. Não vou falar da morte dele. Simplesmente não consigo. Mesmo quinze anos depois, eu sinto saudades do meu Marshmallow. Mas houve tanta alegria na vida dele. Tanta alegria. Ele esteve comigo dos meus dez aos meus 27 anos, e foi uma jornada incrível. Eu não estaria onde estou hoje sem isso, e por isso acho que foi uma bênção. Isso é óbvio. Mesmo as partes ruins foram uma bênção. Quero dizer, quantas pessoas vivem dezessete anos com um animal, não é? Quantas pessoas experimentam esse tipo de amor?

8
Gata da Igreja

"Palavras não podem expressar o quanto o livro Dewey *significou para mim... Anos atrás, nós adotamos uma gata abandonada na nossa igreja: a 'Gata da Igreja'! Ela estava grávida e, quando os gatinhos nasceram, membros da igreja adotaram seus filhotes. Depois, algumas doações permitiram que ela fosse castrada. Ela morou na igreja até as reformas começarem, quando eu a levei para casa."*

Carol Ann Riggs me surpreendeu. Sua pequena nota sobre Gata da Igreja, a gata abandonada que foi adotada pela Igreja Unida Metodista de Camden, no Alabama, chamou a minha atenção, mas, logo depois, nos primeiros dez minutos da nossa conversa por telefone, confesso que fiquei completamente confusa. Não pelas coisas que ela disse, mas pelo modo como as disse. A sra. Carol Ann Riggs (como é conhecida por seus amigos) tem um sotaque sulista maravilhoso, um sotaque arrastado, meloso, "açúc-ahr" misturado com "mani-ah" e o coro das "igrej-ahs".

Devo admitir, adorei o sotaque dela. E adorei Carol Ann Riggs também. Ela nasceu na pequena cidade de Bragg, no Alabama, onde a escola mais perto ficava há cinquenta quilômetros de ônibus. (Mesmo hoje em dia, Lowndes County tem apenas duas escolas públicas de ensino médio.) Carol Ann casou-se com Harris Riggs quando tinha dezenove anos, mudando-se para a cidade dele, Camden, o que fez com que se sentisse numa cidade grande. Camden, afinal, tem dois sinais de trânsito, dois restaurantes, dois bancos e quase 15 mil pessoas. E, mesmo sendo uma cidade "grande", ainda era um lugar incrivelmente amigável. Não havia muito dinheiro em Camden, mas, quando alguém morria, não apenas todos os vizinhos levavam comida, como todos os moradores da cidade compareciam ao funeral. "Quase todos eram familiares", Carol Ann me disse, e isso incluía o "pessoal" do seu marido, Harris, que por várias gerações gerenciou a loja de ferragens da cidade. Carol Ann não era bibliotecária – ela trabalhava para um escritório de "advocaci-ah" –, mas foi durante muito tempo membro da diretoria da biblioteca local. Apesar de minhas desconfianças em relação a diretores de biblioteca, eu gostava disso. Na verdade, eu gostava de tudo nela. Especialmente daquele sotaque.

"Eu sei, eu sei", disse sua amiga, Kim Knox. "É aquele tipo de sotaque do Sul que você escuta na televisão e pensa: *Isso não pode ser real.*" Kim nasceu e foi criada do outro lado da fronteira, em Laurel, Mississippi, então ela conhece bem os sotaques sulistas. "Mas este é um sotaque de Camden. Várias pessoas de lá falam assim. As pessoas pensam que isso é um sotaque antigo da aristocracia do Sul, mas as pessoas de Camden não são assim. Elas têm os pés no chão. Não é nenhum tipo de esnobismo ou algo parecido."

O isolamento, supõe Kim, é o que faz os habitantes de Camden tão charmosos. A cidade é a sede do Wilcox County, uma região pouco povoada nas montanhas de terra dura do sudoeste do Alabama. Este município tem apenas 13 mil moradores, sendo ainda menor que Clay County, em Iowa, onde a renda média anual é de apenas 16 mil dólares; a terceira média nacional e 6 mil dólares abaixo da linha de pobreza. As pessoas imaginam a região sul do Alabama como um lugar de plantações, com grandes mansões e extensos campos de algodão. Mas você não encontra grandes fazendas em Wilcox. O que você vê são pequenas fazendas familiares, essencialmente de meeiros, entre os milhares de acres cobertos pelos pinheiros altos do Sul.

"É uma cidade no meio do nada", Kim Knox disse. "Uma ilha pitoresca." Quando escutei isso, pensei em Spencer, nas suas largas calçadas e em suas redes de lojas locais, agradavelmente antigas. Eu imaginava uma cidade onde várias gerações tivessem suas próprias mesas nos restaurantes locais e onde tomar uma xícara de café pudesse levar pelo menos duas horas.

Mas Camden não era assim, como demonstravam as fotos do velho centro da cidade. Em Camden, a vida social não estava nos centros comerciais. Não havia cinema, restaurantes chiques ou cadeias de grandes lojas. O centro da vida social de Camden, no Alabama, eram as igrejas. As quatro maiores estavam localizadas, uma ao lado da outra, em um trecho da Broad Street que era tão impecavelmente cuidado quanto o centro comercial próximo era decadente. A maior era a Igreja Batista. Do outro lado da rua, uma ao lado da outra, estavam as igrejas presbiterianas. Descendo o quarteirão em direção ao cruzamento principal da cidade e próximo ao posto de gasolina Exxon (que marcava a entrada não oficial do centro), estava a Igreja Unida Metodista de Camden. Nenhuma dessas igrejas era grande – juntas elas tinham provavelmente setecentos membros, ou, aproximadamente, metade da cidade –, mas elas ofereciam almoços, encontros para oração, atividades para jovens e coros para crianças e adultos. Quando algo importante acontecia, como a apresentação anual de Natal, todos trabalhavam juntos para o espetáculo.

Foi Kim Knox, a nova integrante e secretária de meio expediente da Igreja Unida Metodista de Camden, quem primeiro percebeu a gata no antigo presbitério que servia de sede administrativa da igreja. Era uma gatinha cinza listrada e quando Kim saiu para um pequeno intervalo, a gatinha estava agachada à sombra de uns arbustos próximos. Ela tinha um rosto redondo adorável e um olhar suave, e quando Kim a viu, a gata não foi embora, mas continuou olhando fixamente para ela. Então a gata começou a falar. Kim respondeu – "Bem, olá, gatinha" –, e a gata subiu na varanda de entrada, fazendo com que Kim, naturalmente, se inclinasse para acariciá-la. A gata se virou para receber carinhos na barriga. Quando Kim abriu a porta para voltar para o escritório, a gata deu um pulinho e correu para dentro também.

Hummm.

Bem, a Igreja Unida Metodista de Camden não era uma igreja formal. Ela podia ser formal com algumas coisas, como com sua doxologia e com seu santuário, mas, no geral, era uma congregação de trabalhadores, de pessoas simples e honestas. Os escritórios administrativos eram, para dizer o mínimo, bagunçados. O antigo presbitério tinha apenas um andar, estilo casa de campo do início dos anos 1920, com pisos que rangiam e janelas ruidosas, repleto de caixas e arquivos por todos os lados. O pastor era de uma escola de liturgia não muito rigorosa, usava roupas casuais, tinha sempre um sorriso tranquilo no rosto e fazia piadas para seus paroquianos. Mesmo Kim não era a típica secretária cri-cri de igreja. Depois de uma breve reflexão, pareceu-lhe que um gatinho vira-lata poderia caber perfeitamente bem ali.

Mas ela não tinha certeza. O escritório de um pastor, em uma cidade pequena, era um local onde a comunidade se encontrava. As pessoas estavam sempre passando, não só para falar sobre problemas, mas também para contar fofocas e bater papo. E o que aconteceria caso não se sentissem à vontade com aquela gata cinza, mansinha, com o rosto redondo como uma Lua, esparramada na cadeira da secretária? Será que era apropriado uma secretária que estava na cidade havia somente alguns meses deixar uma gata morar na igreja?

Miau, fez a gata, na mesma hora.

Felizmente, a primeira pessoa que chegou ao presbitério foi a sra. Carol Ann Riggs. Carol Ann tinha se tornado membro da Igreja Unida Metodista de Camden desde que se mudou para a cidade, em 1961. Ela era do coro e de diversos comitês, conhecia todo mundo e frequentemente aparecia lá para dar um alô e ver se precisavam de alguma coisa. Suas filhas foram para a universidade e depois mudaram de cidade, e Carol Ann tinha, de certa forma, adotado a congregação Metodista de Camden. Ela era também, como Kim descobriu mais tarde, alguém que a vida inteira tinha adorado gatos.

"Ah, você tem que ficar com ela", disse Carol Ann, quando a gata listradinha se aproximou para cheirar sua mão e miou. "Ela é lin-dah." Mas ela não contou que tinha certeza que Kim acabara de adotar uma gata da cadeia. Havia um bando de gatos que viviam no beco, atrás da prisão, e ficavam lá esperando o momento em que o cozinheiro jogava fora os restos de comida. Não era difícil para a gata descer o quarteirão da Broad Street e atravessar a rua em direção à porta do presbitério.

Em lugar disso, Carol Ann simplesmente disse: "Kim, você tem que ficar com essa doçur-ah!". E como Carol Ann fora membro da igreja por décadas, assim como a família de seu marido, Kim obteve o aval necessário para ficar com ela.

Na vez seguinte em que Carol Ann passou pelo presbitério – e, de repente, ela passou a arrumar cada vez mais motivos para fazer isso –, ela viu a gatinha cinza sentadinha no meio da cadeira, enquanto Kim se equilibrava perigosamente na ponta da frente.

"Ela tentou sentar no meu colo", Kim contou, um pouco constrangida, "mas detestou o fato de eu ficar me levantando o tempo todo. Então, tomou a parte mais confortável da cadeira."

Miau, fez a gata, como se tivesse concordado, antes de pular na direção de Carol Ann para que essa lhe fizesse um carinho. Ela dormia a maior parte do dia enrolada atrás de Kim na cadeira, mas toda vez que alguém entrava na sala, ela miava e corria para cumprimentar.

"Olá, gatinha", dizia a maior parte das pessoas, fazendo um pequeno carinho nela. "Ela não é uma gracinha?"

E ela era. Essa pequena gata era irresistível. Mesmo Carol Ann, que tivera seus próprios animais amados a vida inteira, tinha de admitir que essa gatinha era muito especial. Talvez fosse seu rosto redondo, tão macio e infantil. Ou seu jeitinho doce. Seu miado era tão pacífico e ela se aproximava tão gentilmente que ninguém resistia em se afeiçoar a ela. Ela era vivaz. Era amigável. E mais que isso, era cativante. Essa é a palavra: cativante. Não tinha como olhar para ela vindo com aqueles olhinhos doces, sem pensar: *nhonnnnnnn*.

Ainda assim, a gatinha despertava sorrisos maldosos entre os membros mais durões da congregação. Eles nunca disseram nada, pelo menos não para Kim, mas nada do que acontecia por lá, fosse um olhar grosseiro, fosse uma observação maliciosa, escapava a Carol Ann.

"Eles simplesmente não gostavam de animais", explicou. "Eu poderia apontar, agora mesmo, para cada um deles e afirmar que nenhum deles teve animais em casa. Eles não foram criados com animais, entende? Por isso não os entendem. Eles não acham que é apropriado uma igreja ter um animal."

Qualquer tensão, porém, era logo resolvida pelo pastor da igreja. Ele era jovem e liderava sua primeira congregação, mas era bom com as pessoas e era impossível não gostar dele. Ele tinha chegado à Igreja Unida Metodista de Camden apenas algumas semanas antes de Kim Knox, mas, se é que se sentia de algum modo inseguro em relação a sua recente promoção a chefe do clero, lidava com isso de uma forma sempre brincalhona e positiva. Ele podia não ser especialmente fã de gatos, e era provável que quisesse agradar aos seus novos paroquianos, mas não era alguém que expulsaria os menos afortunados, não importa quantas vezes rasgassem o papel higiênico no banheiro do escritório ou quanto pelo largassem no sofá.

Poxa vida, sua risada parecia dizer sempre que Gata da Igreja aparecia, *ela não faz mal a ninguém*.

E mesmo o membro mais relutante da congregação tinha que admitir que pelo menos as crianças adoravam ter Gata da Igreja por perto. O presbitério ficava separado do edifício principal da igreja por um amplo gramado, e esse gramado funcionava como um espaço social informal, onde os adultos se encontravam depois da missa e as crianças corriam, brincavam e sujavam suas roupas. Todos os domingos, a pequena gata cinza sentava-se no cantinho do gramado olhando para eles. Ela não brincava. E também não gostava que corressem atrás dela. Mas adorava quando as crianças vinham lhe fazer carinhos.

"Agora afastem-se, crianças", Carol Ann dizia, assumindo o papel de mãe protetora. "Deixem-na um pouquinho, ela está ficando nervosa." As crianças davam um passo para trás, dando cotoveladas e empurrões para conseguir uma boa posição, até que uma pequena menina, que devia ter mais ou menos dois anos, pois ainda engatinhava, não conseguia controlar suas emoções e pulava em cima da gata dando um gritinho. Isso acontecia todos os domingos e Kim e Carol Ann não conseguiam deixar de rir. A pequena menina queria ser amável, mas havia algo nela que aterrorizava a pobre gatinha cinza. Assim que a menina começava a gritar, a gata corria para o escritório, onde tinha um monte de buracos para se esconder.

"Cadê a Gata da Igreja?", as crianças gritavam, procurando por ela. "Cadê a Gata da Igreja?"

E foi assim que ela ganhou o seu nome. De alguma forma, certo domingo, ela deixou de ser *aquela* Gata da Igreja e passou a ser *a* Gata da Igreja. "Eu vou dar só um pouquinho para a Gata da Igreja", as senhoras começaram a dizer nos almoços do quinto domingo do mês, quando cada uma levava um prato de comida para compartilhar com o grupo, separando um pedacinho de carne no canto dos seus pratos.

Um dia, o marido de Kim estava dirigindo na Broad Street quando viu uma velha senhora esparramada no chão do lado de fora do escritório da igreja. Ele imediatamente parou o carro e correu em sua direção. No meio do caminho, ele a reconheceu como sendo a sogra de Carol Ann, que devia ter em torno de oitenta anos. "Sra. Hattie!", ele gritou. "A senhora está bem?"

Um segundo depois, ele percebeu que Gata da Igreja estava ao lado da senhora, recebendo uma massagem na barriga. "Eu só estava fazendo carinho nela", disse a sra. Hattie, levantando-se e dando um sorriso. E foi assim que a gatinha cinza listrada que veio do beco atrás da cadeia foi adotada, não só por Kim Knox e Carol Ann Riggs, como por toda a Igreja Unida Metodista de Camden.

***

Perto do Natal, quando o inverno chegou ao sul do Alabama soprando uma grossa camada de gelo, Carol Ann e Kim decidiram que a gata poderia passar as noites dentro da igreja. Elas compraram areia e comida e Gata da Igreja acostumou-se imediatamente com o conforto de um lugar quente e seguro para dormir. Mas ela era uma gata tão animada que ficava entediada durante a noite. O jovem pastor ficava confuso ao ver, todas as manhãs, a papelada de Kim espalhada pelo chão. Kim ouvia-o falando no escritório e pensava, *Não me lembro de ninguém ter entrado lá...* Em seguida, ela escutava um miado, entrava no escritório e encontrava Gata da Igreja sentada na mesa do pastor. Ela se desculpava, o pastor ria e Gata da Igreja ronronava em seus braços. Esse é o tipo de afeto e companheirismo que um gato pode oferecer. Pela manhã, Kim sempre sorria ao ver Gata da Igreja à espreita por trás das persianas, pronta para saudar os membros da congregação... já que dormia 90% do tempo na cadeira de Kim.

Manter a gata dentro da igreja à noite significava considerar outros cuidados. Carol Ann e Kim eram as principais pessoas a cuidar da gata, mas caso elas estivessem longe, alguém deveria dar comida e trocar a areia. Quando o escritório ficava fechado por alguns dias, alguém tinha que deixá-la sair, senão ela ficaria louca presa ali dentro. E, claro, alguém sempre tinha que ficar de olho para não deixar a gata entrar no santuário, que nunca fora oficialmente designado como uma área proibida para gatos, mas poderia fornecer a desculpa perfeita para os que não gostavam de gatos – e sempre havia alguns, como Carol Ann sabia – começarem a falar de desrespeito ao solo sagrado. Ter que pedir, mesmo que uma pequena ajuda, para cuidar da gata deixava Carol Ann muito nervosa; ela sentia como se estivesse pedindo demais. Mas, na verdade, ela não tinha muito com o que se preocupar, pois

Gata da Igreja tinha muitos fãs, e havia muitos voluntários bastante entusiasmados.

Depois de garantir os cuidados básicos, Carol Ann e Kim passaram para o segundo passo: vacinas e castração, o que acarretou a primeira grande surpresa da Igreja Metodista de Camden. A gata estava grávida.

Em março, todos na igreja já sabiam: havia uma mãe solteira entre eles. E Gata da Igreja, por sua vez, não escondia. Enquanto caminhava, sua barriga balançava feito o sino da igreja. Sem dúvida, isso despertou perguntas entre as crianças mais novas durante as refeições familiares naquela primavera, mas, no geral, todos da congregação estavam animados. Se possível, as crianças seguiriam Gata da Igreja ainda mais do que o normal. E Gata da Igreja, apesar de sua situação, ajudava. Um dia antes do Domingo de Ramos, Carol Ann estava passando de carro e a viu dando uma corridinha animada em volta do gramado da igreja.

Mas no Domingo de Ramos ela sumiu. As crianças saíram para o gramado depois da missa, vestidas com suas roupas do coro e sacudindo seus raminhos de palmeira, mas não encontraram a gata. Pararam, olharam em volta assustadas e começaram a procurar nos arbustos, nas salas das aulas de domingo, nos escritórios administrativos e até no santuário. Mas nada de encontrar a gata.

"Será que ela já teve os bebês?", a pequena garotinha gritava, quase desmaiando de tanta animação.

"Provavelmente", disse Carol Ann, "mas não temos certeza."

No dia seguinte, Kim também saiu em busca da gata. Naquele ano, além de adotar uma gata, a Igreja Unida Metodista de Camden também deu início a um grande projeto de construção. A igreja principal seria aumentada, o antigo presbitério retirado, e o hotel abandonado ao lado, que havia sido adquirido recentemente, transformado em um estacionamento. Kim imaginou que os velhos quartos do hotel, muitos com as portas já retiradas pela demolição, seriam o local ideal para uma gata fazer um cantinho para ter seus filhotes. Depois de algumas horas chamando e procurando pela gata naquele lugar dilapidado, em ruínas, Gata da Igreja finalmente respondeu. Um dos quartos estava cheio de móveis velhos e colchões, e Gata da Igreja estava usando o lugar como uma creche silenciosa para os seus quatro gatinhos de Domingo de Ramos.

Durante uma semana, Kim e Carol Ann levaram comida até o quarto, e Kim ia na ponta dos pés, uma vez por dia, verificar se estava tudo bem, mas, de modo geral, Gata da Igreja passou a maior parte do tempo sozinha com seus bebês. As crianças encontraram-na uma semana depois, no domingo seguinte, depois da missa. Estavam no gramado, conversando sobre Gata da Igreja e seus filhotinhos, quando um deles flagrou a gata passando na área em volta do hotel. Cerca de seis crianças com menos de seis anos seguiram-na até o quarto onde seus gatinhos miavam e se esbarravam uns nos outros. Carol Ann conseguiu chegar a tempo de garantir que as crianças não tivessem feito nada além de ficar admirando e babando pelos gatinhos, mas, mesmo assim, no dia seguinte, Gata da Igreja saiu do hotel.

Há ocasiões, como eu bem sei, em que é importante ter um bom grupo de amigos. Quando você é injustamente acusado de algo. Quando você encara um desafio pessoal. Quando a diretoria tenta expulsar da biblioteca o gato querido por toda a comunidade. Felizmente, Carol Ann pertencia a uma forte rede social em Camden e uma de suas conhecidas morava do outro lado da rua, bem próximo da igreja. Essa jovem mulher tinha visto, da porta de sua casa, quando Gata da Igreja atravessou a Broad Street com seus filhotes, levando um por um, pelo pescoço, até a janela do segundo andar de uma casa abandonada.

Foi ela quem ligou para Carol Ann. Carol Ann ligou para Kim Knox. Juntas, decidiram que era melhor fazer a mudança desses gatinhos antes que o dono da casa voltasse. Ninguém morara naquela casa havia anos, mas Carol Ann sabia que o dono guardava coisas ali dentro. Ele era um homem legal, mas ela não sabia como reagiria se descobrisse os gatinhos. Como toda a congregação infantil da Igreja Unida Metodista de Camden esperava ansiosamente pelo retorno de Gata da Igreja, ela não quis arriscar.

"Eu não tenho o hábito de quebrar leis", disse-me Kim, "mas, às vezes, não tem outro jeito." E foi assim que, alguns dias depois, Kim Knox se viu rastejando pela janela do primeiro andar de uma casa abandonada, na rua principal, a apenas um quarteirão do centro da cidade, enquanto Carol Ann esperava do lado fora, impressionada que uma mulher fina e íntegra como ela estivesse ali de vigia, enquanto a outra entrava onde não devia.

Teve um momento, quando Kim estava na metade da janela se esticando para encontrar o chão escondido na escuridão, que ela se perguntou por que estava fazendo aquilo. Ela era uma cidadã que respeitava as leis. Era a secretária da igreja. Estava bem-vestida, pelo amor de Deus! E agora se via invadindo uma casa em ruínas, possivelmente um lugar perigoso. Sem dúvida, pensou consigo mesma, estava fazendo isso pelas crianças, já que essas precisavam saber se Gata da Igreja e seus filhotes estavam bem. Talvez ela tenha pensado que fazia isso por Gata da Igreja, mas no fundo sabia que uma gata de cadeia sagaz como aquela não precisaria de ajuda para cuidar de sua família. Na verdade, ela fazia isso para si mesma, como deve ter percebido assim que entrou na escuridão empoeirada.

Kim foi até a porta dos fundos para que a amiga de Carol Ann, a jovem vizinha, entrasse na casa, pois Carol Ann estava convencida que tinha uma idade muito avançada para uma missão tão perigosa. "Gatinha", Kim sussurrou quando sua amiga já estava lá dentro, tentando não perturbar nada além de teias e poeira. "Onde você está, gatinha?" Móveis antigos estavam espalhados pelos quartos do andar de baixo, entre pilhas de caixas cheias de entulho. Mesmo em plena luz do dia, a arrumação parecia perigosa. *É o pesadelo do tétano*, Kim pensou, enquanto seus pés trituravam cacos de vidro. As escadas eram ainda menos atraentes, mas mesmo assim elas foram até o segundo andar e, do quarto dos fundos, ouviram Gata da Igreja miar. Quando Kim chegou no corredor, a gatinha cinza veio correndo em direção à amiga, doce e amável como sempre.

Como uma boa mãe, Gata da Igreja encontrou o lugar mais confortável no centro de Camden para sua ninhada de gatinhos: colchões e camas-box empilhadas num canto. Normalmente, camas-box são ocas, mas uma dessas era antiga e estava cheia de algodão. Gata da Igreja retirou esse preenchimento para fazer um ninho. Dentro, havia um punhado de gatinhos: um todo branco, outro todo preto, um malhadinho marrom e outro listrado cinza exatamente igual à mãe.

Kim e sua vizinha escolheram um lugar seguro no chão no meio da sala e se sentaram. Enquanto esperavam, sussurravam de vez em quando, encorajando os gatinhos para que viessem até elas. O colchão era um lugar perfeito para se criar uma família, mas elas queriam conquistar a confiança deles, caso fosse necessário removê-los rapidamente. No primeiro dia, Gata da Igreja foi a única que se aventurou a ir ao centro da sala. Como sempre, ela estava falante, doce e ansiosa por atenção. Kim a acariciou, sentindo aquele calor gostoso dos gatos. Depois de meia hora, Kim desceu as escadas, trancou a porta dos fundos, deixando sua amiga para trás, e saiu pela janela.

No dia seguinte, ela voltou pela janela novamente, e todos os dias foram assim nas duas semanas seguintes. Havia algo de compulsivo em seu desejo de cuidar dos gatos, algo que tinha mais a ver com as necessidades dela do que com as deles. Mas qual a importância disso? Depois de alguns dias, os gatinhos também amavam a sua companhia. Assim como a mãe, eles chegavam, cheiravam sua mão e queriam ser acariciados, aceitando-a como parte de seu mundo. Todos menos o listradinho cinza, que grunhia e rosnava e se enfiava de volta na cama cheia de algodão sempre que Kim fazia um movimento em sua direção. Ele era o único macho no ninho, por isso talvez fosse mais cauteloso que os outros. Ou, talvez, apesar de ter a aparência igual à mãe, tenha sido o único que não herdou sua personalidade cativante.

Na segunda semana, chegou até Carol Ann um boato de que o dono da casa estava voltando. Ele ia reformar a propriedade e vendê-la. Assim, pela última vez, Kim Knox entrou pela janela da casa velha para ver os gatinhos. Carol Ann entregou-lhe várias caixas de transporte para gatos e voltou para o quintal para esperar. Kim levou as caixas dos gatos para o quarto no segundo andar e, como de hábito, sentou-se no chão para persuadir os filhotes a saírem do ninho. O primeiro foi fácil: ela veio direto. Os dois seguintes foram mais sábios, correram ao redor da sala um pouco, mas, com a ajuda da vizinha, Kim conseguiu colocá-los nas caixas.

Só ficou faltando o listradinho cinza. Em vez de correr, ele se enfiou debaixo da cama, brigando e rosnando toda vez que Kim tentava pegá-lo. A cada tentativa frustrada, ele se embrenhava mais ainda no meio do algodão. A certa altura se enfiou tão fundo que ela teve que tirar a pilha inteira de colchões para encontrá-lo. Então, ela empilhou os colchões de volta exatamente como estavam antes. Por fim, depois de aproximadamente uma hora, Kim conseguiu levar as caixas com os gatos até a porta dos fundos para Carol Ann, depois trancou a porta e arrumou tudo o que poderia ter tirado do lugar e em seguida, pela última vez, saiu pela janela do primeiro andar da casa abandonada. Ela pulou no chão, limpou a sujeira de sua bonita blusa e de sua saia, olhou para os dois lados para ter certeza de que ninguém estava olhando e atravessou tranquilamente para o outro lado da rua para ajudar Carol Ann a colocar os gatinhos na mala do carro.

Como os gatinhos eram muito pequeninos para desmamar, Carol Ann decidiu não levá-los de volta à igreja. Carol Ann tinha um gato em casa e, por isso, elas levaram os gatinhos para a casa de Kim, onde Gata da Igreja alimentou e cuidou dos filhotes no quarto de hóspedes. Algumas semanas depois, quando os filhotes desmamaram, o pastor, divertindo-se com aquilo tudo, permitiu que Kim e Carol Ann colocassem um aviso na igreja dizendo que os gatinhos estavam disponíveis para adoção. Elas pediram também contribuições para que a gata fosse castrada, o que deu início a uma enxurrada de doações, não apenas para a cirurgia, como também para a comida e a areia. Depois deste aviso, Kim e Carol Ann nunca mais tiveram que pagar pelas despesas da gata.

As três filhotes fêmeas, todas fofinhas e simpáticas como a mãe, foram adotadas rapidamente. Mas o quarto filhote, o listradinho cinza, nunca aparecia quando havia visitas de donos em potencial. Em vez de se mostrar, ele se escondia embaixo da cama rosnando para eles. Caso Kim o surpreendesse, ele se apoiava nas patas traseiras e com o pelo ouriçado grunhia repetidas vezes para ela, depois saía correndo.

Depois que o terceiro filhote foi adotado, Carol Ann levou Gata da Igreja de volta para a Igreja Unida Metodista de Camden. Kim e seu marido sentaram-se na varanda de casa, cansados mas felizes, imaginando o que fazer com o macho rebelde. Depois de meia hora, Kim decidiu que era melhor ver como ele estava, já que agora estava sozinho no quarto. Dessa vez, quando ela abriu a porta, o gatinho veio correndo em sua direção, miando e miando, como se tivesse acabado de perceber que fora deixado para trás.

"Bem", ela disse, "você realmente mudou de atitude."

Ela olhou para o seu marido. Ele arregalou os olhos, depois sorriu e balançou a cabeça. O filhote cinza de Gata da Igreja ficou. Eles lhe deram o nome de Chi-Chi, que não tinha o semblante de bebê cativante da mãe, era maior e mais elegante, ainda assim, sempre fazia Kim lembrar da sua amiga de escritório. Ele não era caloroso; na verdade, era bem desapegado. "Mas essa era a sua personalidade", disse Kim. "Ele era um gato bom, bonzinho. Igualzinho à mãe."

***

Uma cidade é uma sequência de mudanças, e viver numa cidade por muito tempo significa incorporar essas mudanças na sua vida. Quando Carol Ann se mudou para Camden, a loja de ferragens dirigida pelo seu sogro era o centro da vida comercial da cidade. Eles vendiam de tudo, de pás à cerâmica, pregos e aparelhos de jantar, mas também faziam empréstimos e trocas por algodão. Por um tempo, eles foram os responsáveis pelo único serviço de ambulância da área e também eram a única casa funerária da cidade, tinham até um coveiro. Quando Harris foi para a faculdade, ele passou a loja adiante e começou a trabalhar no banco, mas largou esse emprego dois anos depois, quando Broedel-MacMillan, um conglomerado do Canadá, abriu uma fábrica de papel perto da cidade. Quando seu pai se aposentou, Harris já tinha terminado um MBA e era um executivo da fábrica de papel. A loja de ferragens foi vendida, tornando-se uma franquia True Value, vendendo pregos e ferramentas padrão, mas lentamente entrou em decadência, como o resto do centro da cidade. Mas quem morasse em Camden havia bastante tempo saberia para onde olhar e poderia ver que FERRAGENS MATTHEW'S ainda estava escrito na antiga parede de tijolos.

Quando Gata da Igreja chegou, não se pensava muito na renovação da cidade. A loja Walmart mais próxima ficava a oitenta quilômetros de distância; ainda assim, os moradores de Camden arrumavam motivos para ir até lá ao menos uma vez por mês. "Minha mãe não conseguia simplesmente passar por um Walmart", contou-me Harris, rindo. "Não importa em que parte do estado estivéssemos, ou o que estivéssemos fazendo, nós tínhamos que parar." A religião sempre fora uma parte importante da vida de Camden, e embora o centro da cidade passasse por dias difíceis, cada vez mais empenho e despesas eram investidos nas quatro grandes igrejas da Broad Street. Nos anos 1990, as igrejas realmente se modernizaram e deram início a uma série de grandes reformas, uma depois da outra.

A primeira perda da Igreja Unida Metodista de Camden foi o velho e confortável presbitério, com seus oitenta anos de história e pisos rangentes, que foi vendido para um jovem casal. Quando o caminhão veio remover a construção de suas fundações e transportá-la, uma pequena multidão se juntou no gramado para assistir, e muitos, especialmente os mais velhos, tinham os olhos cheios de lágrimas. Era apenas um bangalô de madeira, simples e singelo, mas foi construído imaculadamente e feito para durar. Agora, encontra-se numa vizinhança a menos de dois quilômetros da igreja, mais uma vez repleto das alegrias e lágrimas de uma jovem família crescendo unida.

O antigo hotel, um edifício abandonado havia muito tempo, sem nada que o redimisse, foi demolido e transformado em um estacionamento. Da igreja restou apenas o antigo restaurante que foi convertido em um centro para jovens e em escritórios temporários para a administração da igreja. Durante quase um ano, Gata da Igreja e as crianças compartilharam aquele local, algo que as deixava felizes. A gata preferia a companhia de Kim, especialmente sua cadeira superconfortável, mas ela também gostava de ir ao espaço das crianças e miar para chamar a atenção. Quando as exclamações e os carinhos eram demais – a menininha ainda gritava toda vez que via Gata da Igreja, só que agora o ex-restaurante cavernoso ampliava o som –, Gata da Igreja simplesmente corria e se escondia na cozinha.

No ano após dar à luz os gatinhos, na verdade, Gata da Igreja só criou problemas uma vez, na reunião administrativa da igreja. Kim estava fora da cidade e Carol Ann não sabia ao certo o que fazer com a gata enquanto trabalhava na reunião. Foi logo depois da Páscoa, uma época do ano perfeita no sul do Alabama, quando as noites são ainda úmidas e frias o suficiente para aliviar o calor do dia, e por isso ela decidiu deixar Gata da Igreja solta à noite. Em seguida apressou-se em cumprimentar os participantes da reunião, um evento importante do qual participavam o superintendente do distrito e representantes de outras igrejas metodistas locais. Carol Ann, do seu lugar na porta, tomava conta para que Gata da Igreja não entrasse no santuário enquanto as pessoas chegavam, mas a pequena gatinha deve ter se infiltrado com alguém que chegou atrasado, pois, durante a assembleia, apareceu andando bem no meio do corredor central, miando para chamar a atenção.

Carol Ann ficou morrendo de vergonha. Eu adoraria poder escrever como ela disse – "vergonh-ah" – porque ninguém pode expressar constrangimento social tão bem como uma verdadeira mulher do Sul. Mas basta dizer que Carol Ann estava muito preocupada com o fato de Gata da Igreja ter invadido o santuário durante a maior reunião do ano.

Pronto, acabou, pensou, enquanto retirava rapidamente Gata da Igreja pelos fundos. *Isso vai ser o fim de Gata da Igreja.*

Mas, em lugar de insultos, ela escutou, atrás dela no tablado, o som de risadas. Depois ouviu o pastor dizendo alguma coisa, depois outras pessoas rindo, até que a falha terrível de Gata da Igreja se tornou não um erro trágico, mas uma história engraçada para ser contada repetidas vezes em volta do grande gramado da Igreja Unida Metodista de Camden.

Logo depois, o jovem pastor deixou a igreja. Carol Ann, Kim e muitos outros paroquianos ficaram muito tristes de vê-lo partir, mas a Igreja Metodista faz uma troca regular de pastores e estava na hora (de acordo com o escritório nacional) de mudar. O projeto de construção estava quase completo e, sem a presença do jovem pastor, alguns sussurros e rumores começaram a chegar até Carol Ann. Uma pessoa deixou claro para todos que não queria Gata da Igreja dentro dos edifícios novos.

Assim, Kim e Carol Ann decidiram colocar uma notícia no boletim da igreja: Gata da Igreja estava disponível para adoção. Elas esperavam uma enxurrada de respostas, porém, depois de uma semana, ninguém tinha se pronunciado. Parte das pessoas da congregação, é claro, nunca tinha gostado da gata nos arredores da igreja, muito menos em suas casas. As pessoas que gostavam dela – e eram muitas – não se sentiam no direito de ficar com a gata. Todos sabiam que Carol Ann tinha perdido recentemente o seu amado gato Hogan, e que ela esperava, com sua típica polidez sulista, que ninguém se oferecesse para ficar com Gata da Igreja. E assim foi.

Então, em 2001, menos de quatro anos depois de seguir Kim Knox pela varanda do presbitério e entrar no escritório da igreja, o tempo de Gata da Igreja na Igreja Unida Metodista de Camden chegou ao fim. Ela foi para a casa de Carol Ann, onde adotou, por vingança, uma vida preguiçosa e mimada, tornando-se uma amada gata doméstica. Kim Knox aparecia sempre e, a cada vez, ficava de queixo caído.

"Eu sei, eu sei", Carol Ann disse. "Eu não dou tanta comida para ela. Realmente, não dou. Não sei como ela ficou tão pesada."

Logo depois, a igreja batizou os prédios novos. Até onde sei, eles nunca foram violados por outro gato novamente.

Carol Ann afirma sem titubear que o projeto da construção foi uma boa ideia, mesmo que Gata da Igreja tenha perdido seu lar. A igreja merecia um santuário melhor, uma cozinha mais ampla para os jantares de prece às quartas-feiras e para os almoços de domingo, e mais salas de aula para as crianças da Escola Dominical. Os novos prédios eram para toda Camden, disse Carol Ann, não apenas para os membros da igreja. Assim, poderiam, por exemplo, estender o jantar quaresmal a toda a cidade. "Também precisávamos de banheiros", acrescentou Harris. "Precisávamos desesperadamente de banheiros."

Kim Knox concorda que as melhorias foram uma boa ideia. E, ela queria que todos soubessem, os novos prédios são bonitos. De tijolos vermelhos com arremates brancos, são impecavelmente preservados e grandes o suficiente para acomodar crescimentos futuros – se a congregação da Igreja Unida Metodista de Camden e a cidade de Camden, como um todo, vierem a crescer. As novas construções são definitivamente muito melhores do que o hotel velho que foi posto abaixo. E sem dúvida são mais práticas e agradáveis para os olhos do que os prédios antigos que estavam lá. São tudo o que uma igreja moderna, voltada para o futuro, pode ser.

Mas Kim Knox não deixa de pensar que algo se perdeu. "É um ambiente mais bem estruturado", disse a respeito da igreja nova.

"É menos descontraído e relaxado." No antigo presbitério, onde ela trabalhava com Gata da Igreja, ventava muito. O único modo de aquecê-lo era com aquecedores portáteis, e por isso durante todo o inverso cheirava a querosene. As janelas faziam barulho. As portas rangiam. Mas, mesmo nos dias mais frios, Kim sentia que havia ali um calor que vinha de sua longa história, da madeira gasta, do som da risada do jovem pastor ecoando de seu escritório, da sensação de ter uma gatinha dormindo nas suas costas enquanto ela tentava se equilibrar na ponta da cadeira. E havia também o som da porta se abrindo, Gata da Igreja se mexendo, um caloroso "Bom dia, Kim", seguido por um ainda mais caloroso miado.

Sim, a nova igreja é linda. É muito bem cuidada. É algo do qual os moradores de Camden podem certamente se orgulhar. Mas é apenas um prédio. Não tem calor nem história. E nem poderia. Ao menos, não ainda. A nova Igreja Unida Metodista de Camden não é um lugar que, digamos assim, adotaria um gato.

***

Em certo sentido, falta pouco para o final desta história. A única coisa a dizer é que Gata da Igreja amava sua vida com Carol Ann – que a mimava, como boa avó coruja que é –, mas a sua vida no novo lar foi tragicamente curta. Quando Gata da Igreja contraiu uma infecção e morreu no verão de 2005, aos oito anos de idade, Carol Ann ficou tão abalada que demorou seis semanas para contar para o resto da congregação. Ela era a gata mais gorda que já se vira, contaram-me tanto Kim como Carol Ann em conversas separadas, mas também a mais feliz, e Carol Ann e seu marido, Harris, sentiam terrivelmente sua falta. Enterraram a gata no túmulo da família, ao lado de gerações de ancestrais que haviam vivido e morrido em Wilcox County, no Alabama.

No ano seguinte, Carol Ann e Harris Riggs se mudaram. A sra. Hattie, a mulher que se deitou no chão para fazer carinho em Gata da Igreja, e a única viva entre seus pais, morrera, e havia muito eles tinham prometido que, quando não tivessem mais responsabilidades familiares em Camden, se mudariam para um lugar novo. Quando suas filhas eram pequenas, viajaram bastante: para o oeste dos Estados Unidos, para o Canadá, para a Austrália. Para se aposentar, eles se mudaram para um lugar a duas horas e meia de distância, Tuscaloosa, a cidade da Universidade do Alabama, onde podem assistir a peças de teatro e ir a eventos esportivos sem ter que dirigir cinquenta quilômetros até em casa depois de escurecer.

Eles dizem que é por isso que deixaram Camden, para aproveitarem mais a vida, mas é claro que existiam outros fatores. Nenhuma de suas filhas queria morar naquela região. Eram casadas, com um advogado e com um diretor de atendimento emergencial federal, respectivamente, e ambas estudavam para fazer carreira na área médica. Não havia emprego para elas em Wilcox County.

Enquanto isso, a fábrica de papel MacMillan-Bloedel, onde Harris trabalhara a maior parte de sua vida, foi vendida para a Weyerhaeuser, e depois para a International Paper. No seu auge, a fábrica havia empregado quase 2 mil pessoas da região. Agora Harris estima que ela empregue quatrocentas pessoas, mas não sabe ao certo. "Você sabe como são essas empresas internacionais", ele disse. "Quando você se aposenta, tiram o seu nome do computador e você some." *Some*. Parecia um final pequeno demais para os mais de cem anos de história da família de Riggs em Camden.

E assim termina uma história, mas é claro que não é a única que pode ser contada sobre Camden. A cidade fica no coração do palco turbulento da luta pelos direitos civis – a sessenta quilômetros de Selma, o lugar da famosa marcha, e a cinquenta quilômetros de Lowdes County, conhecido como "Lowdes Sangrento", por ser o lugar onde o direito ao voto dos negros foi firmemente recusado. Portanto, existem ao menos duas conjunturas em Camden, duas histórias, duas visões de mundo. Se você perguntasse a outra pessoa em Camden, especialmente a um negro que morasse lá havia muito tempo, provavelmente ouviria uma história diferente da que leu hoje.

Mas sempre há mais histórias para contar. Eu não pretendia contar a história de uma cidade, mas simplesmente a história de Gata da Igreja, que viveu doces quatro anos na Igreja Unida Metodista de Camden e morreu como viveu, com Carol Ann ao seu lado. Parece bem simples, e dei o meu melhor para reportar a história do modo como a sra. Carol Ann me contou. Mas mesmo algo claro e direto como a vida de Gata da Igreja, sei bem, é repleta de interpretações e significados particulares.

Nada deixou isso mais claro do que as minhas três conversas, espaçadas pelo intervalo de alguns meses, com a boa amiga de Carol Ann, Kim Knox. Kim tinha uma visão diferente de Gata da Igreja. Uma visão que não se baseava nas atitudes da gata, mas no fato de que ela estava extremamente infeliz quando se mudou para Camden, um lugar sobre o qual ela nunca ouvira falar até seu marido arrumar um emprego como professor da escola local. Ela amava a cidade e as pessoas, mas, como diz a Bíblia, era tempo de provação. Sua mãe morreu assim que ela se mudou, e ela não tinha ninguém com quem se abrir. Pior ainda, depois de anos tentando, descobriu que nunca poderia ter filhos.

Isso era bem diferente do caso de Mary Nan Evans com seus 28 gatos na Ilha de Sanibel. Mary Nan me disse, sem hesitar, que ela nunca lamentou não poder ter filhos. Ela é mais velha que Kim e, portanto, já mais distanciada da decepção, mas eu não acho que seja por isso que ela não se arrependeu. Ter filhos, parecia, nunca foi algo essencial na sua vida. Não era algo de que ela precisasse para se sentir feliz.

Kim Knox era diferente. Percebia-se isso com clareza em sua voz. Kim Knox queria filhos desesperadamente. Ela precisava deles, e foi um terrível golpe quando descobriu que não poderia tê-los. Ela e o marido tentaram todas as formas de tratamento de fertilização *in vitro*, que eram muito caras para eles. Fizeram pesquisas sobre adoção, mas, depois de mais de um ano de telefonemas e reuniões, viram que mesmo as alternativas mais baratas estavam além de seus modestos recursos. Não houve um momento determinado em que ela tenha se dado conta da realidade dos fatos. Não houve crises no escritório, nem soluços durante a noite, nem manhãs sombrias em que a presença de Gata da Igreja acalentava sua alma enquanto ela se sentia abalada. Chorou, chorou muito com o seu marido, um mar de lágrimas, mas o processo emocional de gradualmente se desfazer de suas esperanças não foi uma súbita redenção, foi um lento e gradual colapso de todos os seus sonhos, e a contribuição de Gata da Igreja era seu afeto constante, um calor diário, mais do que um único gesto inesquecível.

Mas esse afeto era importante, mais do que Carol Ann ou eu podemos compreender. Para Kim, Gata da Igreja não era apenas uma gata fofa. Era uma fonte de conforto e força. Ela era a amiga para quem Kim podia voltar sua compaixão e energia materna quando não havia mais para onde dirigi-la.

Esteja presente. É esse o conselho para ajudar pessoas que estão sofrendo. Esteja presente por eles, para qualquer coisa que precisarem. Isso, em poucas palavras, representa Gata da Igreja.

E isso foi tão importante que, através da pequena gata, Kim construiu uma rede local de apoio. Através dela, Kim tornou-se amiga de Carol Ann e afinal confiava nela. Com a ajuda dos papéis espalhados e do papel higiênico rasgado, ela desenvolveu uma relação leve e calorosa com o jovem pastor, que lhe permitiu, finalmente, no silêncio do presbitério, e apenas com Gata da Igreja de testemunha, aliviar seu coração.

Isso muda a história de Gata da Igreja? Explica por que uma mulher no exercício da profissão passa sua hora do almoço subindo a janela de uma casa abandonada? Eu não sei. O marido de Kim, que era mais velho, estava em seu segundo casamento e em sua segunda profissão, como professor. Ele tinha um filho do casamento anterior, mas o menino fora seriamente doente durante toda a vida. Em 1999, enquanto Gata da Igreja paria os seus filhos no velho hotel, os médicos do menino recomendaram um transplante. O marido de Kim doou um rim. Ele e Kim perceberam que o tempo gasto, a recuperação física e os custos significavam o fim de suas parcas esperanças de algum dia adotar uma criança. Mas foi algo que eles nunca hesitaram em fazer. Eu não posso deixar de acreditar que, quando Kim Knox se sentou naquele quarto abandonado, suavemente encorajando os filhotes da gata a confiarem nela, estava exercendo seu papel de mãe. Estava sendo reconfortada por aquelas vidas, pequenas e macias. Ela estava, a seu modo, fazendo luto pelo que ela nunca poderia ter.

Então, em agosto de 2002, Kim recebeu um telefonema do antigo jovem pastor da Igreja Unida Metodista de Camden. Uma mulher fora vê-lo, o pastor lhe disse. Sua sobrinha conhecia uma jovem mulher que não tinha recursos para ficar com seu bebê. Ela estava com sete meses de gravidez, e procurava alguém que quisesse adotá-lo.

Oito semanas depois, em outubro de 2002, Kim Knox dirigiu cinco horas para encontrar a mãe. Não levou nada além de uma muda de roupa e um banco de criança para o carro. Recusou-se a comprar qualquer outra coisa. Estava com muito medo, depois de tantos anos de sofrimento, de que algo desse errado.

Dois dias depois, ela estava na sala de parto quando seu filho adotivo, Noah, chegou ao mundo. A mãe não falava inglês, mas ela implorou a Kim, com palavras tortas e gestos, que ficasse com ela no quarto de recuperação, para deixá-la segurar, por um momento, o recém-nascido. Eles viram a mãe novamente quando o menino tinha onze meses. Foram até Birmingham, a algumas horas de Camden, para encontrá-la. A mulher chorou, sorriu e, com seu inglês ruim, agradeceu, abraçou seu filho e depois sumiu. Kim sentiu seu coração se partir, quase tão forte como sentira o seu próprio. Mas para onde ela foi, ou por que, Kim não sabe.

"Nós ficamos tão felizes quando conhecemos Noah", a sra. Carol Ann disse. "E ele era uma gracinha. Todos da congregação o amavam."

Em 2005, Kim e seu marido voltaram para Laurel, no Mississippi, a cidade natal de Kim. Eles amavam Camden, mas não tinham familiares na região, e queriam que o menino deles crescesse cercado pela família. A mudança foi apenas dois meses antes do furacão Katrina. Apesar de estarem a muitos quilômetros da costa, foi com horror que viram da casa da tia Lee as árvores despencando e caindo. Eles agarraram o filho e esperaram que o filho de Gata da Igreja, Chi-Chi, que haviam deixado num abrigo de animais próximo, sobrevivesse à tempestade.

Ele sobreviveu, mas isso é outra história. Nesta, basta dizer que Gata da Igreja não era apenas um rostinho bonito, que o seu amor proporcionou a Kim Knox, e talvez a outros em Camden, uma presença tranquilizante em tempos difíceis. E que Kim Knox, com a ajuda da gata gentil e do pastor bondoso, sobreviveu ao seu tempo de provação e viu seu sonho de ser mãe se tornar realidade. E o filho de Gata da Igreja, Chi-Chi, embora nunca tenha sido amigável como a mãe, amava seu irmãozinho Noah com uma intensidade que surpreendeu até Kim, que irá para sempre apreciar a ternura e inteligência dos gatos.

9
Dewey e Ferrugem

"Eu estava deitado de cabeça para baixo, com a cabeça sob o painel, quando senti algo sobre o meu peito. Olhei para cima e lá estava aquele pequenino gatinho laranja e branco, com idade estimada entre seis e oito semanas. E ele estava no meu peito miando. Olhei e disse: 'Epa, oi, Ferrugem, como está?'. Eu fiz um carinho nele, e ele se deitou no meu peito e ficou ali. E nunca mais saiu."

Parte I

Para quem mora no noroeste de Iowa, Sioux City é o centro das atividades. Vamos até lá para fazer compras de Natal, para ir ao teatro e para nos divertir, para encontros de negócios, para dançar e para obter cuidados médicos especializados. "A cidade grande", resmungamos em Spencer, balançando a cabeça. A "Cidade Ferrovia", dizemos, porque não se pode andar nem quatro quilômetros em Sioux City sem se deparar com trilhos. Gente demais. Trânsito demais.

Mas isso não é de todo verdade. A verdade é que Sioux City é bem diferente do resto do universo das planícies altas. As cidades são em sua maioria planas, ensolaradas e abertas para o céu. Sioux City é densa, industrial e alta, cheia de campanários de igrejas e torres de fábricas. É uma dessas cidades antigas, como Pittsburgh ou Cleveland, que parece ter sido cavada do chão à força bruta. Cleveland tem petróleo. Sioux City foi construída para o gado. Chegavam mil cabeças de gado a cada vez, descendo o rio Missouri, ou por trilhas terrestres, para serem confinados, engordados e abatidos nas fábricas de tijolo cru ao longo do rio, e depois levados embora em vagões ferroviários.

O rio Missouri, razão pela qual a cidade está localizada ali, também trouxe outras coisas: granito, grãos, aço, couro e os homens, que os retiravam, construíam e transportavam. O centro de Sioux City tinha os melhores hotéis e restaurantes da região. Os armazéns da Lower Fourth Street, no limite do centro da cidade, eram o epicentro do vício – principalmente do gênero líquido – de uma região de 160 quilômetros. As casas dos trabalhadores se estendiam até as montanhas, esculpidas pelo rio e seus afluentes, pontuados aqui e ali por igrejas católicas e ortodoxas para os imigrantes, em sua maioria do Leste europeu, que construíram a cidade, pedra sobre pedra. Em uma ribanceira, ficava o octógono, a casa de um velho capitão de barco a vapor, construída de forma que ele pudesse olhar o rio. Na montanha mais alta, Rose Hill, ficavam as mansões dos donos dos abatedouros e fábricas, construídas em grande parte com o granito bruto de Sioux Falls que era sempre enviado rio abaixo e transportado para o resto do mundo.

Glenn Albertson cresceu em um bairro operário vizinho de Rose Hill, na época que as fábricas zumbiam, que havia barcos descendo o rio e que cada dez blocos de casas e prédios de quatro andares, construídos muito próximos uns dos outros, parecia ser o mundo inteiro. A família de Glenn se mudava com frequência, mas parecia sempre voltar para perto da Pierce Street, onde as vitrines das lojas ficavam muito próximas da rua e os fundos davam, geralmente, para pousadas da era vitoriana. Na década de 1950, quando Glenn era menino, existiam padarias, barbeiros e pequenos mercados locais em quase todas as esquinas. As crianças jogavam bola, andavam de bicicleta e iam a pé para a escola, mesmo no frio horroroso do inverno de Sioux City. No verão, reuniam-se na calçada, admirando a grande televisão em cores na janela da loja de televisões e aparelhos domésticos Williams.

Elas eram autossuficientes, as crianças da Pierce Street. Seus pais trabalhavam nas fábricas. Boa parte das mães trabalhava fora para ajudar a sustentar a família, fazendo "serviços de mulher", como servir mesas em restaurantes, costurar e fazer faxina, tarefas que secretamente eram a espinha dorsal do Meio-Oeste americano. Enquanto a família mudava de um apartamento para outro, a mãe de Glenn trabalhou em uma empresa de bufê, cozinhou em um restaurante de bairro e foi garçonete no café Warrior, um grande hotel antigo que fazia parte do centro de Sioux City desde 1930. Finalmente, conseguiu uma colocação permanente comandando a cozinha de uma casa de repouso para mulheres. Fazia o café da manhã, almoço e jantar, recebendo pedidos especiais. Começava a cozinhar no nascer do sol e corria para casa todas as tardes, porque sabia que assim que seu marido abrisse a porta, dispararia: "Tem alguém aqui que saiba cozinhar!?". Então sorria e a envolvia em um abraço. Ela sempre tinha uma refeição pronta para ele também.

O pai de Glenn trabalhava na Companhia de Ferramentas Albertson. O nome não era uma coincidência, Glenn Albertson pai, um soldado da região de pedreiras do sul de Indiana, se casou com Christel Mai, filha de fazendeiro da pequena cidade de Pierce, Nebraska, no fim da Segunda Guerra Mundial. Eles tentaram ganhar a vida na região rural de Nebraska, mas logo se mudaram para Sioux City, a cerca de cem quilômetros de distância, procurando por trabalho. Glenn-pai viu um anúncio da Companhia de Ferramentas Albertson e decidiu que, com esse nome, a companhia deveria ser o seu destino. Trabalhou lá fabricando ferramentas elétricas e pneumáticas por algumas décadas antes de sair e se tornar um dos melhores pintores comerciais da região.

Glenn-pai era um homem com H, austero e forte. Tinha um trabalho duro e trabalhava pesado. Com um metro e oitenta, tinha 110 quilos de músculos torneados pelas horas de levantamento de martelos e aço. De dia, moldava peças na companhia Albertson, de noite era *barman* e segurança na Lower Fourth Street, o distrito de bebuns ao redor do centro da cidade. Era um homem gregário, com muitos amigos, e não era raro desaparecer com seus camaradas por dias. Quando Glenn-filho fez nove anos, já conhecia quase todos os *barmen* da região da Lower Fourt Street.

"Senta aí, garoto, e toma um refrigerante de morango", diziam. "Vou encontrar seu pai para você." Não demorava muito até o pai de Glenn aparecer para dar um tapinha nas costas do filho, cheio de olheiras e um sorriso amarrotado no rosto, mas de alguma forma ainda bastante apresentável.

"Vamos para casa", ele dizia. "Estou com fome."

Aos dezoito, Glenn-filho tinha um metro e noventa e cinco e pesava bons 120 quilos. Era ainda maior que seu pai, mas todo mundo o chamava de Pequeno. Quando o diretor da escola o apresentou no grande jogo de futebol americano, Glenn entrou no estádio carregando o menor aluno da escola na palma da mão.

O menino saltou, cumprimentou Glenn e todos riram. Glenn era um gigante suave, o grandão do campus (se você considerar a Pierce Street um campus) e amigo de todos.

Seis meses depois, estava casado, era um pai orgulhoso (apesar de acidental). Mal terminou o ensino médio, já abastecia e consertava carros. O posto em que trabalhava ficava perto do ponto mais alto da Court Street, a alguns quarteirões da vizinhança onde cresceu. Da frente do posto dava para ver os prédios de dez andares do centro. Atrás deles, não dava para ver, mas ficavam o rio Missouri e a Lower Fourth Street, onde seu pai passava as tardes na companhia de outros trabalhadores. Atrás dele, a pouco mais de um quilômetro de distância, sua mãe se debruçava sobre os fogões de Rose Hill. Quando saía do posto de gasolina, andava pelos mesmos quarteirões que sempre tinha andado, onde as crianças ainda iam de bicicleta até os mercadinhos, atrás de refrigerante e doce, mesmo que já não se aglomerassem mais na esquina para ver televisão na vitrine da loja de eletrodomésticos. Estávamos na década de 1960. A maior parte delas agora tinha sua própria tevê.

Glenn estava feliz. Só queria ser um bom pai para o seu filho. Toda noite ia para casa para colocá-lo na cama. Lia livros para ele, explicava como funcionam os motores, dizia que o amava e que sempre estaria ao seu lado, para tudo o que precisasse. Quase congelou no primeiro inverno no posto de gasolina, com a constante camada de neve e o vento frio do Norte do Meio-Oeste americano castigando dia após dia. Arrumou um segundo emprego, como cozinheiro, não só pela grana extra, mas também para se manter aquecido. Após alguns anos, trocou o posto de gasolina pelo ambiente ameno da linha de montagem da Sioux Tools, o novo nome da companhia Albertson.

No seu tempo livre, estudou para se tornar um policial. Não existia academia de polícia em Sioux City na época. Estudar para ser policial significava experimentar o trabalho, de forma completamente voluntária, ao lado de um oficial sênior. Glenn andou em um carro de polícia por um ano. Investigou brigas domésticas. Participou de perseguições de carro. Convenceu pessoas com raiva, pessoas bêbadas e pessoas bêbadas *e* com raiva a não fazerem besteira. Ele era bom nisso. Mas o trabalho como policial não era pago. Então, quando seu segundo filho nasceu, ele aceitou um emprego no escritório de seguros do sogro. Logo percebeu que era ainda melhor vendendo seguros do que no trabalho como policial. Sabia deixar as pessoas à vontade. Era enorme, mas não intimidava ninguém. Lembro das palavras usadas para descrever um capitão da Segunda Guerra Mundial, que por coincidência também era de Iowa: "[Ele] era um líder – calado, altruísta, modesto, mas muito forte... A gente acreditava no que ele dizia; queria fazer o que ele sugeria". Em outras palavras, você tinha vontade de comprar o que Glenn Albertson estava vendendo – fosse uma apólice de seguros ou uma aula de catecismo – porque acreditava nele. E você sabia que ele acreditava no que estava dizendo. Glenn Albertson, as pessoas percebiam num instante, era um cara correto.

Sua honestidade e franqueza lhe renderam bons frutos e aos trinta anos Glenn estava ganhando 70 mil dólares por ano vendendo seguros. Tinha uma casa no subúrbio, no lado mais afastado de Rose Hill, com quatro quartos, uma enorme varanda e uma cerquinha branca que dava a volta no jardim. Havia o jogo de bola com o filho mais velho, as brincadeiras de esconde-esconde com o filho do meio, e sua filha pequena, que ele segurava nos braços no silêncio da noite, pensando no milagre da vida. Sua mulher costumava usar o alarme de incêndio como cronômetro de cozinha, portanto, muitas vezes, era o próprio Glenn quem preparava as refeições de noite. Levava seus filhos com ele a toda parte: para pegar coisas no posto de gasolina ou no mercado, e quase todos os sábados, para a garagem onde reconstruía os carros de corrida que gostava. Ele tinha até um cachorro grande e feliz chamado Maggie. Os meninos corriam com Maggie pelo belo gramado dos fundos da casa, enquanto Glenn, na varanda, ria e virava o hambúrguer na grelha.

Aos domingos eles iam à igreja. Não uma dessas megaigrejas da moda, mas uma igreja à moda antiga, uma construção bonita em sua simplicidade e modéstia. As missas eram sem exageros e a comunidade era tão pequena que Glenn se tornou professor de catecismo de todas as crianças da congregação, dos bebês aos mais velhos. Só três meninos estavam interessados no time de basquete, então Glenn chamou uns meninos das redondezas – apareceu uma grande mistura de meninos gregos, afro-americanos e americanos nativos – e lhes disse que podiam jogar basquete ali desde que fossem à igreja todos os domingos. Esses meninos se tornaram parte da família de Glenn. Não havia nada, Glenn Albertson diria, que trabalho duro, uma atitude positiva e amor verdadeiro não pudessem resolver.

E então sua filha Kari ficou com febre.

Ela só tinha seis meses e as meninas no catecismo adoravam pegá-la no colo. Era um domingo típico de inverno, o frio entrava nos ossos e as quinze crianças corriam de um lado para o outro quando uma das meninas se aproximou de Glenn e disse: "A Kari está quente".

Glenn pôs a mão na testa da filha. Estava queimando. "Vou levá-la para casa", disse.

Enfiou os meninos no carro e começou a subir a Rose Hill. Nevava muito, e o mundo estava coberto de neve e branco. Na última curva, Glenn mal pôde ver o carro que estava fechando a entrada da sua garagem. Parou o carro na frente, embrulhou bem a filha com um cobertor e correu até a porta de casa.

Não conseguia pegar as chaves com a filha no colo, então tocou a campainha. Sua mulher estava doente em casa, então poderia abrir a porta para ele, mas não respondeu.

Tocou de novo. Os meninos tremiam de frio do seu lado, metidos nos casacos pesados. Ajeitou melhor o cobertor em volta da filha. Nenhuma resposta.

Ele tocou a campainha. E tocou. E tocou.

Finalmente, a porta se abriu. Não era sua mulher. Era um de seus melhores amigos.

"Onde está a minha mulher?", disse.

"Ela está no banho", respondeu o amigo.

O casamento terminou ali mesmo. A confiança – a pedra de sustentação da existência de Glenn – havia acabado. Ele ficou na casa ainda alguns meses, nunca falou sobre o que havia acontecido, mas a cerca branca, a casa de quatro quartos e a vida feliz, tudo isso tinha se dissolvido no frio daquela manhã de domingo de muita neve.

Eles se divorciaram. Ele saiu de casa e se mudou para um apartamento de solteiro, quase sem nenhum móvel. Em seguida, chegou cedo ao escritório de seguros, só para descobrir que sua chave não funcionava mais. Seus ex-sogros trocaram a fechadura.

Voltou a fazer o que sabia. Seu sogro havia pedido que a licença de Glenn para vender seguros fosse revogada, então ele passava os dias debaixo de carros, administrando o departamento de serviços de uma revendedora. Passava as noites na Lower Fourth Street, trabalhando como segurança e barman perto de onde seu pai dava plantão, com uma garrafa na mão. O segundo emprego era para pagar o advogado na briga pela custódia dos filhos, mas no início da década de 1970, em Sioux City, Iowa, os homens não eram considerados responsáveis legais. Perdeu a guarda das crianças, ficando apenas com a visita dos domingos.

Perdeu a casa. Perdeu o cachorro. Tinha muitos amigos, mas perdeu a maioria no processo de divórcio. Detestava ficar se explicando, dizia; preferia ficar sozinho. Uma gata de rua, a Chloe, apareceu no seu apartamento e lhe fazia companhia. Ela era um pouco arisca, mas, de vez em quando, se enroscava no seu colo. Não o tempo todo, mas de vez em quando.

Cerca de um ano mais tarde, o filho mais velho de Glenn ligou para ele num sábado à tarde. Isso era raro. Seus filhos não falavam muito com ele.

"A mamãe está bebendo", o menino disse com sua vozinha de criança. "Tem motos no jardim."

Glenn pulou no carro. Quando parou na frente de sua antiga casa, viu quatro motos no jardim e mais algumas na calçada. Um motoqueiro apareceu na porta e disse: "Quem diabos é você?".

"Sou o ex-marido", disse Glenn, parado no meio do jardim.

"Então é melhor você sair."

"Estou aqui só pelos meus filhos."

Apareceram mais uns motoqueiros na varanda. Dois deles desceram para o jardim. "Não quero fazer nenhum julgamento apressado", disse Glenn, mostrando suas mãos vazias. "Mas tem crianças nessa casa, quero que elas fiquem seguras."

Havia um taco de beisebol de criança no meio do gramado. Glenn só o notou quando um dos motoqueiros pegou o taco e caminhou em sua direção. Quando começou a balançar o taco, Glenn não fugiu. Na verdade, andou mais para a frente, arrancou o taco da mão do motoqueiro e bateu nos joelhos dele. Seus amigos saíram da varanda. Se tivesse um motoqueiro a mais, ou se eles estivessem sóbrios, talvez Glenn tivesse arrumado encrenca. Mas, como segurança de bar, Glenn sabia lidar com bêbados. Antes de ter tempo para pensar, um segundo motoqueiro estava caído no chão, com um cotovelo deslocado, e os outros dois estavam correndo para as suas motos. Glenn soltou o taco de beisebol, entrou na sua antiga casa, pegou seus filhos e os levou para o seu apartamento.

Três horas depois, um policial bateu em sua porta. Glenn o conhecia da sua época de treinamento.

Glenn contou a história para ele. O policial disse: "Bom, Glenn, tudo bem, mas os pais dela estão lá agora e você precisa levar essas crianças para casa, porque tem uma queixa de sequestro contra você".

Depois disso, a vida em Sioux City se tornou insuportável para Glenn Albertson.

***

Uma vez, quando Glenn ainda trabalhava para a companhia de seguros de seu sogro, um senhor o parou no meio da rua. "Eu só queria te dizer, meu jovem", disse, olhando o terno de Glenn, "que você parece muito esperto. Você tem um tempinho?"

"Tenho, sim", respondeu Glenn.

Sentaram juntos. O homem estava imundo e desgrenhado, usando um terno bege amarrotado. Seus sapatos não eram engraxados havia um bom tempo.

"Eu era banqueiro," o velho disse, entregando um cartão de visita para Glenn. Estava escrito no cartão VICE-PRESIDENTE, PRIMEIRO BANCO NACIONAL DE CHICAGO. "Meu pai era banqueiro, e seu pai antes dele. Todos com quem eu convivia eram banqueiros. Eu só conhecia isso. Mas quando a Grande Depressão chegou, meu banco faliu. Perdi meu emprego." Glenn balançou a cabeça e esperou.

"O que você faz, meu jovem?"

"Vendo seguros."

"Bom, vou dizer uma coisa para você, caso as coisas não saiam da forma como você quer: aprenda a fazer o máximo de coisas possível, pois assim você nunca terá dificuldades para encontrar um emprego."

Glenn agradeceu o homem pelo conselho e lhe devolveu o cartão de visita, com alguns trocados. Nunca mais o viu, e nunca soube se o homem havia realmente sido banqueiro ou se era só um velho bêbado com um cartão de visita, mas o que ele disse nunca mais saiu da cabeça de Glenn. Quando seus filhos eram pequenos, aprendeu a cortar cabelos em uma escola de barbeiros. Conhecia o ofício de policial e de segurança. Podia vender seguros, servir em bares e consertar quase qualquer modelo de carro. Sabia carpintaria, sabia mexer com encanamentos e elétrica o suficiente para resolver problemas urgentes. "Aprenda a fazer." Era seu lema. "Aprenda *e* faça" era o seu credo. Mas ele nascera em um local onde o caminho para o fundo do poço era curto e grosso, e o caminho para o topo era difícil e longo, e se houve algum dia a possibilidade de ele pegar o caminho para o fundo, foi depois de seu divórcio. Estava com raiva e mágoa suficientes para querer jogar tudo fora numa garrafa de bebida. Porque é fácil aprender um ofício novo, mas difícil aprender um novo modo de vida. E quando a vida fica dura, os homens da Pierce Street correm para os bares. E Glenn? Ele podia trabalhar na Lower Fourth Street, mas passava as noites em uma lanchonete perto de seu apartamento, não em uma mesa de bar. Três anos depois, casou com uma garçonete que trabalhava lá e se mudou com ela para St. Petersburg, na Flórida.

"Eram fantasmas demais", disse a respeito da sua decisão de sair de Sioux City. "Pessoas demais à minha volta pensavam que sabiam alguma coisa. Eu fiquei cansado."

Na Flórida, Glenn trabalhou na construção civil, até que o dono da academia onde ele malhava, ao ver sua popularidade, lhe ofereceu trabalho. Em um ano, ele se tornou gerente do lugar: vendia planos da academia para as pessoas, trocava os filtros da piscina, consertava a hidromassagem. Fez um curso de seis meses e se tornou massoterapeuta. Trabalhava sete dias por semana, não só por causa do dinheiro, mas porque era um proletário de Sioux City, Iowa, e gostava de trabalhar.

Quando os investidores deram para trás e a academia fechou, Glenn se mudou com a família para o Texas, onde um amigo tinha fechado um contrato para repintar as escolas de Dallas. Tinha 35 anos, e nenhuma chave em seu chaveiro. Não tinha casa. Não tinha apartamento. Não tinha conta em banco. Nem mesmo tinha um carro. Mas tinha o que era importante: uma mulher, um filhinho e um cachorro. Para Glenn Albertson, o importante nunca foi o trabalho. Ele podia ser feliz fazendo qualquer coisa. A família era o importante. Eles eram tudo que Glenn precisava para se sentir em casa.

Mas o Texas não era o seu lar. A Flórida também nunca tinha sido. Não de verdade. Seu lar era Sioux City, Iowa, onde seus pais tinham comprado uma casinha branca numa esquina movimentada, e seus filhos do primeiro casamento estavam crescendo em sua antiga casa de quatro quartos e dois andares, sem ele. Após alguns anos, quando acabou o contrato de pintura das escolas, Glenn e sua nova família voltaram para o noroeste de Iowa: de volta para os invernos gelados, o granito duro e as perguntas dos velhos amigos. Ele voltou ao seu antigo trabalho, consertando carros. Com frequência, sua mulher pegava o carro para visitar os pais em Michigan, sempre com o filho junto. As viagens eram um estorvo financeiro e ele sentia muita falta do filho, mas não se importava, porque isso deixava sua mulher feliz. Faltava um ano, ele pensava, para a sua casinha branca, com a cerca em volta, o jardim ao redor, e o lar da família.

A prima dela foi quem deu com a língua nos dentes. "Ela está saindo com o namoradinho da escola, você sabe", disse a prima. "Ela nunca o esqueceu."

Glenn não sabia. Apesar do desastre do seu primeiro casamento, Glenn Albertson ainda era muito honesto e confiante para cogitar a possibilidade de também estar sendo traído pela sua segunda mulher.

Ao menos dessa vez, foi avisado. Quando sua mulher disse que ia se mudar para Michigan, levando seu filho, Glenn não perguntou por quê. Não lutou pelo filho porque sabia, por experiência própria, que era uma batalha perdida. Simplesmente dividiram as coisas e seguiram com suas vidas.

Ele tentou mais uma vez. Dessa vez casou com uma amiga, uma mulher que conhecia havia mais de dez anos. Poderia amá-la e ela dizia amá-lo, então casar com ela parecia ser uma boa ideia. Eles não eram jovens, então tentaram ter um filho na mesma hora. Após alguns anos de dores de cabeça e estresse, ela engravidou. Mas perdeu o bebê. Por um mês, eles se abraçaram e choraram. Então, o médico lhes disse que não teriam outra chance, que nunca teriam um filho. Foi uma notícia devastadora.

Viraram pais adotivos, ficando com a guarda provisória[11] de bebês e crianças pequenas, mas também de crianças mais velhas, que estavam havia muito tempo em orfanatos e desesperadas por criar algum vínculo. A guarda provisória era recompensadora, mas também muito difícil. Glenn se dedicava a uma criança, traba-

11. Em inglês, "foster parents", quando um casal concorda em criar uma criança sem ser legalmente considerado pai da criança. Legalmente, as crianças permanecem filhas de seus pais biológicos. (N. T.)

lhava para lhe dar segurança e uma noção de família, criava um laço emocional forte, investia em sua vida e depois via a criança ir embora, muitas vezes por razões que não compreendia. Tiveram a guarda provisória de onze crianças. Onze momentos de felicidade; onze corações partidos. A décima segunda criança, eles decidiram adotar legalmente. Era uma índia Sioux de pai e mãe, sua mãe era muito jovem, não tinha condições de criá-la, e Glenn estava no hospital no dia em que ela chegou ao mundo. Assim que a viu, sabia que era ela. Seu coração se abriu imediatamente para a menina. Sua mulher sabia também. Deram-lhe o nome de Jenny e quando a seguraram nos braços, era como se o mundo se fechasse ao redor deles e estivesse afinal completo.

Ou pelo menos foi o que Glenn pensou. Não tinha completa consciência do estado real do seu casamento até um dia chegar em casa mais cedo e ouvir sua mulher falando com a mãe na cozinha.

"Eu não preciso dele agora", ela disse.

"Então, livre-se dele", respondeu a mãe. "Você tem sua filha e pode ficar com o dinheiro. O que mais você quer?"

"Nada."

Com aquela palavra, outra porta se fechou sobre Glenn Albertson, na sua vida e em seu coração. Ele tinha cinquenta anos, havia sido casado com três mulheres por 24 anos, e o que tinha sobrado disso? Toda a sua vida, não procurou nada além de amor, nada mais que uma família. *Não vou mais começar tudo outra vez,* disse a si mesmo. Estava cansado disso tudo.

***

Existem milhões de maneiras de se nocautear um homem. Não por contagem de pontos, mas com força suficiente para que não seja mais o mesmo homem quando se levantar depois do nocaute. Talvez seja melhor. Talvez pior. Talvez fique pior por um tempo, depois melhore, e acabe sendo um homem melhor do que teria sido se não tivesse sido derrubado. Ou talvez se levante mancando, sem possibilidade de conserto. Afinal, se existem milhões de maneiras de ser nocauteado, existem pelo menos mil maneiras de se levantar.

Pensamentos desse gênero vêm à mente quando se está no noroeste de Iowa, uma região que foi nocauteada diversas vezes ao longo dos anos. Durante a minha vida, o pior golpe foi a fazenda da minha família. Meu pai era um orgulhoso descendente de uma linhagem de fazendeiros, mas, na década de 1950, o advento das enormes debulhadoras e ceifadeiras mudou tanto a natureza quanto as finanças da agricultura. Incapaz de arcar com as grandes máquinas, nossa produção se manteve igual enquanto os preços caíam, reduzindo as chances de êxito de nossa família. Um dia, meu pai foi forçado a vender a fazenda para um vizinho, que cortou as árvores, derrubou nossa casa e arou toda nossa terra.

Em Sioux City, as mesmas forças – a consolidação e industrialização da agricultura e da pecuária – causaram mudanças quase tão drásticas. Quando o rio Missouri era a principal artéria do norte do Meio-Oeste, a cidade era um importante centro de transportes, uma encruzilhada desordenada onde os cowboys e os capitães de navio se encontravam em meio ao uísque e às mulheres. Os currais eram dos mais movimentados do mundo e, mesmo sendo uma cidade de 120 mil pessoas, era normal que o número de cabeças de gado ultrapassasse o de pessoas à razão de dez para um. As mansões dos donos de matadouro em Rose Hill eram feitas de granito puro, e as igrejas também. Mesmo a Escola Secundária Central, construída com granito de Sioux Falls em 1893, era um castelo, com direito a torres e torrões.

Mas depois da Segunda Guerra Mundial, o rio Missouri começou a perder sua força. Autoestradas substituíram as ferrovias e os barcos a vapor, descentralizando a produção agrícola e fazendo com que os agricultores e pecuaristas ficassem mais próximos a suas terras natais. A cidade sofreu diversas vezes com enchentes, até finalmente se realizar um grande projeto de infraestrutura para modificar o curso dos afluentes que desaguavam no Missouri. O negócio dos matadouros decaiu, com as fábricas que trabalhavam para ele, e, finalmente, a população. Sioux City encolheu de 120 mil moradores para 100 mil e depois para 90 mil. O aeroporto fechou um dos terminais, chegando a ter só alguns voos por dia. Com o tempo, o centro da cidade foi revitalizado e a Lower Fourth Street foi transformada em uma região de compras e entretenimento, e mesmo a antiga casa noturna de motoqueiros El Forastero foi transformada em um condomínio de luxo. Mas fora do centro da cidade, o gelo ainda rachava as ruas íngremes, incólume aos constantes asfaltamentos. E o vento ártico penetrava as vitrines da Pierce Street. A maior parte das mansões de Rose Hill foi transformada em prédios de apartamentos. A Sioux Tools fechou. A padaria da esquina da casa dos pais de Glenn se tornou uma loja de conveniências, com as luzes piscando sobre as pequenas bombas de gasolina até as três horas da manhã. O pai de Glenn, um beberrão, falastrão e trabalhador da velha Sioux City, desenvolveu um tumor de fígado inoperável.

Anos antes, quando Glenn ainda não tinha sua própria família, seu pai havia saído de casa. Glenn nunca soube a razão; simplesmente assumiu que devia ter relação com o álcool. Por um tempo pensou que nunca mais veria o pai. Mas quando Glenn Albertson pai voltou três anos depois, era um homem novo. Ainda gostava de beber e de trabalhar, mas era mais gentil e compreensivo. Reconhecia mais o que tinha em casa. Reconquistou sua mulher até ela se apaixonar por ele de novo, casou novamente com ela e foram felizes pelo resto da vida. Ganhou de novo a confiança do filho – Glenn sempre amara seu pai, de qualquer jeito – e agora reconhecia a relação que tinham. Mesmo quando estava morando na Flórida e no Texas, Glenn ligava para seu pai toda semana. Após o seu terceiro divórcio, fundaram uma empresa de pintura juntos e muitas vezes dividiram o mesmo quarto de hotel por semanas. Pintaram a McGuire, uma base da Força Aérea americana, em Trenton, Nova Jersey. Pintaram a escola de ensino médio de Madison, Nebraska, onde Glenn fez o desenho de um dragão, o mascote da escola, em um belo mural pintado à mão livre. Quando viu o prédio da Donnelly Marketing no sul de Sioux City, Glenn pensou que jamais terminariam o trabalho. O prédio ocupava um quarteirão, com três andares de altura, sem janelas. Trabalhando lado a lado, só os dois, acabaram o trabalho em apenas três meses, fazendo inclusive os letreiros à mão.

Mas o trabalho mais importante de pintura que Glenn fez foi pintar o querido Buick LeSabre 1984 de seu pai depois de uma tempestade de granizo. Durante uma semana, tirou todos os amassados do carro, enquanto seu pai olhava, encostado na parede. Ele pintou o carro de vermelho vinho, cuidadosamente, removendo até mesmo a listra dourada que seu pai detestava, substituindo-a por uma marrom metálica. Quando terminou, seu pai saiu com o carro e o mostrou a todos os seus amigos. Estava tão impressionado com o que seu filho tinha feito – tão orgulhoso – que queria que todos vissem. Glenn buscou a aprovação das pessoas a vida inteira, e aos quarenta anos finalmente conseguiu. Alguns anos depois, Glenn Albertson pai faleceu.

Pouco tempo depois, Glenn foi morar com a mãe. Os dois estavam em fase de transição: Christel Albertson da vida de mulher casada, Glenn de décadas de tentativas de ser marido e pai. Glenn resolvia alguns problemas para a mãe, consertava pequenas coisas na casa e de vez em quando cozinhava, apesar de sua mãe ser de longe a melhor cozinheira da vizinhança. Seu quarto, como dizia, era monástico: uma cama, uma cômoda, sem rádio ou televisão, sem nada nas paredes. De noite, tocava violão, passando os dedos nos filetes por alguns minutos, criando calos que o ajudavam a segurar as cordas. Durante o dia trabalhava na New Car Row, a três quarteirões da Sixth Street, entre os trilhos do trem, onde todas as revendedoras tinham seus *showrooms*. Com o passar dos anos, trabalhou em quase todas as revendedoras da região, se reconfortando com a rotina de inspecionar, diagnosticar, desmontar e remontar. E se um Porsche precisasse ser dirigido em alta velocidade de vez em quando, como teste para um cliente, Glenn não reclamava.

Ele via sua filha adotiva, Jenny, todo domingo. Iam à igreja e depois faziam o que ela quisesse – tomar sorvete, passear no parque, andar de carrossel. Ele ligava para seus outros filhos, mandava cartões em seus aniversários, tentou manter contato, mas eles raramente retornavam seus telefonemas. Sentiu a vergonha do amor renegado e assumiu sua parte da culpa por não poder ser o pai que sempre quis ser. Um dia, quando seu violão não lhe deu as respostas que procurava, começou uma terapia. Tornou-se integrante regular de um grupo de apoio a pais divorciados, sentando no meio da fumaça de uma dúzia de cigarros e ouvindo as histórias de outros pais que haviam sido desprezados... ou que haviam desprezado. Falava devagar, com uma voz grave, oferecendo conforto mais do que conselhos, e raramente falava de suas próprias circunstâncias. Uma noite, mencionou que tocar um instrumento era uma das grandes felicidades de sua vida e a freira que coordenava o grupo pediu que ele trouxesse seu violão. Tocou em público, para um grupo de maridos deslocados e pais esquecidos, pela primeira vez em anos.

Logo depois, quando estava correndo com o cachorro de um vizinho por uma estrada de terra, avistou uma picape passando ao lado de um bosque.

"O que está acontecendo?", perguntou ao motorista.

"O fazendeiro tem um carro velho lá dentro. Vamos cortar algumas árvores, tirar o carro de lá e levá-lo para o triturador."

Glenn reconheceu a carcaça enferrujada: um Studebaker Commander 1953. Ver aquelas linhas sinuosas, mesmo meio escondidas pelas árvores, trouxe de volta lembranças de sua infância. Não em Sioux City, onde passava o ano na escola, mas da cidade natal de sua avó, Pierce, Nebraska, onde passava as férias de verão. Pierce era uma cidade pequena, uma encruzilhada pacata, de menos de mil habitantes, o tipo de lugar onde os homens dirigem charangas velhas, as mulheres fazem tortas em casa e o vizinho de frente da casa da sua avó ainda aparava a grama com a ajuda de uma parelha de cavalos. De qualquer cômodo da casa de sua avó, Glenn podia ouvir o apito da maria-fumaça quando ela se aproximava da interseção no meio da cidade, e saía correndo para vê-la passar no meio da nuvem de fumaça. Glenn Albertson era feito do granito de Sioux City e dos verões de Pierce: o longo passeio de bicicleta até o local de pesca; o barulho dos carros passando nas ruas de paralelepípedo; a única árvore grande da cidade; o único policial; a proximidade de pessoas que se conheciam (e muitas vezes eram parentes, se não de sangue, pelo menos em sua ascendência alemã) e passavam pela vida juntos, trabalhando nas terras do vizinho que ficou doente no verão sem pedir pagamento algum.

Sua avó passava os dias na cozinha, tagarelando uma língua que misturava alemão e inglês do mesmo modo que suas mãos misturavam manteiga e farinha. Nunca ficou confortável com o inglês, então Glenn lhe escrevia cartas, que ela lia e relia para estudar a língua. As tardes eram passadas esperando pelo avô. Já com sessenta anos, o homem trabalhava longas jornadas como carpinteiro, e se a primeira coisa que fizesse ao chegar em casa fosse acender um cigarro da marca Salem e regar o jardim, Glenn sabia que ele estava cansado. Se ele parasse o seu Studebaker 1941 na calçada e não na garagem, Glenn sabia que iam pescar. Ele ficava segurando as varas, que saíam pela janela, e seu cachorro, Spook, latia no banco de trás enquanto o Studebaker cinza corria pelas poeirentas estradas de terra.

Quando Glenn não estava na cozinha da avó, estava na casa ao lado, uma oficina de conserto de carros. Vendo o mecânico desmontar motores, Glenn se apaixonou por carros. Aos dez, dirigia o Studebaker do avô. Aos doze, sabia exatamente como um carro funcionava. Em frente à oficina, do outro lado da rua, ficava um ferro-velho, de propriedade do irmão do mecânico, e Glenn participava das excursões de reboque de tratores e caminhões de terrenos baldios e do desmonte para ficar com as partes. Um dia, o reboque passou por um estacionamento, e lá no meio, brilhando no Sol, estava um Studebaker Commander 1953. *Um dia eu vou ter um desses,* Glenn prometeu a si mesmo.

Não era só a vontade de ter um carro esportivo, algo que ressoava como "eu sou um homem" para todo menino americano com a cabeça no lugar. Era a ideia de chegar lá, de ser bem-sucedido, de viver a vida que deixaria um garoto orgulhoso. Mas era também, tantos anos depois, em uma estrada de terra nos arredores de Sioux City, a ideia de um lar. Havia algo em um Studebaker Commander 1953 que era ligado às suas lembranças de *apfelstrudel*, de pescarias e do cachorro Spook em seu pequeno carrinho, sendo puxado pela bicicleta de um menino.

"Eu quero esse carro", disse Glenn para o motorista da picape.

"Acho que não, amigo", disse o motorista. "Esse carro está muito enferrujado. Faz anos que não sai do lugar."

"Ainda assim eu quero", disse Glenn. Algumas horas depois, o Commander estava parado numa garagem perto da casa da mãe dele. Naquela tarde, Glenn deve ter dado a volta no carro umas vinte vezes, só seguindo as linhas com seus olhos. Estava tão mal conservado quanto o motorista da picape tinha dito. Talvez pior. Glenn sabia que tinha encontrado um projeto para a vida inteira.

A primeira coisa que fez foi lixar a ferrugem. Nada como uma camada externa de maus-tratos, essa velha pele morta, para fazer um carro parecer irreparável. Tire a ferrugem e você sabe o que sobrou. Buracos são mais fáceis de se resolver do que se imagina. É necessário apenas ir com calma para descobrir onde estão e quão profundos são. Glenn foi com calma. Tirou cada manchinha de ferrugem, até estar diante do metal por baixo dela. Então, consertou os buracos. O Studebaker Commander 1953 é um esportivo da metade do século, remanescente dos carros que Sean Connery dirigia nos velhos filmes de James Bond, e Glenn lixou e consertou o carro até que estivesse com curvas suaves, elegantes como um agente secreto.

Ele retirou o motor. Desmontou o bloco para que as peças torcidas, quebradas e enferrujadas pudessem ser jogadas fora se necessário. Trabalhou lentamente, indo às reuniões de pais divorciados no fim da tarde, dedilhando seu violão de noite, economizando para comprar as peças. Comprou as válvulas de admissão de um velho Ford; válvulas de exaustão de um Oldsmobile; pistões de um Chevrolet antigo. Saía da garagem, acendia um cigarro e ficava olhando para o céu de noite, pensando na cozinha de sua avó e no Buick que seu pai tanto amava. Depois de um tempo, apagava sua guimba e voltava ao trabalho, ajeitando o para-choque ou polindo os cilindros. Ele mexeu em cada fenda, verificou cada borboleta e cada válvula. Demorou mais de um ano, mas quando o motor foi colocado de volta no Studebaker, estava completamente reformado e perfeito.

Sua tarefa seguinte era juntar tudo. O eixo motor, o eixo da manivela, os eixos da roda, a coluna de direção, tudo precisava funcionar em conjunto. Glenn poliu e reconstruiu as conexões, parafuso por parafuso, junta por junta. Depois de dois anos de trabalho, a chave virava na ignição, o motor girava e as rodas rolavam. Levou o carro para a loja da esquina. Foi dirigindo o carro para uma reunião de pais divorciados, com o violão enfiado no banco traseiro, e o exibiu a sua filha, Jenny, apesar de não levá-la para passear nele. Ainda não – o carro ainda era perigoso demais. Ele tinha luz de freio, mas o sistema elétrico ainda era parcial, e o chassi lixado não havia sido pintado. Podia não ser bonito – não ainda –, mas o Studebaker respirava de novo.

Algumas semanas depois, Glenn estava sob o painel do carro, cantarolando e trabalhando na fiação, quando sentiu algo cair sobre seu peito. Olhou para cima – quase batendo a cabeça na parte de baixo do painel – e deu de cara com um gato laranja e branco. O gatinho era pequeno, provavelmente tinha seis ou sete semanas, e estava olhando para Glenn com a cabeça meio de lado. Ele não tinha ideia de onde viera o gato, mas alguma coisa na cor de sua pelagem o lembrava do Studebaker quando foi tirado do meio do mato.

"Epa, oi, Ferrugem, como está?", disse, fazendo um carinho na cabeça do gato.

O gato se enroscou na palma da mão de Glenn. E depois voltou a encará-lo. Finalmente, deitou-se no peito de Glenn e começou a ronronar. Após um minuto, Glenn deu de ombros e voltou a trabalhar. O barulho das ferramentas e o ronronar suave de Ferrugem eram os únicos sons na garagem vazia.

Na noite seguinte, o gatinho estava esperando quando Glenn chegou. Quando deu a mão, o gato se aproximou e se roçou. "Bom ver você de novo, Ferrugem", disse Glenn. Ferrugem olhou para ele com a cabeça inclinada, depois miou. "Tá bom, tá bom", disse

Glenn. "Estou te ouvindo." Quando Glenn deslizou para baixo do painel, Ferrugem pulou de novo no seu peito e se enroscou para tirar um cochilo. Na noite seguinte, ele estava lá de novo. Passada uma semana, Glenn percebeu que o gatinho estava dormindo no Commander, esperando por ele. Começou por lhe oferecer a carne do sanduíche ou alguns de seus salgadinhos. Ferrugem cheirava tudo com avidez; comia quase tudo agressivamente.

"Quer vir para a minha casa, Ferrugem?", Glenn perguntou uma noite. Enquanto consertava o carro, conversava com Ferrugem como se fosse um velho amigo. Ferrugem agora não ficava mais só olhando com a cabeça inclinada, ele respondia. O gato parecia sempre ter algo a dizer.

"Não está interessado?", Glenn perguntou, quando Ferrugem não o seguiu pela porta no fim da noite. "Tudo bem. Te vejo amanhã."

Glenn levava jeito com animais. Quando criança, tentava levar para casa todos os vira-latas que encontrava. Jumper, um labrador agitado, só durou alguns dias antes de o pai de Glenn deixá-lo na fazenda de uns amigos. Glenn encontrou um terrier sangrando no acostamento e o levou para o porão. Deu água e lhe fez curativos e quando ele sobreviveu à primeira noite, batizou-o de Rocky. Um ano depois, seus antigos donos viram Rocky brincando com Glenn e pediram o cachorro de volta. Logo depois, Spook seguiu Glenn até em casa. Nas duas vezes que seus pais se mudaram sem contar para ele – uma vez para um apartamento no mesmo prédio, outra para uma casa no mesmo quarteirão –, foi o latido de Spook que lhe indicou o caminho. Quando morou no Texas, seu amigo tinha um leão, e Glenn fez amizade com ele também (o leão depois foi levado para um zoológico, mas estávamos na década de 1970; imagino que naquela época leões morassem nos subúrbios de Dallas). Os dois andavam no Pontiac Grand Prix de Glenn, a cabeça do leão para fora do carro de um lado, o rabo dele do outro.

Então, não foi nenhuma surpresa para Glenn quando, algumas noites depois do primeiro convite, Ferrugem o seguiu até em casa. Infelizmente, a mãe de Glenn já tinha um gato. Um gato mau, genioso, arisco. No ano anterior, Glenn o havia encontrado e resgatado depois de ele ficar cinco semanas preso em uma cisterna abandonada – o gato havia lambido a umidade das paredes e comido insetos para sobreviver (o que pode ser uma história ótima outra hora) –, mas ainda assim aquele gato não lhe prestava nenhum favor. De jeito nenhum, por pura obstinação territorialista, ele deixaria Ferrugem entrar na casa. Ferrugem era um gato grandinho e o único dos dois gatos com garras, mas não era bom de briga. Não por medo ou submissão, ele só... não tinha uma personalidade agressiva. Ele era um gato do tipo "viva e deixe viver".

Glenn pediu desculpas a Ferrugem, disse que ele podia voltar para a garagem com o Commander, mas Ferrugem escolheu ficar na varanda. Estava sempre lá quando Glenn saía para o trabalho, e sempre lá quando ele chegava em casa de noite. Depois do jantar, iam juntos para a garagem, trabalhar no Studebaker; Glenn até pensou algumas vezes em levá-lo para uma reunião de pais divorciados. Naquele verão, a prefeitura começou uma obra grande na Court Street, a rua larga ao lado da casa da mãe de Glenn, então Glenn e Ferrugem criaram o hábito de andar por nove quarteirões no meio da obra até o bar do Bill. Ferrugem esperava do lado de fora enquanto Glenn tomava um drinque. Metade das vezes, quando Glenn saía, Ferrugem havia feito amigos.

"É o seu gato?", a mulher perguntava – e em geral era uma mulher.

"É sim."

"Ele é tão fofo. E carinhoso."

"Ahã", dizia Glenn. "É o Ferrugem. É um gato legal."

Um dia, o outono chegou e os dias ficaram mais curtos. A Court Street reabriu para o tráfego, ficando perigosa demais para os passeios de Ferrugem. Glenn começou a tocar numa banda, só uns amigos tocando blues, e começou a passar algumas noites por semana fora. Ferrugem começou a pular na balaustrada da varanda e daí para a janela da cozinha, para ficar olhando fixamente a casa quentinha por dentro. Toda noite, na hora de ir para a cama, Glenn via Ferrugem olhando para ele. Quando se olhavam nos olhos, o grande gato laranja sempre começava a miar e arranhar a pata no vidro.

"Precisamos deixar ele entrar, mãe", disse Glenn. "Está frio lá fora."

A mãe de Glenn não queria nem ouvir falar nisso, só de pensar em como o gato dela estava se comportando. Então, quando uma casa foi posta para alugar a dois quarteirões dali, Glenn se mudou. A nova casa era outra versão do seu quarto de monge, um lugar pequeno, sem mobília, mas pelo menos dessa vez Glenn tinha um companheiro. Ele deixou uma janela aberta para Ferrugem, que o grande gato só usava quando Glenn não estava. Quando Glenn estava em casa, o gato sempre ficava ao seu lado. E ele gostava especialmente de comida de gente. Tudo o que Glenn cozinhava, Ferrugem cheirava. Se gostava do cheiro, precisava provar. Se gostava do sabor, gemia até Glenn lhe dar um prato cheio. Depois de lavar a louça, Glenn normalmente deitava no sofá para Ferrugem subir nele e massagear sua cabeça com as patas. Era a melhor massagem do mundo depois de um dia de trabalho.

Na casa de sua mãe, Glenn tocava violão todas as noites na cama. Metade das vezes, acordava de manhã e encontrava o violão aconchegado em seus braços. "Aquele violão se tornou meu melhor amigo", me disse Glenn uma vez.

Se você quiser interpretar, talvez por isso Ferrugem detestasse o violão. No começo, assim que Glenn pegava o violão para ensaiar algumas músicas, Ferrugem saía pela janela.

"É só rock and roll", Glenn lhe dizia, rindo enquanto tocava o primeiro acorde.

Por fim, Ferrugem passou a ficar por ali. Sempre que Glenn tirava o violão do estojo, ele passeava em volta e entrava nele. Depois dava tapinhas na tampa até ela fechar. Glenn não sabia o que o gato fazia lá dentro, mas enquanto ele estivesse tocando violão, Ferrugem ficava dentro do estojo. Assim que Glenn abria o estojo para guardar o violão, Ferrugem saia correndo. Quando Glenn se deitava, Ferrugem sempre subia na cama ao seu lado.

Mesmo quando Ferrugem ficou preguiçoso e parou de acompanhá-lo até a garagem, Glenn continuou com o trabalho, pintando o Studebaker de preto fosco; não era chamativo, mas definitivamente era bacana. Ele ainda não confiava em todos os sistemas, que tinham uma tendência a não pegar, mas também não trabalhava mais tão obsessivamente no seu carro. Tinha substituído isso por noites no jardim com Ferrugem. A casa alugada era colada na rua, mas tinha um jardim com árvores, flores e borboletas, as prediletas de Ferrugem. Com dois anos, Ferrugem já tinha quase dez quilos, e também era um gigante suave. Podia ser que fizesse mal a uma mosca, mas nunca faria mal a borboletas. Nas raras ocasiões em que pegava uma no ar, sempre a soltava depois. Quando um galho quebrou durante uma tempestade, Glenn o prendeu em um ângulo que permitia que Ferrugem subisse nele para ter uma visão melhor do jardim. Ele adorava sentar nos galhos e observar os pássaros, depois ficava olhando através da cerca para o jardim do vizinho. Ferrugem conhecia cada folha de grama do jardim, mas nunca saía da propriedade. Não botava um pé para fora.

"Eu andei observando, esse gato nunca sai", disse o vizinho para Glenn, impressionado.

Glenn deu de ombros. "É o Ferrugem", disse.

Ele era um companheiro leal. Sempre que Glenn falava – sobre seus problemas e vitórias, suas queixas e recompensas, as piadas divertidas que tinha ouvido no dia –, Ferrugem escutava. E respondia. Ferrugem podia falar a refeição toda e enquanto Glenn lavava a louça, se estivesse a fim. Miau-miau-miau-miau-miau. Quando Glenn estava triste, Ferrugem sabia. Pulava em seu colo e o encarava da forma como tinha feito no primeiro dia no Studebaker Commander: com a cabeça inclinada e aqueles olhos fundos, inteligentes. Então encostava seus bigodes olfativos na barba de Glenn. Isso é a forma de um gato fazer perguntas. *Tudo bem, amigo?* Glenn respondia esfregando sua barba no rosto de Ferrugem, dizendo a ele que tudo estava bem.

Ferrugem também ajudou Glenn com sua filha, Jenny. Glenn nunca tinha conseguido ser próximo de seus outros filhos; Jenny era a sua última chance de ser o pai que sempre quis ser. Por decisão judicial, ela passava um fim de semana a cada quinze dias com ele, e ele lhe dava tudo o que podia. Jenny adorava o pai, Glenn sabia disso, mas tinha medo que ela se afastasse como seus outros filhos haviam feito. Mas não com Ferrugem ao seu lado. Jenny amava Ferrugem. Toda vez que Glenn buscava Jenny na casa de sua mãe, ela perguntava por ele. Quando se viam, a menina e o gato começavam a correr. Jenny abria os braços e Ferrugem pulava neles como um cachorrinho.

Ferrugem sempre teve ossos largos. Aos cinco anos, estimava Glenn, o gato pesava facilmente doze quilos, mas Ferrugem se recusava a ser pesado. Glenn achava que era tudo músculo, já que Ferrugem gostava de comer restos de comida e amava subir em árvores, mas até ele precisou admitir que Ferrugem parecia um buda gordo quando sentava nas suas patas de trás. Jenny, aos oito anos, achava que Ferrugem era rechonchudo e tomou para si a tarefa de fazê-lo emagrecer. Ela segurava as patas dianteiras dele, mexendo-as para a frente e para trás, como se estivesse dançando o chá-chá-chá. Então, o deitava de costas, pegava as patas traseiras e as pedalava em círculos como se ele estivesse andando de bicicleta. Chamava isso de "exercícios do Ferrugem Bolota".

"Hora dos seus exercícios, Bolota", ela dizia para Ferrugem toda manhã de sábado, depois de comer panquecas com mel. Ele meio que suspirava, pendia a cabeça e marchava resignado, porque não importava o que Jenny pedisse, Ferrugem fazia. E mesmo depois desse exercício todo, ele se enroscava ao lado dela todas as noites. Ele a amava, era simples assim. Amava Jenny de um jeito que Glenn compreendia, porque ele a amava da mesma forma. Eles ficavam desapontados toda vez que a mãe de Jenny vinha buscá-la no domingo à noite.

Os anos se passaram, de dia trabalhava como mecânico, depois ia para a casa da mãe para jantar ou ajudar em alguma coisa. Passava as noites com Ferrugem ou nas reuniões de pais divorciados, onde se sentia mais um conselheiro do que um sobrevivente. Ainda trabalhava em seu Studebaker Commander, devagar e sempre. Consertou a direção, alinhou a caixa de marchas, pintou chamas vermelhas na lateral. Não tinha um plano ou destino final. O Commander era o projeto de uma vida, e ele ansiava por estar sempre consertando, sempre trabalhando, aprimorando. Se uma banda de que ele gostasse estivesse tocando, dirigia na quarta à noite até a danceteria Eagles. Tinha muitos amigos na cena musical e muitas vezes o chamavam no palco para tocar uma ou duas músicas. Mas ele nunca dançava. As mulheres sempre o chamavam, mas ele recusava. Não queria ser rude, só não tinha energia para isso. Ele estava ali pela música.

Quando um velho amigo, Norman Schwartz, decidiu fazer uma danceteria na cidadezinha de Waterbury, Nebraska – "Vamos voltar aos dias de diversão", Norman lhe disse, "só rock-and-roll clássico e bandas ao vivo" –, Glenn resolveu contribuir com força física, ajudando Norman a limpar o terreno e a instalar o piso de madeira que ele havia comprado do antigo ginásio da Igreja de São Miguel, logo antes de ela ser demolida.

"Achei que você era alérgico a trabalhos manuais", disse Norman, fazendo troça.

"Eu sou", Glenn lhe assegurou, "mas posso sofrer para ajudar um amigo." Eles abriram algumas cervejas e beberam em nome dos velhos tempos. Ele estava chegando aos sessenta e as únicas mulheres da sua vida, de agora em diante, pensou, seriam sua mãe e sua filha. Seu melhor amigo, além de Norman, era um gato. Um homem podia se sair pior. Muito pior. Então, Glenn decidiu se aposentar. Imaginava que ia voltar para casa, para seu Studebaker Commander, seus grupos de apoio e seu violão noturno. Pescaria quando quisesse, ajudaria Norman com a danceteria, passaria tempo com Ferrugem e com sua mãe. Mas no seu último dia de trabalho na oficina, uma freguesa entrou e disse sem rodeios: "Você não vai se aposentar. Vai trabalhar para mim".

A mulher tinha um programa de empregos para adultos com necessidades especiais chamado Novas Perspectivas. Glenn disse a ela: "Obrigado pela oferta, mas sinto muito, não sei nada sobre esse tipo de trabalho".

"Você vai gostar", ela respondeu. "Só passe lá para dar uma olhada."

O Novas Perspectivas era uma sequência de prédios baixos de concreto, na parte de cima de uma área comercial ao leste de Sioux City. Não era nada demais, nem por fora nem por dentro, mas as pessoas tornavam o local especial. Bobby, entusiasmado, colecionava garrafas para o dia da redenção, falando com todos na sala. Uma jovem havia perdido grande parte da sua função cerebral após ser atropelada, mas lembrava o aniversário de todos e era capaz de dizer em que dia da semana ia cair a data em qualquer ano. Precisavam de um homem forte para segurar Ross, um diabético de 130 quilos com síndrome de down, quando ele começava a ter convulsões. À medida que andava pelas instalações, enquanto ia conhecendo os adultos especiais do programa de trabalho, Glenn foi se sentindo cada vez mais alegre e aliviado. Havia trabalhado todos esses anos em seu carro, tentando entender os sistemas. Havia passado todos esses anos com Ferrugem, aprendendo a viver como um gato, sem ressentimentos ou decepções. Ele não havia perdido tempo. Havia trabalhado em si mesmo. Havia trabalhado para algo. E era isso aqui.

"Você me pegou", disse Glenn. "Começo amanhã."

Em um mês, Glenn não precisava mais segurar Ross quando ele tinha convulsões. Já o conhecia tão bem que podia sentir quando elas estavam chegando e sempre tinha um doce em seu bolso para elevar o açúcar do sangue dele. Ele apresentou a jovem com lesão cerebral a todos, porque percebeu que ela adorava mostrar suas habilidades com aniversários. Chegou um dia de manhã e disse a Bobby, o coletor de garrafas: "Tenho um presente para você, camarada, mas preciso que você me faça um favor".

"O que é, Glenn?"

"Eu preciso do seu chapéu."

Bobby recuou. Ele usava o mesmo chapéu nojento todos os dias, e não ia abrir mão dele.

"Eu tenho um chapéu novinho para você, Bobby, ainda com a etiqueta da loja."

Glenn lhe mostrou um chapéu de caça laranja fosforescente que tinha escrito "Pneus Graham" na frente. Bobby pegou o chapéu e na mesma hora enfiou a aba em seu nariz, ele tinha o hábito de cheirar tudo. Então, virou-se, tirou lentamente o seu chapéu imundo e o entregou a Glenn. Quando se voltou, tinha o chapéu laranja na cabeça e um enorme sorriso no rosto.

"A gente está tentando fazê-lo mudar esse chapéu há dois anos", disse a mulher que tinha contratado Glenn. "Bobby não o tirava para ninguém."

Após o Novas Perspectivas, Glenn reduziu suas idas às reuniões de pais divorciados. Começou a tocar com a banda mais seriamente, passando noites no Eagles e em outros bares de música na cidade. Quando a danceteria Storm'n Norman's Rock 'n' Roll Auditorium abriu, Glenn não só tocou violão com a banda como carregou o barril de chopp e ajudou a esvaziá-lo. Não teve uma festa inaugural oficial; nenhuma propaganda, nenhuma placa no prédio, nenhuma seta apontando o caminho pelo meio das colinas de milho até uma cidadezinha em Nebraska. Mas, de alguma forma, mais de 150 pessoas apareceram. Não tinha ar-condicionado, nem banheiros suficientes, e as únicas cadeiras foram emprestadas pela casa funerária – elas tinham "casa funerária" escrito nas costas –, mas foi muito divertido.

Depois de anos de trabalho e décadas de decepção, pode-se dizer que a vida de Glenn estava completa. Ele tinha Ferrugem, sua mãe, sua filha Jenny, que já estava no ensino médio. Tinha amigos e música. Tinha um trabalho importante, com pessoas que amava. Na única noite do mês em que o Storm'n Norman's ficava aberto, ele ajudava: desentupia banheiros, servia no bar, "cuidava do galinheiro" – um eufemismo para borrifar a pista de dança com cera antiderrapante. Depois de um tempo, percebeu que muitas mulheres conseguiam persuadir seus maridos a ir no Storm'n Norman's, mas não conseguiam convencê-los a dançar. Então, ele arranjou mais um trabalho: parceiros de dança para as esposas frustradas de Iowa e Nebraska, o cavalheiro alto e bem-apessoado que arrastava as mulheres e fazia com que elas se soltassem, ao menos por um minuto ou dois. Verdade seja dita, ele mal via o rosto delas.

Dançar era outra forma de aproveitar a música, de ajudar um estranho a passar o tempo. Adorava dançar – havia quase esquecido como era bom –, mas para Glenn Albertson, a danceteria, apesar das luzes coloridas, não era nada além de um mar de cinza.

Até que uma noite, dezesseis anos depois de seu último divórcio e dez anos depois de Ferrugem se esgueirar pelas cicatrizes do seu coração, Glenn Albertson viu um rosto. Ele estava no bar, fazendo drinques, quando olhou para cima e percebeu a mulher do outro lado do salão. Estava em uma mesa no canto da pista de dança, falando com alguns amigos, e era como se um holofote estivesse apontado para ela. Foi só um momento, uma visão por acaso, mas era algo que Glenn jamais havia vivenciado. No mar cinza de sua vida, essa mulher parecia brilhar. E então seus olhos se encontraram.

"Toma conta aqui, Joe", disse para o seu colega de bar, "vou chamar aquela mulher para dançar."

Ele foi. Ela olhou para ele, hesitou e então disse "Claro".

Eles andaram em silêncio até a pista de dança. Ela era mais baixa do que ele esperava. Sua cabeça batia no meio do peito dele, só, mas ainda assim eles pareciam se encaixar muito bem quando começaram a se mover silenciosamente pela pista. Ela estava calada, pensando em outra coisa talvez, mas quando olhava para ele, seus olhos envolviam Glenn, depois esperavam pelo refrão, e então, relutantemente, se afastavam. Quando ele a conduziu pela pista de dança, ela não parecia um obstáculo. Não havia resistência, nenhum peso. Só a sensação calorosa de sua mão e a lembrança do olhar dela na direção dele.

"Meu nome é Glenn", disse.

"O meu é Vicki", ela respondeu.

Quando a música acabou, ele passou a mão por trás da cintura dela. Se ela quisesse sair, ele deixaria, mas ela não quis. Ela se encostou em seu braço, permitindo que ele a segurasse. Em algum lugar fora dali, em outro mundo, o baterista marcou o ritmo, e quando a música começou de novo, Glenn a guiou facilmente pela pista de dança, segurando-a junto a ele enquanto a banda tocava uma canção que ele não queria que acabasse.

"Eu tive uma noite agradável", ele disse para Ferrugem quando finalmente chegou em casa. "Uma noite realmente agradável."

O grande gato olhou para ele, os olhos caídos, ainda meio adormecido, e miou pedindo comida.

Parte II

Sempre adorei dançar. Quando era pequena, meus pais nos ensinaram a dançar com as batidas do velho rádio na sala de estar da nossa casa de fazenda, nos arredores de Moneta, Iowa. Quando eu tinha dezenove anos e trabalhava numa fábrica de caixas em Mankato, Minnesota, dançava até cair todas as noites. Dançar me apresentou ao meu primeiro marido e me ajudou durante os dias sombrios que se seguiram ao divórcio. Aos trinta anos, mãe solteira e fazendo faculdade pela primeira vez, não tinha tempo para as chamadas atividades "de lazer". Mas dançar nunca foi um simples lazer para mim. Dançar era essencial. Quando ouvia a música, quando me levantava para dançar, sentia que era eu mesma – o eu bom, não o eu que havia passado por seis cirurgias por causa de uma histerectomia malfeita e que passou quase uma década casado com um alcoólatra. Mesmo nas noites mais difíceis, depois de pôr minha filha na cama, lavar as panelas e escrever o último trabalho para a faculdade, muitas vezes ia para a cozinha, punha um disco para tocar e dançava sozinha.

Dancei durante todos os meus anos na Biblioteca Pública de Spencer. Após o fechamento, Dewey e eu dançávamos na biblioteca, só nós dois, pulando em meio aos livros. Em eventos públicos, eu era conhecida por ser desinibida com meus amigos homens e meus namorados. Eu ia a bares de solteiros também, apesar de nunca fazer isso em Spencer. De alguma forma, não me parecia correto a bibliotecária da cidade se engraçar com um homem aleatório em uma pista de dança. As pessoas, como se diz, iam falar.

Então, eu saía da cidade: ia para a famosa danceteria Roof Garden, a trinta quilômetros de distância, na região dos lagos de Iowa; ia aos lugares prediletos da minha amiga Trudy em Worthington, Minnesota; às boates mais respeitáveis em Sioux City. Eu namorava, mas os relacionamentos nunca davam certo. Um pretendente me mostrou sua certidão de divórcio na primeira noite. Isso devia ter sido uma dica. No dia seguinte, sua mulher ligou me ameaçando. Aparentemente, seu marido tinha o mesmo nome do tio dele. O homem me mostrara os papéis de divórcio do tio.

O Cowboy, um encontro às cegas que tive em Sioux City, me levou para passear no meio dos currais, onde o gado esperava para ser levado para o abatedouro, porque ele achava que o gado ficava bonito à luz da Lua. Então me levou para a casa dele e me ensinou a fazer munição. Um homem de Minneapolis me convidou para um fim de semana em seu veleiro. De repente, nos vimos no meio de uma tempestade e eu fiquei tão mareada que vomitei no meu vestido. Na manhã seguinte, ele disse que seu lugar favorito no mundo era um pedaço da Itália. Perguntou qual era o meu lugar favorito. Eu tinha uns trinta anos e nunca havia saído de Iowa e Minnesota. Sabia que aquela relação também não funcionaria.

Não que eu estivesse decidida a ter um homem. Me divertia ao lado deles, especialmente dançando, mas não passava as noites ansiando por um homem. Estava ocupada demais aproveitando o que eu tinha: um trabalho interessante, uma família leal, bons amigos e um gato de biblioteca maravilhoso chamado Dewey Readmore Books. Claro, eu era basicamente a pessoa que respondia às cartas que ele recebia dos fãs, mas Dewey nunca me tratou como uma serviçal. Éramos parceiros. Eu não estava abrindo mão de nada ao construir minha vida em cima dessa parceria, e especificamente deste trabalho. Estava ganhando uma vida de felicidade e risos, uma vida onde não precisava dividir minha atenção ou gastar energia com coisas que pessoas bem-intencionadas (e intrometidas) me diziam que eu deveria querer. Em vez disso, eu podia me concentrar nas coisas importantes: apoiar minha filha, cuidar dos meus pais, criar amizades profundas e usar meu talento para criar uma instituição que ajudaria os cidadãos de Spencer. Estava extremamente feliz como mãe e bibliotecária por vocação, adorava gatos e era dançarina por hábito. Não queria ser uma namorada também.

Então Dewey morreu.

Minha relação com Dewey não pode ser resumida em poucas frases. Sei disso. Ainda assim, quando penso nele, sempre volto para essas poucas linhas do meu primeiro livro: "Dewey era o meu gato. Eu fui a pessoa para quem ele veio em busca de amor. Eu fui a pessoa para quem ele veio em busca de conforto. E eu fui até ele em busca de amor e conforto também. Ele não era um substituto para um marido ou um filho. Eu não estava solitária, tinha muitos amigos. Não estava incompleta, gostava do meu trabalho. Não estava à procura de alguém especial. Não era nem o fato de eu vê-lo todos os dias. Vivíamos separados. Podíamos passar dias inteiros na biblioteca, juntos, e mal nos vermos. No entanto, mesmo quando eu não o via, sabia que ele estava ali. Percebi que tínhamos escolhido compartilhar nossas vidas, não apenas amanhã, mas para sempre".

Mas nada dura para sempre, não importa a força do laço que você estreita. Dewey era o meu melhor amigo, era o meu conforto e minha companhia. Ele mudou a biblioteca. Ele mudou a nossa cidade. E ele foi embora.

O trabalho não era mais o mesmo depois disso. Eu já era diretora da biblioteca havia vinte anos. Dedicara mais de duas décadas da minha vida a construir aquela organização. Agora, de repente, não parecia mais a minha biblioteca. Em parte por causa de meu relacionamento com o conselho da biblioteca, que havia se partido no momento em que tentaram remover Dewey porque ele estava velho. Mas também havia uma frieza, uma solidão, um vazio que não existira entre aquelas paredes durante os dezenove anos em que Dewey vivera lá.

Como sempre, entrei de cabeça no trabalho. Eu tinha projetos a terminar, metas que ainda pretendia atingir. Queria ampliar o que eu e Dewey havíamos criado, continuar a transformação da biblioteca de um depósito de livros em um ponto de encontro de almas.

Eu também queria escrever a história de Dewey. Sentia que lhe devia isso, por conta do que ele me dera, a mim e à cidade de Spencer. Devia isso aos fãs dele, que mereciam a história completa. Seu amor, seu companheirismo, sua amizade – foi por causa disso que mais de 270 jornais publicaram o seu obituário e mais de mil fãs mandaram cartas e cartões. Por causa disso a vida dele era importante. E era isso que eu queria compartilhar. Senti que devia o livro ao mundo porque eu acreditava, e ainda acredito, que há uma mensagem importante na vida de Dewey: nunca desista. Encontre seu lugar. Você pode mudar o seu mundo.

Mas eu estava doente. Após a morte de Dewey, desenvolvi uma infecção do trato respiratório superior, e não importa o que eu tentasse, não conseguia me curar. Sofri por décadas com doenças graves, desde que a histerectomia que fiz aos vinte e poucos anos – uma histerectomia que eu nem sabia que seria feita até acordar da anestesia – causou problemas ao meu sistema imunológico. A cada três ou quatro anos, o que começava como uma amidalite terminava no hospital. Era parte da minha vida, parte do que Dewey me ajudou a suportar.

Mas dessa vez era diferente. Dessa vez, a doença era tanto na alma quanto no corpo. Em dezembro, me arrastei para realizar cada pedido relacionado a Dewey, mas, em janeiro, depois das festas, o tempo brutalmente frio, me percebi cansada e fraca. Em fevereiro, a fraqueza passou para os meus músculos e pulmões. Quando chegou março, eu mal conseguia sair da cama. Em abril, comecei a trabalhar em casa, com remuneração parcial, para recuperar minhas forças. Meu médico tentou diversos tratamentos, mas a minha saúde se deteriorava cada vez mais. Náuseas, dores de cabeça, febres. Na maior parte do tempo, a única comida que eu conseguia engolir era bolacha de água e sal. Meu médico fez alguns exames. Colonoscopias, endoscopia do trato digestivo superior, ressonâncias magnéticas. Aparentemente não havia solução. Voltei a trabalhar em maio, mas não era mais a mesma. Fui a especialistas em Sioux City e Minnesota, mas dirigir até o local das consultas me deixava exausta. Quando o verão chegou, estava tão fraca que não conseguia tomar um banho sem depois deitar um pouco para descansar.

Todo mundo pensava que eu estava deprimida. E eu *estava* deprimida. A morte de Dewey, combinada com os meus problemas com o conselho da biblioteca, destruíra a paz do meu mundo. Mas eu não adoecera porque estava deprimida, eu estava deprimida porque estava doente. E ninguém sabia o que eu tinha. *Então é assim. Assim é que vou ficar pelo resto da minha vida. Não consigo sair da cama, não consigo ir a lugar algum, não posso ver ninguém. E então eu morrerei.*

Vinte anos antes, eu era uma mãe solteira que ganhava 25 mil dólares por ano. Para não ser demitida, precisei fazer um mestrado em biblioteconomia, o que exigia uma viagem de quatro horas ida e volta até Sioux City todos os fins de semana para assistir a dez horas de aula. Na mesma época, minha filha – meu porto seguro – estava se afastando de mim. Talvez fosse parte natural do crescimento dela. Ou talvez fosse porque, apesar de tudo que precisei fazer para sustentá-la, não tivesse muito tempo para ela. Tudo que eu lembrava com certeza, anos depois, era da solidão das minhas noites na biblioteca, exausta e lutando para terminar meus trabalhos da faculdade e manter minhas prioridades em ordem. Lembrava dos momentos nos quais senti que o peso era grande demais e que o teto cedia.

Nesses momentos, Dewey estava ao meu lado. Pulava no meu colo, tirava as canetas da minha mão, caía em cima do teclado do computador. Me cutucava com a cabeça até eu ceder e então saía correndo do meu escritório e se enfiava em algum corredor escuro entre as prateleiras de livros. Algumas vezes eu conseguia ver lampejos dele enquanto desaparecia; outras, mesmo depois de cinco minutos procurando, não o achava. Então, quando estava prestes a desistir, eu me virava e lá estava ele, parado logo atrás de mim. E posso jurar que estava rindo.

Agora, mais uma vez, Dewey veio a mim. Antes de minha saúde definhar, me comprometi a escrever um livro, e não desistiria disso. Todo fim de tarde, após trabalhar tanto quanto podia na biblioteca, sentava à mesa da cozinha e conversava com o meu coautor, Bret Witter, sobre Dewey. E quanto mais falava sobre ele, mais vivo ele se tornava. Podia vê-lo novamente se encolhendo quando eu balançava sua bolinha de lã vermelha, e como, na hora em que eu me virava de costas, ele pulava em cima dela com as quatro patas. Lembro da forma exata como ele franzia o focinho quando cheirava a sua comida – e então a rejeitava. Rio quando lembro do pobre gato encharcado e irritado depois dos seus banhos bianuais; a forma como a sua língua se arrastava quando ele lambia as patas; como ele enfiava suas patas molhadas nas orelhas para se limpar bem. Eu sorri quando lembrei do modo como ele cheirava o buraco de ventilação do meu escritório três vezes por dia, sempre me protegendo.

Algumas noites, as conversas eram difíceis. O suicídio do meu irmão. A morte da minha mãe. O que me assustava mais, penso, era falar a respeito da minha mastectomia. Eu havia mantido minha cirurgia em segredo, e, mesmo uma década depois, me sentia vulnerável e cheia de cicatrizes. Tinha medo de admitir até para mim mesma que o meu mundo caiu quando o médico mencionou o câncer de mama. Ninguém me tocava, ninguém queria dizer aquelas palavras. Só Dewey ficou ao meu lado, todas as horas de todos os dias. Só Dewey pôde me dar o contato físico que eu tanto queria.

Alguns dias eram mais difíceis. A primeira vez que falei sobre a sua morte – como Dewey me olhou nos olhos e implorou *Me ajude, me ajude,* enquanto eu o segurava na sala de exames –, eu berrei no telefone. Já haviam se passado meses, mas mais uma vez me senti achatada, esticada até quase partir, como quando o dr. Beale me disse: "Eu sinto um nódulo. É um tumor agressivo. Ele está sofrendo. Não há nada que possamos fazer".

Mas abrir essa porta trouxe outras lembranças também. Lembrei da fria mesa de exames, dos fios puídos do cobertor predileto de Dewey, o barulhinho do seu ronronar, a forma como ele se derretia em meus braços e encostava sua cabeça na minha pele. Lembrei da confiança em seus olhos dourados; o interior calmo por trás de seu pavor; da proximidade de nossos corações quando sussurrei: "Está tudo certo, Dewey. Está tudo certo. Tudo vai dar certo".

Lembro de olhar em seus olhos e perceber que estava sozinha.

Pode parecer que, na minha condição fragilizada, todo esse falar, escrever e chorar fosse demais. Na verdade, era o contrário: o livro estava me mantendo viva. Quando você está tão doente que se mexer na cama a faz vomitar; quando a única coisa que você consegue segurar no estômago são algumas bolachas de água e sal; quando ninguém pode assegurar minimamente que sua saúde algum dia vai melhorar, é fácil desistir de um dia. E se você começa a desistir de dias inteiros, para onde isso te leva?

Eu nunca desisti, porque todos os dias eu esperava pelas minhas tardes com Dewey. Mesmo nos dias em que não conseguia fazer nada além de me arrastar até o banheiro, podia deitar no sofá, o telefone encostado na minha orelha, e falar sobre Dew.

Enquanto lia as primeiras provas do livro, quase podia senti-lo lendo junto comigo, sentado no meu ombro. *Não*, Dewey dizia, *não foi assim*. Quando ouvia esse sussurro de dúvida em minha mente, me concentrava naquele parágrafo, ou naquela frase, ou mesmo naquela palavra. Eu precisava retratar Dewey corretamente. Sabia disso. Ele não era só o corpo e a alma do livro, ele era tudo. Quanto mais eu me concentrava nos detalhes, mais ele voltava para minha mente e alma. E quanto mais eu sentia sua presença, mais certeza eu tinha de que tudo no livro estava certo. Não era só a imagem e o som; eu estava captando a *sensação* de estar ao lado dele – aquela velha magia do Dewey – palavra por palavra.

Em agosto, tomei uma decisão. Estava cansada de ouvir especialistas. Estava cansada de dirigir duas horas para explicar a história da minha vida para um novo médico que não conseguia descobrir o que eu tinha. Estava cansada de cair de joelhos exausta no fim do dia, de me arrastar para fora do sofá quando era tomada por náuseas. Se eu fosse melhorar, percebi, precisava fazê-lo por mim mesma. Após seis meses falando dele, estava imbuída do espírito de Dewey. Realmente acredito nisso. O seu espírito de "é possível", "vá sempre em frente", "tudo vai ficar bem" me inspirou.

Me aposentei da biblioteca. Não saí me arrastando como uma mulher derrotada; saí nos meus termos, tendo conseguido alcançar todas as minhas metas principais. O conselho da biblioteca, graças a Deus, me deu isso. Com metade do estresse e um décimo da exposição diária a germes, me senti melhor imediatamente.

Mudei minha dieta. Reduzi meus medicamentos. Parei de me concentrar nas minhas limitações e comecei a pensar nas minhas capacidades. Sabia que precisava trabalhar o meu corpo, mas odiava exercício. Então voltei a dançar. No começo, passava alguns minutos me mexendo pela sala de estar ao som da música. Então, caía no sofá. Uma hora, começava a marcar o ritmo com meus pés e me balançar. Após alguns meses – sim, foram meses –, comecei a dançar. Sozinha, na privacidade da minha casa, mas estava dançando.

Quando chegou o Natal, estava me sentindo bem o bastante para começar a pensar em me soltar numa pista de dança. Eu queria, no entanto, que fosse uma noite perfeita. Minha banda local predileta, The Embers, na melhor danceteria da região: o Storm'n Norman's Rock 'n' Roll Auditorium.

O Storm'n Norman's era uma danceteria bem diferente, quase secreta, localizada em um antigo ginásio de escola em uma pequena cidade a duas horas de Spencer. Era simplesmente impossível ir parar no Storm'n Norman's por acidente, porque quando digo que Waterbury, Nebraska, era uma cidade pequena, quero dizer dois quarteirões e um semáforo no meio do nada. Eu achava que era uma cidade com só um cachorro, porque sempre via o mesmo vira-lata pintadinho parado no meio do único cruzamento da cidade. Mas um dia andei pela rua principal e reparei que provavelmente Waterbury tem o mesmo número de pessoas que de cachorros. De certa forma me lembrava da minha cidade natal, Moneta, em Iowa, que tinha quinhentas pessoas amistosas quando morei lá na década de 1950, mas desde então ficou tão pequena (menos de cinquenta pessoas) que não era nem mais considerada uma cidade. Moneta morreu quando a sua alma, a

Escola Moneta, toda de tijolinhos vermelhos, foi fechada pelo estado de Iowa em 1959. Waterbury não morreu quando a sua escola foi fechada pelo estado de Nebraska, mas estava claramente definhando. Provavelmente não tinha mais de oitenta pessoas na cidade, e o único comércio (fora o Storm'n Norman's) era o Bar Buzzsaw.

O Storm'n Norman's não parecia grande coisa visto pelo lado de fora. O antigo ginásio da escola era um prédio de concreto cinza achatado, na saída da cidade, meio escondido atrás de algumas árvores. O estacionamento era a rua de cascalho que ficava na frente e uma faixa de grama. Uma rampa de madeira levava até a entrada, que era uma porta simples de metal. Dentro, um corredor estreito ia dar na antiga bilheteria do ginásio. Jeanette, a mulher de Norman, normalmente era quem cobrava as entradas.

Depois da bilheteria, por uma porta estreita, podia-se ver a pista de dança e até ter uma primeira ideia do palco. Era só um palco de auditório simples, em madeira, do tipo que havia sido construído em quase todas as escolas nos Estados Unidos entre 1916 e 1983, à exceção de que, pela frente, tinha um Chevy 1955 saindo bem do meio dele. O Chevy era preto, com chamas nas laterais, e quando a banda apertava um botão, o motor ligava e as rodas giravam.

O Chevy criava o ambiente, porque quando você passa pela porta e entra no Storm'n Norman's Rock 'n' Roll Auditorium, é como se um novo mundo fantástico – o mundo de 1955 – explodisse em vida ao seu redor. A sala era ampla e sem janelas, o pé-direito alto e iluminado por lâmpadas escondidas, além das vinte fileiras de luzes que se uniam sobre uma bola de espelhos no meio do teto. As luzes direcionavam o olhar para as paredes onde três conversíveis esportivos americanos dos anos 1950, dois deles rosa-shocking, estavam em plataformas de seis metros de altura. Debaixo deles, guitarras autografadas e fotografias em preto e branco de Marilyn, Elvis e James Dean. Olhando ao redor da sala, você percebia, antes de mais nada, em cima da porta de entrada, um painel de um Chevy antigo, e então fileiras de bancos de madeira polida originais do ginásio da escola, perfeitos para se descansar um pouco, ao longo da parede dos fundos. Havia dois bares simples, em cantos opostos da sala, mas as cadeiras ao redor da pista de dança estavam alinhadas com cuidado e me lembravam carteiras escolares e mesas de lanchonete. Até as cestas de basquete originais ainda estavam penduradas nas paredes. Era como entrar nas lembranças idealizadas de nossa festa de formatura do colegial, mas já adultos, sem precisar provar nada para ninguém. Quando duzentas pessoas se acotovelavam no Storm'n Norman's e uma boa banda estava cantando rock e blues clássico, não havia lugar melhor no mundo.

Eu estava decidida a ir para lá e ouvir o The Embers tocar. E tampouco planejava ficar só olhando. Eu ia dançar. Não para procurar um homem, imagine só, mas para provar que eu podia sair do meu sofá, curar o meu corpo ferido e aproveitar o resto da minha vida.

E foi assim que, no dia 15 de março de 2008, dezesseis meses após a morte de Dewey levar a minha saúde ladeira abaixo, me encaminhei para Waterbury, Nebraska, com duas das minhas melhores amigas, Trudy e Faith. Eu ainda não estava saudável – me sentia terrivelmente fraca e precisei abrir a janela algumas vezes durante o trajeto para não ficar enjoada durante a viagem –, mas mantive isso em segredo. Estava cansada de falar sobre a minha doença, cansada de as pessoas me perguntarem como estava me sentindo, cansada de tentar explicar. Eu só queria me divertir e a melhor maneira de fazê-lo era fingir que tudo estava bem. Além disso, eu tinha convencido Trudy e Faith a saírem de Minnesota para ir até lá e não podia deixá-las na mão agora.

Chegamos cedo (um milagre, já que a eternamente atrasada Faith estava conosco), porque eu precisava sentar e as mesas próximas da pista de dança ficavam ocupadas rápido. Não sabia o que esperar, depois de um ano de cama, mas podia sentir a energia na sala. Assim que os Embers começaram a tocar, meus dedos do pé começaram a se mexer. No segundo intervalo, eu já tinha dançado com quatro homens. Sempre fui pequena – um pouco mais de um metro e meio, e magrinha –, mas durante a minha doença eu cheguei a pesar quarenta e três quilos. Eu estava fraca demais para subir escadas e ficar em pé me deixava tonta. Mas dançar era diferente. Enquanto eu estivesse me movendo, enquanto não complicasse as coisas falando, meu corpo se sentia forte. Era entre as canções, quando a música parava, que eu começava a definhar. Quando um cara me chamou para uma segunda dança, eu mal pude balbuciar as palavras "Desculpe, cansada demais", antes de voltar para a mesa.

Foi durante uma das minhas pausas, enquanto tentava recuperar o fôlego, que ele apareceu. Não me lembro dele se aproximando. Tenho certeza de nunca tê-lo visto antes, nem por um instante. Simplesmente olhei para cima, e lá estava ele, parado acima de mim. Estendeu a mão e me chamou para dançar.

"Claro", eu disse.

Ele era alto e tinha ombros largos, mas era surpreendentemente leve na pista de dança. Nos movíamos juntos com facilidade, levados pela música. Eu gostei dele não tentar se aproximar demais, não tentar me arrastar pela pista, não sentir a necessidade de dizer alguma coisa boba – ou qualquer coisa. Simplesmente flutuávamos juntos, de uma forma que parecia tão natural quanto o Sol. Deve ter se passado meia música antes de eu olhar para o rosto dele. Ele era impressionantemente bonito, com um sorriso fácil e uma elegância casual por trás de sua careca e de sua barba bem cuidada. Mas foram seus olhos que me impressionaram. Eram os olhos mais gentis e atenciosos que eu jamais vira. E estavam concentrados em mim. Não em uma parceira de dança genérica, mas em mim realmente, por dentro. Eu sabia, só de olhar para eles, que se ele soubesse como eu estava doente, ele me levaria de volta direto para a minha cadeira.

Mas dessa vez eu não queria me sentar. Então, quando a música parou e senti seu braço deslizar pela minha cintura, me encostei e deixei que ele segurasse o meu peso. Ele percebeu que havia algo de errado – podia ver nos seus olhos a preocupação –, mas não disse nada. Só me ajudou. Quando a música recomeçou, me guiou em mais uma dança.

"Preciso sentar", eu disse, relutante, após quatro músicas.

Ele me acompanhou até a mesa e sentou na minha frente. Trudy e Faith, minhas amigas superprotetoras, o fuzilaram com perguntas. Eu estava meio longe, incapaz de recuperar o fôlego, e suas respostas pareciam sumir no meio da música, deixando para trás só o seu sorriso agradável. Quando o chão começou a girar, tentei pegar meu copo d'água, não consegui e o derrubei da mesa. Ele pegou o copo e usou uma flanela para limpar a mesa. Dançamos mais algumas músicas, não sei bem ao certo quantas, porque só lembro do som diminuindo e da multidão começando a se dispersar.

"Vou embora", ele disse. Pegou na minha mão e a beijou. "Foi um prazer conhecer você."

Eu ainda lhe estava agradecendo pela noite tão agradável quando percebi que ele tinha dado a volta na mesa e estava me beijando no rosto. Normalmente eu não gostaria disso, um estranho sendo tão atirado, mas meu único pensamento enquanto ele sumia na multidão foi *Hum... isso foi bom.*

"Qual era o nome dele?", perguntei às minhas amigas quando estávamos do lado de fora e a brisa fresca de março havia desanuviado a minha cabeça. "Era Paul?"

"Pelo amor de Deus, Vicki", disse Trudy. "Ele se chamava Glenn."

Posso não ter lembrado do nome dele, mas realmente tinha alguma coisa a respeito desse Glenn que eu simplesmente não podia esquecer. Algo que me deixava de bom humor, que me fazia pensar nele sempre que começava a divagar. Algo que fazia a sensação das mãos dele aparecer em minha mente nos momentos mais estranhos.

Esse algo eram os seus olhos. Pode soar estranho, mas quando olhei nos olhos de Glenn Albertson naquela noite, no Storm'n Norman's, pensei em Dewey. Quando tirei Dewey de dentro da caixa de devolução da biblioteca, o embrulhei em um cobertor e segurei junto ao peito, ele estava gelado. Suas patas estavam literalmente congeladas e ele tinha um pulso muito fraco. Ele não me conhecia, mas levantou a cabeça e olhou nos meus olhos afetuosamente. Eu olhei nos olhos dele e vi confiança e franqueza.

Eu sabia que Glenn era um cavalheiro, porque não me empurrou ou tentou dançar perto demais. Sabia que era atencioso, por causa da forma como me dava apoio entre as músicas. Sabia que era gentil, pelo modo como falou com as minhas amigas. Mas havia algo mais em seus olhos. Havia a tranquilidade de uma alma velha e uma afeição genuína. Como Dewey, ele não estava simplesmente olhando para mim, ele estava *me vendo*. E ele estava me deixando vê-lo. Não só a gentileza, mas o que se escondia por trás dela: o medo e a mágoa, mas também uma noção profunda de felicidade e orgulho.

Dewey o enviou, pensei, quando vi aqueles olhos. Só se passou um momento, um clarão repentino, até eu perceber que era simplesmente uma questão de semelhança – eles se pareciam, Dewey e Glenn. Mas aquele pensamento ficou na minha cabeça. *Dewey o enviou.* Eu sabia que não era possível, mas o amor é tão enrolado e complicado, tão emocional e ilógico, o que podemos saber com certeza?

Eu tinha certeza de uma coisa: queria vê-lo novamente. Então, liguei para a mulher de Norman, Jeanette. "Eu conheci um cara chamado Glenn no seu bar semana passada", lhe disse.

"Alto, de barba, um sorriso bonito, bom dançarino."

"Conheço-o", disse Jeanette.

"Ele é um cara legal ou não vale a pena?"

"Ah, ele é um cara legal", disse Jeanette, empolgando-se. "Um cara muito legal." Eu não sabia que Glenn os ajudava na danceteria havia anos. Eu não sabia que ele era amigo de Norman e Jeanette desde o colegial. Naquele momento, não sabia quase nada sobre ele, só que era o homem mais aberto e atencioso que eu jamais conhecera.

"Posso organizar um encontro", disse Jeanette, toda feliz. "Fazia isso o tempo todo na escola. Sou realmente boa nisso. Posso ligar para ele se você quiser."

Algumas horas depois, Glenn me ligou. Falamos por meia hora e por mais tempo algumas noites depois. Logo, logo, estávamos nos falando todas as noites, e depois duas ou três vezes por dia. Falávamos sobre tudo – nosso trabalho, nossos gatos (apesar de eu nunca mencionar o livro), mesmo os assuntos proibidos: política e religião. Quando chegou a hora da festa seguinte no Storm'n Norman's, estávamos os dois ansiosos para nos rever. *Só para dançar,* eu disse a mim mesma, *ele dança tão bem.* Mas o meu nervosismo enquanto Trudy, Faith e eu fazíamos a longa viagem até Waterbury, Nebraska, me mostrou que isso não era verdade. Eu sentia tanto frio na barriga que era capaz de congelar o carro inteiro.

Nos atrasamos por causa de Faith (seguimos a hora da Faith, como costumamos dizer) e tinha fila na bilheteria. Quando os casais saíram da frente, eu o vi do outro lado da porta, me esperando. Ele estava usando um jeans preto bonito e uma camisa preta de botões para dentro da calça, e eu sabia, só pela forma como ele estava parado, que ele havia perdido uns minutos a mais que o habitual para se arrumar naquela noite. Então eu vi a rosa vermelha nas mãos dele e o frio na barriga passou. Andei e sem hesitar o beijei no rosto. Não consigo lembrar o que ele disse. Só lembro de dançar, porque é como se fizéssemos isso juntos a vida toda. Em algum momento, no meio da noite, quando a banda tocou os primeiros acordes da música *Lost in the 50s Tonight*, de Ronnie Milsap, lembro de olhar nos olhos dele e ver pela centésima vez o afeto – e um convite. *Estou pronto,* eles diziam. *Estou aqui. E para você. Nunca vou magoar você.*

"Minha música predileta", disse Glenn, quando a banda começou a cantar *"Shoo-bop, shoo-be-bop, so real, so right"*.

"Minha também", disse. Então apoiei minha cabeça em seu peito, logo acima de seu coração, e pensei: *estou em casa.*

***

E SE EU SOUBESSE DOS SEUS TRÊS CASAMENTOS E CINCO FILHOS? Bom, preciso admitir, ainda assim ficaria interessada em Glenn Albertson. Talvez, se eu soubesse antes da primeira dança, as coisas fossem diferentes. Mas depois da segunda noite? Naquela altura do campeonato, não podia voltar atrás. Mesmo quando começamos a nos conhecer nas semanas seguintes, e mesmo quando a vida dele começou a se mostrar para mim, nunca duvidei de seu caráter. Um divórcio é um erro. Três divórcios? É quando você para de apontar o defeito dos outros e começa a olhar para si. Mas Glenn já havia feito isso. Foi por isso que, quanto mais descobri a vida dele, mais extraordinário ele se tornou. Eu havia encontrado muitos homens que se fecharam, que fugiam de suas emoções e não falavam de muita coisa que não fosse algum esporte. Glenn havia passado por muito mais coisas do que a maioria deles, mas ainda estava disposto a dividir sua dor comigo. Ele podia me levantar como se fosse uma pena; podia desmontar e consertar o meu carro; podia me fazer uma massagem maravilhosa e até cortar o meu cabelo; podia me dar uma rosa e um beijo e fazer com que eu me sentisse a mulher mais bonita de Iowa. Mas, mais importante, ele podia ser honesto comigo. Ele podia me mostrar a sua alma.

Refletir sobre a vida de Glenn, no entanto, é ignorar o maior obstáculo para o nosso relacionamento: eu levava a minha vida de solteira muito a sério. Eu a vivera por tanto tempo, não tinha nenhuma intenção de abandoná-la. Como eu costumo (ou costumava) dizer: "Só quero um homem se puder pendurá-lo no meu armário, como uma roupa que eu possa tirar de lá quando quiser dançar". E eu não estava brincando. Com quase sessenta anos, mais de trinta anos de feliz solteirice, não queria nem pensar em deixar um homem entrar na minha vida. Tinha dado para a biblioteca e para a minha filha tudo o que tinha, e me sentia orgulhosa e satisfeita com o que havia conquistado. Era próxima da minha família, especialmente do meu pai, que precisava de mim mais do que nunca desde a morte da minha mãe. Tinha grandes amigos que conhecia havia décadas e com quem podia contar – para amor, apoio e boas risadas. Tinha minha filha. E meus netos. Eu construía molduras de exposição e havia planejado quatorze casamentos (e ainda farei mais), desde as flores e os convites até a primeira música do casal. Estava aposentada, mas ainda participava do conselho de diversas bibliotecas por todo o estado, então viajava regularmente. Sempre lembrarei do dia em que entrei tropeçando em um táxi em Nova Orleans depois de uma noite de bebida e dança com algumas amigas de profissão. O taxista, depois de alguns minutos, virou-se para a gente e disse: "Não acredito que vocês sejam bibliotecárias. Estão se divertindo tanto".

Claro que a gente se divertia! Bibliotecárias não são senhoras de coque que sempre falam *shhh*. Somos homens e mulheres altamente qualificados que administram negócios. Nós lutamos contra a censura. Fomos os primeiros a usar e-books e redes de computador. Nós promovemos, educamos e criamos. Nosso trabalho é desafiador e complexo, ainda mais com um gato no quadro de funcionários, e é por isso que nós gostamos tanto dele.

Podia não ser mais uma bibliotecária em atividade e podia não ter mais Dewey ao meu lado, mas enquanto estivesse saudável, estava feliz. Sempre vivi o máximo possível os meus dias, e tinha um grande apreço pela minha privacidade à noite. Podia comer quando tinha fome, dormir quando estava cansada e ver o que quisesse na televisão. Por que eu iria arriscar isso tudo por um homem?

E, no entanto, eu estava me deixando levar. E adorando! Claro, tentei me afastar algumas vezes, me convencer de que não precisava desse tipo de relacionamento, mas essa sensação nunca durou mais de uma ou duas horas. Glenn ligava (em dado momento nos falávamos até sete vezes por dia) e eu sempre cedia. Não a uma pressão da parte dele, ou mesmo ao charme dele, mas à sua suavidade. À sua compreensão. Ao seu amor tão óbvio. Quando eu falava de Dewey, sabia que ele não só escutava. Ele perguntava coisas. Ele compreendia. Alguns homens se afastariam por causa do meu amor por um gato, mas eu sempre senti que Glenn via quem eu realmente era, e gostava do que via.

E, claro, ele tinha um gato importante em sua vida também. Eu sabia disso por causa do tanto que ele falava de Ferrugem. Ele era um gato esperto, me disse. Sabia seu nome. Vinha quando era chamado. Eu ia gostar dele. Sempre se enroscava em desconhecidos. E não era só um gato de casa tímido. Não, Ferrugem era excêntrico. Ele dormia em um estojo de violão e comia nachos. Brigava com pitbulls, mas pegava e soltava borboletas. Sempre que Glenn gritava "É hora do banho, Ferrugem", ele corria. Não da banheira, mas *para* a banheira. Ferrugem amava água. Ele deitava todo espichado em uma banheira cheia d'água e *se esbaldava.*

"Você precisa ver", disse Glenn. "É qualquer coisa."

Acho que foi assim que ele me convenceu a ir até sua casa da primeira vez, com a promessa de ver Ferrugem. Eu ainda estava fraca por causa da doença, e assim que sentei no sofá de Glenn para descansar, Ferrugem subiu e começou a se enroscar nas minhas pernas. Logo estava no meu colo. Era um garoto enorme, pesava pelo menos três vezes mais que Dewey, mas era um ursinho de pelúcia também, como Glenn. Conhecer Ferrugem confirmou o que meu instinto dizia sobre o homem que, ouso dizer, eu começava a amar.

Após ser aprovada por Ferrugem, Glenn me levou para conhecer sua mãe. Ela tinha por volta de oitenta anos, ainda morava sozinha, ainda aparava o próprio gramado. Poderia ter sido estranho, suponho, conhecer a adorada mãe do meu namorado, exceto por uma coisa: ela acompanhara a vida de Dewey nos jornais por anos. Então, contei a ela histórias de Dewey: como ele subiu no casaco de uma menina com deficiência e fez com que ela sorrisse; como ele divertia as crianças deixadas na "creche" da biblioteca por seus pais que precisavam trabalhar; como ele ficava no ombro esquerdo (sempre no esquerdo!) do sem-teto que vinha na biblioteca todos os dias com o único objetivo de falar com o nosso gato. Ela ouvia. Sorria. Ela me ofereceu café e bolo feito em casa. Eu via que a magia de Dewey ainda funcionava e estava funcionando para nós duas. Como eu poderia não amar alguém que amava Dewey? Como ela podia não confiar na mãe de Dewey?

Quando a primavera finalmente chegou, Glenn me levou a Pierce, onde ele passara os verões na infância. Me mostrou a antiga casa da sua avó e a oficina em que ele havia se apaixonado por carros. Paramos debaixo da única árvore grande da cidade, próxima do cruzamento onde Glenn ia ver o trem soltar sua enorme nuvem de fumaça enquanto cruzava a cidade, e nos beijamos. Fomos até o Storm'n Norman's para dançar e Glenn pediu desculpas a Norman, pois estava ocupado demais para continuar trabalhando de *barman*. Certa noite, depois do jantar, ele me levou até uma casa grande e bonita em uma vizinhança afastada.

"O que é isso?", perguntei.

"Minha primeira mulher e eu morávamos aqui", disse. Esse foi o único momento em que eu me assustei. O momento em que lembrei que não queria um relacionamento sério com um homem e lembrei o motivo: porque eram imprevisíveis e complicados.

Mas só durou um segundo. Porque eu conhecia o homem ao meu lado. Talvez não cada detalhe, talvez não cada decisão da sua vida, mas conhecia sua alma e me sentia mais confortável com ele do que com qualquer outro homem que tenha conhecido. Eu estava lendo as últimas versões do *Dewey* naquela primavera e podia sentir a confiança que sempre senti quando aquele gato estava ao meu lado. Li pela vigésima vez a última página do livro, na qual eu falo sobre as lições que aprendi com Dewey.

Encontre seu lugar. Seja feliz com o que tem. Trate bem todo mundo. Viva uma boa vida. Não estou falando de coisas materiais – estou falando de amor. E não dá para prever o amor.

Chamei Glenn para vir a Spencer no Memorial Day.[12] A cada encontro nosso, ele ia à florista e escolhia a rosa mais saudável e mais brilhante da loja, da mesma forma como tinha feito no nosso primeiro "encontro" no Storm'n Norman's. Eu fiquei com todas, as deixava secando no meu ateliê e depois as guardava em minhas caixas de raridades. Dessa vez, no entanto, ele chegou com duas rosas vermelhas. Estávamos planejando visitar o túmulo de minha mãe próximo à cidade de Hartley, Iowa, então achei que a segunda rosa era para ela. Glenn disse que queria fazer uma outra

12. "Memorial Day" é um feriado americano, que ocorre na última segunda-feira de maio, para celebrar a memória de soldados mortos em serviço. (N. T.)

parada antes. Foi até a biblioteca e andou até a janela grande, onde o túmulo de Dewey estava marcado com uma simples placa de granito. Era uma fria manhã de dezembro quando, na hora em que o Sol nasceu, eu e a assistente de biblioteca havíamos partido o chão congelado e deixado as cinzas de Dewey descansarem.

"Você está sempre conosco", eu havia dito.

Glenn colocou a segunda rosa no túmulo de Dewey. "Eu sei o que ele significa para você", disse, me abraçando apertado.

Eu vou casar com esse homem, eu pensei. E não me surpreendi nem um pouco com isso.

***

Glenn e eu estamos noivos, e eu nunca estive tão feliz. Temos tanta certeza de nosso amor que até compramos uma casa juntos, um bangalô simpático na zona oeste de Spencer. Resolvemos que já que nos casaríamos logo, podíamos nos adiantar e morar juntos, mas já se passaram dois anos e ainda não nos casamos. Sei que para algumas pessoas isso pode parecer imoral, ainda que sejamos um casal monogâmico por volta dos sessenta anos, mas tenho minhas razões. No meu primeiro casamento, em 1969, só convidei a família mais próxima e alguns amigos. Meu vestido era um usado, que minha mãe havia comprado bem barato, quando o casamento de uma menina da região foi cancelado no último minuto. A recepção foi no restaurante predileto do meu marido e mais da metade dos convidados era parente dele. Era o meu casamento, mas posso honestamente dizer que nada a respeito dele era meu. Eu sempre me senti enganada.

Não me interessa se esse é meu segundo casamento, não farei a mesma coisa novamente. Esse será especial. Vou planejar pessoalmente cada detalhe, desde as flores para a cerimônia na Igreja Católica de Milford até a cor da fonte no convite, ao belo vestido branco que sempre quis usar. Glenn vai precisar abrir mão do seu jeans preto e trocá-lo por um smoking, e vou convencer os Embers a tocarem na festa, que seria no Storm'n Norman's Rock 'n' Roll Auditorium, é claro, se não fosse tão longe para todos conseguirem chegar.

Infelizmente, tenho estado ocupada demais para planejar o dia perfeito pelo qual esperei a vida inteira. *Dewey, um gato entre livros,* o livro que escrevi em homenagem ao melhor amigo e gato de biblioteca predileto, um livro que curou meu corpo e alma, foi publicado. Foi direto para o topo das listas dos mais vendidos e ficou lá por mais de seis meses. Algumas vezes, sinto como se tivesse passado todos os dias desde então viajando, mas não se engane: não estou reclamando. Nos últimos dois anos, tenho feito a melhor coisa do mundo: falar sobre Dewey. Minha saúde ainda está precária, e sempre será assim. Preciso tomar cuidado para não me sobrecarregar, e algumas vezes precisei encurtar palestras, mas quero viver tanto quanto possível. Quero ver o mundo. Quero conhecer pessoas incríveis que amem Dewey tanto quanto eu, mesmo sem nunca tê-lo conhecido. Quero falar sobre ele e saber que está aqui – comigo e por mim. Estamos entrelaçados, Dewey e eu, mais do que nunca.

Isso não quer dizer que tudo em nossa nova vida fosse fácil, especialmente para Glenn. Ele não se importava em abrir mão de sua casa alugada, de pôr o seu Studebaker Commander 1953 em um depósito e andar por aí no seu (muito mais seguro) Buick. Mas era difícil sair de perto das pessoas que amava. Ele visitava a sua mãe quase todos os dias desde que seu pai falecera, quase vinte anos atrás; agora, com duas horas de distância entre eles, ele só a visita de vez em quando. Todos choraram quando ele contou para Bobby, Ross e os outros adultos com deficiência que ele estava saindo do Novas Perspectivas.

Afastar-se da sua filha, Jenny, que estava começando a faculdade em Sioux City, foi especialmente difícil. Glenn perdera cinco filhos durante a vida, era impossível não ter medo de perdê-la também. Ele sabia que Jenny e Ferrugem se amavam, e sabia que ele sempre quisera estar presente na vida dela. Então fez o maior sacrifício: ele lhe deu Ferrugem. Hoje, Glenn vai à casa dela sempre que está em Sioux City só para ver Ferrugem, ele diz. É uma estratégia transparente, claro. Ferrugem está ótimo. Jenny já tinha dois bichos de estimação, mas o grande gato laranja treinou os dois. O cachorro é um molenga. Mama Kitty, uma velha gata cega, segue Ferrugem pela casa enquanto ele mia. O velho Ferrugem adora ter animais para tomar conta e mandar – e como Jenny está mais velha, ele nem precisa fazer os "exercícios do Ferrugem Bolota".

Eu sabia que Glenn sentia falta de Ferrugem. Podia ver em seus olhos sempre que saíamos da casa de Jenny. E podia ouvir em sua voz quando ele dizia, dia sim, dia não: "Sabe, assim que essa coisa do *Dewey* acalmar, nós deveríamos ser voluntários no abrigo de animais". Sabia, de verdade, que ele queria um gato dele.

Mas era aí que começava o problema. Veja bem, eu não queria outro gato. Eu sempre disse para mim mesma: *Um dia. Um dia, estarei pronta.* Mas sempre que pensava nisso, esse dia parecia mais longe. Eu havia passado dezenove anos com Dewey e ainda sentia muita falta dele. Tive gatos a vida toda, e todos morreram, claro, mas Dewey era diferente. Ele era especial. Eu o havia amado tanto e achava que era tão importante que passei um ano escrevendo um livro sobre ele. Agora, estava passando grande parte do meu tempo em palestras sobre o livro, falando sobre sua vida e seu legado. Eu estava ligada a ele, para sempre. Não seria justo adotar outro gato. O novo gato seria sempre comparado com Dewey, e como poderia competir?

Então, em uma manhã de dezembro, quase dois anos depois da morte de Dewey, uma equipe de filmagem japonesa chegou a Spencer. Dewey era famoso no Japão desde que, cinco anos antes, uma equipe viera filmá-lo para um documentário. Essa segunda equipe queria dar seguimento com cenas minhas na biblioteca, mas antes que eu pudesse tirar meu casaco e me ajeitar para começar a entrevista, os funcionários da biblioteca me arrastaram para o meu antigo escritório. Eu percebi que eles estavam animados com alguma coisa, mas não fazia ideia do quê. Então, vi uma gatinha minúscula encolhida em um canto no fundo da sala.

Ah, ela era tão fofa! Tinha o pelo longo e acobreado, com um colar branco magnífico no pescoço. Pesava um quilo, no máximo, e metade disso era pelo. Mas eu não queria outro gato. E definitivamente eu não queria outro gato que se parecesse com Dewey. Se adotasse outro gato, sempre havia me dito, precisaria de um recomeço livre de lembranças. Um gato malhado cinza e branco, talvez. Mas quando eu vi a gatinha laranja encolhida perto do aquecedor no canto do fundo do escritório, meu coração disparou. Foi como ver Dewey na sua primeira manhã: tão pequeno, tão indefeso, com uma cor castanha tão maravilhosa e bonita. Ela tinha olhos verdes no lugar dos fantásticos olhos dourados de Dewey, e sua cauda era magra, não peluda, mas fora isso...

Eu peguei a gatinha e a embalei no meu colo. Ela me olhou e começou a ronronar. Como na primeira manhã com Dewey, eu me derreti toda.

Então ouvi sua história, uma história tão parecida com a do Dewey, de certa forma, que me deixou doída. Afinal, estávamos no meio de outro inverno especialmente frio em Spencer e diversos metros de neve e gelo cobriam o chão fazia semanas. Sue Seltzer, uma técnica em informática que trabalhava às vezes na biblioteca, estava andando com seu carro em uma rua lateral do centro de Spencer quando viu um caminhão desviar na frente da loja Aparelhos de Audição Nelson. Achou que era um monte de gelo no meio da rua, então reduziu a velocidade. Daí ela viu o monte se mover. Era um gatinho sujo, trêmulo e cambaleante, com gelo e gravetos presos em seu pelo. Ela o pegou, olhou sua cara e pensou: Dewey. Ela sempre fora uma grande fã do Dew.

Sue levou a gata para o seu escritório e lhe deu um banho. Como Dewey, a gatinha ronronava na água morna. Sue já tinha cinco gatos, e seu marido se recusava a ter seis, então ela decidiu levar a gata para a biblioteca. Se algum gato estivesse destinado a substituir Dewey, ela imaginou, era aquela minúscula gatinha. Mas desde a publicação de *Dewey, um gato entre livros*, a Biblioteca Pública de Spencer tinha sido inundada por gatos. Dois pobres gatinhos, sinto informar, tinham até sido enfiados na caixa de devolução de livros. A única coisa sensata a se fazer era implementar e divulgar uma política geral de proibição de gatos. E é por isso que, quando eu terminei a minha entrevista com a equipe japonesa, a gatinha ainda estava esperando no canto do escritório. Mas agora ela estava sentada no colo de Glenn.

Os dois me olharam. Glenn sorriu e meio que deu de ombros. Meu coração se derreteu pela segunda vez. E a minúscula gatinha, que me lembrava tanto Dewey, algo assustador e empolgante ao mesmo tempo, foi para casa comigo.

Aquela noite, mencionei a gatinha no site de Dewey. Um menino chamado Cody me escreveu sugerindo que eu chamasse a gatinha de "Página". Eu estava virando uma página da minha vida, ele escreveu, o que poderia ser mais apropriado?

No dia seguinte, Página fez algo muito parecido com Dewey: apareceu no *Spencer Daily Reporter*, nosso pequeno jornal que sai cinco dias por semana. A história se espalhou para o *Sioux City Journal*. Logo, um fotógrafo associado estava indo para Spencer, vindo de Des Moines. E assim, Página e eu estávamos aparecendo em centenas de jornais por todo o país. Bibliotecária do Iowa adota um gato! Parece uma notícia de importância nacional, não?

"E depois?", Glenn brincou. "Vão começar a noticiar o que você comeu no café da manhã?"

Aquela notícia de jornal pode ter sido a última coisa parecida com Dewey que minha nova gata fez. Para o meu grande alívio, Página tinha personalidade própria. Não era nada parecida com o seu irmão mais velho.

Bom... em um certo aspecto, talvez, porque quando a levamos ao veterinário – o mesmo veterinário que havia tratado de Dewey e descoberto seu tumor –, recebemos um diagnóstico chocante. Página era menino.

Então, Page Turner,[13] como o rebatizamos, tinha a masculinidade em comum com Dewey. Mas fora isso? Nada. Fora isso, nosso novo gato não tinha nada de Dewey.

Ele era desastrado, para começar. Na primeira noite em minha casa, quebrou um anjo de cerâmica quando pulou na minha mesinha lateral. Na primeira noite! Dewey era gracioso. Ele passou dezenove anos sem quebrar nada. Page Turner não era gracioso nem para deitar. Em vez de descer suavemente como um gato normal, ele caía no chão como um espanador peludo. E também não é verdade que gatos sempre caem nas quatro patas. Page Turner sentava no encosto do sofá e de repente caía de costas no chão. Ele caía até da cama enquanto dormia. *Ploft*, direto no chão. E nem assim acordava.

Dewey amava o calor. Ele ficava tão quente descansando na frente do aquecedor da biblioteca que era impossível tocar o

13."Page Turner", literalmente, quer dizer "Virador de Página". É uma expressão em inglês usada para falar de livros que prendem fortemente a atenção do leitor. (N. T.)

pelo dele. Page Turner detestava calor. Mesmo no inverno, eu o encontrava enrolado no canto mais frio da casa: as escadas do porão. Ele odiava a luz do Sol. Era arredio diante de desconhecidos. E nunca deitou no meu colo, que era o lugar predileto de Dewey. Page Turner preferia deitar sobre meus pés.

Ele não se importava com as minhas regras. Não importa quantas vezes eu o tirasse da mesa de jantar, ele sempre pulava em cima da mesa. Corria de um lado para o outro no meio das cortinas, me deixando completamente maluca. Sem titubear, sempre escolhia meu melhor móvel para afiar as garras. Tentava pegar sua cauda como um cachorro. E ficava fascinado pela televisão feito um adolescente de queixo caído. Quando eu punha gelo na sua água para mantê-la fria, ele catava as pedras de gelo e as caçava pela casa. Dewey detestava tanto água que nem bebia. Page nunca se importou em ficar encharcado. Nunca se importou com as pessoas rindo dele. Dewey era digno. Não aguentava ser motivo de piada. Page Turner não parecia se importar nunca com o fato de eu cair sentada de tanto rir das suas palhaçadas.

Ainda bem, disse a mim mesma, *que não tentaram pôr esse gato na biblioteca*. É uma concepção errônea comum a de que qualquer gato velho pode morar numa biblioteca. Page Turner, apesar de ter um nome apropriado, era agitado demais para o trabalho. Era muito desconfiado e tímido. Não tinha uma inerente e silenciosa dignidade. Ele não era o Dewey, claro, mas também não era nenhum Ferrugem. Ele não tinha empatia. Não se aconchegava em você quando você estava triste. Se ele pudesse dar algum conselho, seria terrível, tenho certeza. Mas nem todos somos o filé do prato da vida, não é? Alguns de nós, como Page Turner, precisam ser o brócolis.

Encontre seu lugar. Foi uma das lições que Dewey me ensinou. Todos temos um lugar onde podemos nos emancipar. Por volta do verão de 2009 – quando finalmente a promoção do livro diminuiu e eu comecei a pensar em escrever este livro –, estava claro que Page Turner estava mais calmo e havia encontrado o seu lugar. Ele era tão inseguro e frenético durante os primeiros meses, podia perceber agora isso, pois a vida nas ruas tinha sido dura. Ele corria de cada rangido, sem dúvida, porque tinha sido machucado lá fora. Se entupia de comida porque tinha passado fome. No dia em que o trouxemos para casa, não sei se ele estava pronto para acreditar em alguém. Mas ele confiou em Glenn. Como Ferrugem, Page Turner pôde ver a gentileza e o amor da alma daquele homem.

Claro, ele é mimado hoje em dia. Ele interrompe nosso jantar até lhe darmos algo para comer. Ele lambe o fundo do potinho de queijo que vem com os meus pretzels (meu vício noturno!). Ele ataca meus pés quando eu tento dormir, deita no meu teclado quando quero escrever, e não faz nada nos domingos além de assistir com Glenn o NASCAR, um programa sobre campeonatos de automobilismo. Você pode achar que de alguma forma isso é ruim para ele – não é saudável, produtivo, natural e todos os outros insultos que foram proferidos sobre a forma como eu tratava Dewey desde que o livro foi publicado –, mas eu sei que Page Turner é feliz. Com seis semanas, ele estava tremendo no meio de uma rua de Spencer, imundo, com pedras de gelo e gravetos grudados no seu pelo. Agora vive em uma casa com duas pessoas que o adoram. Tem comida de gato sempre que quer. Dorme em uma cama quentinha. Tem brinquedos para se divertir – até daqueles com os sininhos irritantes! – e um micro-ondas para olhar. Detesta desconhecidos – não o vi por quatro dias da primeira vez que meu neto veio me visitar – mas tem um buraquinho para se esconder atrás das malas no meu armário, onde pode ir sempre que sente medo. Não sai, mas no verão abrimos uma janela para que ele possa olhar e ouvir e fantasiar sobre os pássaros no jardim.

Meus amigos acham que Page Turner se parece com Dewey. Eu não acho. Os dois são gatos laranjas e fofinhos, mas Page tem um formato diferente (quer dizer, 100% redondo). Ele é maior que Dewey. E apesar de seus olhos estarem mudando de verde para um âmbar dourado igual ao de Dewey, eles não se parecem com os olhos de Dewey. Page não é uma alma velha. Ele não é sábio. Ele é um trapalhão cheio de energia, algumas vezes levado, muitas vezes exasperante. Ele me faz rir e balançar a cabeça e pensar: *Que diabos esse gato vai aprontar agora?* Ele é caloroso e carinhoso e, sendo sincera, ele significa algo em que Glenn e eu nos concentrarmos. Algo que é nosso. Juntos.

Não estou dizendo que Page Turner é o filho que Glenn sempre quis por perto. Verdade seja dita, ele não é nem mesmo uma nova versão de Ferrugem. Ferrugem foi o companheiro de Glenn quando ele não queria nenhuma companhia. Por um tempo, foi a cola que deixou a vida de Glenn unida. Mas os dois mudaram. Sempre que Glenn o visita agora, Ferrugem olha para ele, como se estivesse verificando como está seu velho amigo. Eles miam um para o outro – é, Glenn mia – e Ferrugem pula nos braços de Glenn e afunda seu rosto na barba dele. Então, Ferrugem volta para a sua nova vida. Ele é um gato calmo, do tipo que pode ser feliz em quase qualquer lugar, e encontrou seu lugar na casa de Jenny.

E Glenn? Bom, ele adora Page Turner. Sempre que dormimos fora, é ele quem pergunta: "Ligou para ver como está Page? Está tudo bem?". É sempre ele quem compra presentinhos e dá petiscos para o gato. E, por favor, não peça para ver fotos. Glenn tem mais de quinhentas fotos de Page Turner na sua máquina, e vai mostrar uma a uma. Ele tem fotos de Page Turner em seu celular e juro que ele muda o fundo da tela todos os dias.

Ferrugem era o amigo e confidente de Glenn. Page Turner... é mais como o neto de Glenn. E não, não estou dizendo que ele é literalmente um neto, ou que ele é um substituto para algo que faltava a Glenn. A vida, o amor e o desejo nunca são tão simples.

A felicidade nunca é algo que se possa calcular. Na melhor das hipóteses, é algo que pega a gente desprevenido e que nunca se compreende completamente.

Tudo o que estou dizendo, suponho, é que Dewey era um gato sábio e cuidadoso, que ajudou a cidade de Spencer a passar por uma época realmente difícil. Ferrugem era o cara legal que apareceu na hora certa. Page Turner é uma eterna criança. Ele é divertido. Ele é bobo. Ele é dependente. E eu não queria que ele fosse diferente.

Portanto, não, Page Turner não me ajudou a superar a perda de Dewey. O tempo fez isso. Page Turner só me ajudou a entrar na fase seguinte da minha vida. A fase com Glenn. E netos. E viagens. E uma boa saúde que tenho que monitorar constantemente e que por isso irei sempre valorizar. Construímos uma nova vida juntos, Glenn e eu. Compramos uma casa. Page Turner transformou essa casa em um lar, e nosso pequeno trio em uma família.

O que mais podemos pedir de nossos gatos?

Agradecimentos

Meu maior agradecimento àqueles que revelaram suas vidas de tal modo que suas histórias puderam ser contadas neste livro, e a todos que ajudaram a preencher essas histórias com informações adicionais, como Adrienne (Docinho) Case, dr. Nicki Kimling e Harris Riggs. E, é claro, um especial obrigado a todos os gatos maravilhosos que são o coração e a alma dessas histórias; sem eles, nada disso teria sido escrito. Este livro é, verdadeiramente, para todos os gatos ao redor do mundo que iluminam e melhoram nossas vidas.

Para Peter McGuigan, meu agente e amigo, como posso lhe agradecer o bastante? Obrigada a todo o maravilhoso pessoal da Foundry Literary + Media, especialmente Hannah Brown-Gordon, Stephanie Abou e Dan McGillivray.

Para Carrie Thornton, minha editora, por sempre acreditar nesta ideia, e para Brian Tart, que parece dirigir todo o espetáculo por trás de uma misteriosa cortina, por seu apoio ao entusiasmado apoio dela. Lily Kosner – você é demais. Obrigada, Christine Ball (publicidade), Carrie Swetonic (marketing), Monica Benalcazar (arte) e Susan Schwartz e Rachael Hicks (gerência editorial): não haveria nenhuma Magia sem vocês.

Obrigada, como sempre, ao meu amigo e coautor, Bret Witter, a sua família – Beth, Lydia e Isaac – e a seus gatos – Blackie e Ally. Eu sei que Bret também quer dizer obrigado a Kayla Voskuhl, que ele conheceu numa apresentação na Escola para Cegos de Kentucky, e cujo sorriso, otimismo e amor pelo seu gato, Ralph, o inspiraram. Eu sinto muito por não termos tido espaço para incluir sua história neste livro.

À minha própria família nova, Glenn Albertson e Page Turner – eu não poderia fazer tudo isso sem o amor e o constante apoio de vocês.

Para todos os fãs de Dewey que escreveram ou mandaram e-mails, mas que não foram incluídos neste livro. Suas histórias me tocaram profundamente e me provaram que a Magia de Dewey continua a tocar vidas pelo mundo. Obrigada por todas as palavras gentis.

E, por último, mas certamente não menos importante, para Dewey Readmore Books. Seu legado de amor e aceitação ainda me ensina importantes lições de vida. Eu sinto sua falta, meu amigo.

Animais carentes

Muitas relações neste livro, como milhares de outras ao redor do mundo, só foram possíveis graças ao árduo trabalho de organizações dedicadas a ajudar animais maltratados e sem lar. Segue, abaixo, uma lista das organizações que mudaram a vida dos animais neste livro – e a de seus donos – para sempre. Se você foi tocado por alguma dessas histórias, espero que leve em consideração a possibilidade de dedicar algum tempo e recursos a estas ou outras organizações similares em todo o mundo.

Siouxland Humane Society
1015 Tri-View Ave., Sioux City, Iowa 51103
www.siouxlandhumanesociety.org

North Shore Animal League
25 Davis Avenue, Port Washington, NY 11050
www.nsalamerica.org

Humane Society of Kodiak
2409 Mill Bay Road, Kodiak, AK 99615
www.kodiakanimalshelter.com

Northwest Wildlife Rehabilitation Center
P.O. Box 4273, Bellingham, WA 98227
www.northwestwildlife.org

Adopt-A-Pet
13575 N. Fenton Road, Fenton, MI 48430
www.adoptapetfenton.com

Humane Society of Huron Valley
3100 Cherry Hill Road, Ann Arbor, MI 48105
www.hshv.org

People for Pets
2312 Highway Boulevard, Spencer, IA 51301
www.peopleforpets.com

Este livro foi composto na fonte Fairfield Lt Std
e impresso em Papel Pólen 80g na Gráfica Cromosete
São Paulo, Brasil, outono de 2011.